Deutsche Jugendliche radikalisieren sich oder ziehen gar für den IS in den Krieg. Was bringt sie dazu? Und was können wir dagegen tun? Bislang stehen Politik, Gesellschaft und besonders die Schulen diesen Fragen hilflos gegenüber. Kein Wunder, denn die Debatten werden falsch geführt, wie der renommierte Psychologe und Islamismusexperte Ahmad Mansour in seinem Buch mit beeindruckender Klarheit und Reflexion beweist. Vor dem Hintergrund seiner eigenen Erfahrungen zeigt er, welche Veränderungen möglich sind.

»Ein leidenschaftlicher Appell gegen die Verdrängung der Gefahr.« Claudia Kuhland, ttt. ARD

»Mit seiner eigenen Arbeit liefert er überzeugende Argumente. Und einen wichtigen Beitrag in einer Debatte, die immer drängender wird.« Tim Caspar Boehme, taz

Ahmad Mansour, geboren 1976, ist arabischer Israeli und lebt seit 2004 in Berlin. Er ist Diplom-Psychologe und arbeitet für Projekte gegen Extremismus, u. a. bei HEROES, einem Projekt gegen Unterdrückung im Namen der Ehre und für Gleichberechtigung, und bei HAYAT, einer Beratungsstelle für Deradikalisierung. Außerdem ist er Programme Director bei der European Foundation for Democracy. Für seine Arbeit erhielt er den Moses-Mendelssohn-Preis zur Förderung der Toleranz sowie den Carl von Ossietzky Preis. Er hat zahlreiche Veröffentlichungen zum Thema Salafismus und Antisemitismus vorgelegt.

Weitere Informationen finden Sie auf www.fischerverlage.de

Ahmad Mansour

GENERATION ALLAH

Warum wir im Kampf gegen religiösen Extremismus umdenken müssen

FISCHER Taschenbuch

In Liebe und Dankbarkeit für B. und C.

FSC
www.fsc.org
MIX
Papier aus verantwortungsvollen Quellen
FSC® C083411

Erschienen bei FISCHER Taschenbuch
Frankfurt am Main, Juni 2017

Satz: Fotosatz Amann, Memmingen
Druck und Bindung: CPI books GmbH, Leck
Printed in Germany
ISBN 978-3-596-03445-1

INHALT

1 GENERATION ALLAH

Über die Jugendlichen, die wir dringend erreichen müssen

Abid, ein begabter junger Mann aus Offenbach, hat ein gutes Abitur gemacht. Er war bei der Bundeswehr, jetzt studiert er Sozialarbeit. Sein Werdegang ist vielversprechend. Wie konnte es dazu kommen, dass er plötzlich die demokratischen Werte dieser Gesellschaft ablehnt? Was ist geschehen?

Helena, eine scheue, freundliche junge Frau, ist christlich-orthodox aufgewachsen. Innerhalb weniger Monate verwandelt sie sich vor den Augen ihrer alleinerziehenden Mutter in eine fromme Muslima, mit radikalen Ansichten und Vollverschleierung, deren größter Wunsch es ist, einen strenggläubigen Muslim zu heiraten, bis sie jeden Kontakt zur Familie abbricht. Wem ist sie begegnet? Was hat sie gesucht, was gefunden?

Jens, ein Junge aus einer Plattenbausiedlung in Berlin, war kein guter Schüler, aber ein Jugendlicher und junger Mann mit Träumen, der seine Freiheit liebte und nach Bedeutung in seinem Leben suchte. Im Laufe eines Sommers, als Aushilfsarbeiter bei einer Umzugsfirma, verändert er sich. Seitdem besucht er täglich eine Moschee, betet, fastet, zeigt Verständnis für fundamentalistischen Islamismus. Schließlich wandert er nach Syrien aus, schließt sich dem Islamischen Staat an und träumt vom Heldenleben und Tod im Dschihad. Woher kam sein Wandel? Was hat ihn gepackt?

Solche Biographien, auf die ich noch ausführlicher zurückkommen werde, gibt es inzwischen mehr und mehr in Deutschland, in ganz Europa und der gesamten westlichen Welt. Hier soll die Rede davon sein, welches die Ursachen dafür sind und was sich dagegen unternehmen lässt. Denn es ist höchste Zeit, dass unsere Gesellschaft nicht mehr die Augen verschließt, sondern sich mit den Abertausenden jungen Leuten befasst, die ich hier »Generation Allah« nenne.

Ortstermin in Nordhessen, Winter 2014, eine Stadt mit etwa 50 000 Einwohnern. Ein Kollege und ich sind aus Berlin angereist, um Aufklärungsarbeit zu leisten.

Etwa zwanzig Jugendliche erwarten uns in einer Sporthalle. Die Temperaturen sind in den Tagen zuvor gefallen, und es hat geschneit. Die Teenager mit ihren Kapuzenpullovern, Schals, Baseballcaps, Kopftüchern und Nike-Schuhen lassen sich möglichst nah am Heizkörper an der Längsseite der Halle nieder. Ob sie Lust haben auf das Gespräch mit zwei Leuten, die aus Berlin gekommen sind, um mit ihnen über die Gefahren des Fundamentalismus und der Radikalisierung zu reden? Wir wissen es nicht. Aber immerhin heißen wir Ahmad und Cem, arabische und türkische Namen, das schafft Vertrauen und lockert die Atmosphäre.

Unter den Jugendlichen machen Getränke und Pizza die Runde, Mädchen mit und ohne Kopftuch teilen schwesterlich. Manche der Jungs tragen Bart und kleine, runde Kopfbedeckungen. Andere wollen in ihrem Hiphop-Look offenbar vor allem lässig erscheinen. Was wird uns hier erwarten? Wie jedes Mal bei solchen Workshops sind wir gespannt, neugierig und ein bisschen nervös. Mal sehen, was wir ausrichten können.

Wir möchten »Gedankenpflanzer« sein im Garten der Aufklärung, wir wollen gern säen, manchmal auch jäten. Ernten wird, das wünschen wir uns, die Zivilgesellschaft, die zivilisierte, die demokratische Gesellschaft, zu der diese Jugendlichen gehören. So sehen wir unseren Job. Aber wir sind noch viel zu wenige, wir haben oft nur sehr begrenzt Zeit für unsere Aufträge, denn es gibt einfach viel zu viele Orte, an denen wir überall zugleich sein müssten.

Es hätte sich bei diesem nordhessischen Jugendzentrum um so gut wie jede andere Stadt oder Ortschaft in Deutschland handeln können. Die Geschichten ähneln einander landauf, landab. In diesem Fall hatte die Sozialarbeiterin des Zentrums uns eine besorgte, beinahe schon alarmierende E-Mail geschrieben. Zum Hintergrund: 99 Prozent der Jugendlichen, die das Zentrum regelmäßig besuchen, haben einen muslimischen Hintergrund. Stolz seien sie und ihr engagierter Mitarbeiter darauf, dass zu ihnen auch viele Mädchen kämen. Das ist keine Selbstverständlichkeit. Häufig gestatten Familien mit islamisch-patriarchalem Wertesystem ihren Töchtern nämlich überhaupt nicht, so etwas wie einen Jugendtreff zu besuchen, wo sie Jungen begegnen, flirten und von »fremden Leuten« beeinflusst werden könnten. Hier jedoch scheint das anders zu sein.

Beim Lesen der E-Mail, die uns die Sozialarbeiterin geschrieben hatte, war jedoch ein uns vertrautes Bild entstanden. Irritierende Entwicklungen bereiteten den Verantwortlichen Sorge. In jüngster Zeit häuften sich offen antisemitische Äußerungen bei den Jugendlichen. Mit Entsetzen hatte die Sozialarbeiterin erlebt, wie Jugendliche die Nachricht von Anschlägen auf jüdische Einrichtungen in Europa regelrecht beklatschten. Und auch wenn die Anwesenheit von Mädchen im Treff an sich normal sei, tauchten jetzt bei männlichen und sogar bei weiblichen Besuchern des Zentrums immer öfter fragwürdige Rollenzuweisungen zwischen den Geschlechtern auf. »Bedecke dich Schwester, bevor du auf ewig zur Nahrung für das Höllenfeuer wirst.« Solche und ähnliche Mahnungen waren plötzlich zu hören. Einige Jungen weigerten sich inzwischen, gemeinsam mit Mädchen Tischfußball zu spielen, zu kochen, Videos anzusehen oder Musik zu hören. Andere sympathisierten mit den Salafisten, besuchten ihre Vorträge und waren begeistert von den Videos deutscher Islamisten aus Syrien und dem Irak, die sie sich auf ihren Smartphones ansahen.

Insgesamt hatte die Sozialarbeiterin den Eindruck gewonnen, die Fixierung auf vermeintlich »religiöse Fragen« habe sich unter den Jugendlichen im Lauf der vergangenen Jahre massiv verstärkt. Manche der Jugendlichen in ihrem Zentrum würde sie persönlich sogar längst als »radikal« bezeichnen. Und jetzt wisse sie nicht weiter.

Was die Sozialarbeiterin uns skizziert hatte, mag sich für manche Ohren fremd anhören, vielleicht kaum glaubhaft. Aber so wie in ihrem Jugendzentrum sieht es heute an Tausenden von Orten in Deutschland aus, wo viele muslimische Familien leben. Radikalisierung, Abschottung, religiöser Fundamentalismus sind besonders unter jungen Leuten auf dem Vormarsch. Nur wollen viele der verantwortlichen Erwachsenen oft nicht genau hinsehen. »Das sind pubertäre Marotten«, meinen sie, »das geht vorbei.« Oder: »Ach, die wollen doch nur angeben!« Oder: »Wenn ich einen solchen Verdacht über meine Schule, meinen Jugendclub äußere, dann verlieren wir unseren guten Ruf.«

Die Nachricht der Sozialarbeiterin ist ein gängiges Beispiel für Ratlosigkeit und Überforderung angesichts einer Situation, mit der Leute wie sie, aber auch Lehrer, Pädagogen, Ausbilder und

Erzieher in allen Teilen des Landes tagtäglich konfrontiert sind. Ursache dafür sind Entwicklungen, die sich in den vergangenen Jahren kontinuierlich verschärft haben.

Jede Woche erreichen mich ähnliche Sorgen und Klagen auch von Schulleitern und Schulleiterinnen, von Lehrern und Lehrerinnen auf der Suche nach Hilfe und Angeboten, die sie bei ihren Anstrengungen unterstützen bei ihrem Kampf um die menschliche und demokratische Integrität von Jugendlichen, die unserer Gesellschaft verlorenzugehen drohen. Denn viele Tausende junger Menschen entfernen sich gerade immer weiter von den Werten und Vorstellungen der Demokratie. Sie driften ab, und die Erwachsenen erkennen nicht, warum sie diese Jugendlichen nicht mehr erreichen.

Häufig sind die Nachrichten und Hilferufe, die mich erreichen, in einem zornigen bis wütenden Duktus verfasst. Solche Lehrer und Sozialarbeiter haben es satt, von einer Fortbildung zur nächsten geschickt zu werden. Sie haben Veranstaltungen besucht, auf denen furchtbar viel geredet und Flipchart nach Flipchart vollgeschrieben wird mit Phrasen, die ihnen helfen sollen, die Jugendlichen vom Pfad der Radikalisierung abzuhalten. »Wertschätzung«, »Verständnis«, »Ignorieren«, »Ermutigen«. Das ist alles gut gemeint, führt aber nicht zu Erfolgen. Die Lehrer und Sozialarbeiter absolvieren solche Programme, meist ohne konkret für ihre tägliche Arbeit Nutzen daraus ziehen zu können.

Zwei Tendenzen fallen mir in diesem Kontext immer wieder auf. Entweder besteht an einer Institution die Neigung zur Verharmlosung: Das Verhalten sei für Teenager völlig normal, im Grunde kaum der Rede wert. Oder es existiert eine Inflation der Panikmache: Um Himmels willen, es sind lauter potentielle Terroristen unter uns! Da wird dann nicht mehr individuell und detailliert hingesehen, sondern jeder Jugendliche, der sich religiös äußert, pauschal als gefährlich abgestempelt.

Nach vielen Enttäuschungen in der Praxis und ergebnislosen Fortbildungen suchen Pädagogen und Erzieher jetzt nach neuen, wirksamen Konzepten, mit denen sie Jugendlichen individuell begegnen und mit ihnen wirklich ins Gespräch kommen können. Dazu müssen Gedanken frei ausgetauscht und Argumente ohne Angst vorgebracht werden können, in gegenseitigem Respekt. Auch wenn das Wort »Respekt« durch seinen inflationären Gebrauch in jugendlicher Szenesprache schon abgenutzt ist, sein Kerninhalt bleibt. Erst wenn jemand bereit und in der Lage ist, direkt anzusprechen, was er sieht und befürchtet, ist die Bedingung für die Möglichkeit eines respektvollen Dialogs gegeben.

Schulhöfe und Jugendtreffs sind kein diplomatisches Parkett. Junge Leuten suchen nach Wahrheit und Authentizität, sie wollen wahrgenommen werden, im Wortsinn. Damit muss in unserem Land begonnen werden, besonders, wenn es um gefährliche Tendenzen zur Radikalisierung geht, wie sie jetzt überall auftauchen. So wie hier, in Nordhessen.

Mein Kollege und ich legen für Workshops im Vorfeld kein festes Programm fest. Wir sondieren erst einmal das Terrain, finden heraus, welche Themen diese Jugendlichen in dieser Turnhalle, in dieser Schulklasse oder jenem Jugendclub umtreiben. Wir hören ihnen zu, erfahren, was sie bewegt, und fangen danach an zu fragen, zu diskutieren, mit ihnen ins Gespräch zu kommen. Dieser Weg ist produktiver und fruchtbarer, als mit einer fertigen PowerPoint-Präsentation anzukommen. Vorausgeschickte Ankündigungen schüren Erwartungen oder Ängste, und gerade Jugendliche mit starren Positionen reagieren darauf eher mit Abwehr.

In der Sporthalle erklären wir der Gruppe kurz, wer wir sind. Alle Augen blicken auf uns, manche mit Neugier, manche mit Misstrauen oder aufgesetzter Langeweile. »Was wollen die Typen hier schon ausrichten?«, scheinen manche sich zu fragen. Erstaunt verfolgen die zwanzig Augenpaare, wie wir auf dem zerkratzten Parkett der Halle Zettel verteilen, mit Wörtern, die als Anregung für Gespräche, Aussagen oder Fragen dienen. Darauf zu lesen sind Begriffe wie »Identität«, »Religion«, »Islamfeindlichkeit«, »Salafismus«, »Islamischer Staat«, »Dschihad«, »Gleichberechtigung«, »Diskriminierung«, »Rassismus«, aber auch: »Erwachsenwerden«, »Menschenrechte«.

»Ihr entscheidet, worüber ihr am liebsten sprechen wollt!«, erklären wir nach einer Vorstellungsrunde, in der jeder seinen Namen und sein Alter genannt hat. Wie jetzt hier in der Sporthalle gruppieren sich die Jugendlichen meistens recht schnell um diejenigen Begriffe, die sie besonders brennend interessieren. Halblaut debattieren sie erst mal untereinander, wir halten uns zurück. Nach und nach melden sich dann die ersten Mädchen und Jungen in der großen Runde zu Wort. Auffallend viele hier wollen ihre Ansichten zu Islamismus oder zum Islamischen Staat loswerden.

Wir sammeln das Gesagte ein, indem wir Stichworte aufschreiben, zunächst ganz ohne zu kommentieren. »Mich macht das unglücklich, dass in den Medien die Muslime immer alle so aussehen, als wären sie Terroristen!«, beklagt sich Emine, »dabei haben doch Terroristen mit dem Islam überhaupt gar nichts zu tun!« Salim beeilt sich zu ergänzen: »Die ganze Berichterstattung über Islam und Terror ist irgendwie total übertrieben. Das ist krass! Der IS ist nur irgendeine kleine Sekte irgendwo im Irak. Die machen doch nicht mit den Salafisten gemeinsame Sache!« Sein

Kumpel Bader neben ihm streckt die Hand hoch: »Überhaupt«, ruft er, »was der IS tut, passiert nur, weil Amerika und Europa im Irak und in Syrien so viele Verbrechen begangen haben, das hat das alles ausgelöst!« »Genau!«, pflichtet Samira, ein Mädchen mit Kopftuch und ausdrucksstark geschminkten Augen, bei: »Warum wird ausgerechnet jetzt so viel über das Thema geredet? Warum nicht vor vier Jahren, als das Assad-Regime angefangen hat, so viele Leute umzubringen? Dagegen hat keiner was unternommen. Jetzt, plötzlich, nur weil eine Gruppe im Namen der Religion auftritt, da interessiert es den Westen, und er will sie bekämpfen. Jetzt scheint das alles einfach, weil man sagt, man ist gegen die Islamisten.«

Ein Teil der Gruppe ist sich einig in seiner Haltung: Diese Jugendlichen sind beleidigt, sehen sich und ihre Religion zu Unrecht denunziert und wollen sich darum umso fester an ihren Glauben binden, wie zum Trotz, in einer Jetzt-erst-recht-Haltung. Einige sind auch zornig auf die IS-Täter und islamistischen Attentäter. »Ich bin echt wütend auf die Islamisten, weil die meine Religion missbrauchen«, sagt Erkan, ein Sechzehnjähriger mit Brille. »Die benutzen einfach die Religion von meiner Familie und von uns allen. Die tun uns echt keinen Gefallen!«

Im Lauf der Diskussion verblüfft uns hier, wie so oft, die Leidenschaft der Jugendlichen, ihre Freude daran, ihre Meinung sagen zu können, ohne dafür angegriffen zu werden. Auch wenn es kontrovers wird, dürfen sie sagen, was sie denken. Sie genießen es, sich zu ihren Einstellungen bekennen zu können, ohne dafür schief oder misstrauisch angeschaut zu werden. Meistens ist es gar nicht nötig, irgendjemanden zum Mitdiskutieren aufzufordern. Je freier die Atmosphäre wird, desto klarer wird spürbar: Alle haben etwas zu sagen! Indirekt ist daran auch abzulesen, dass sie schon eine ganze Weile darauf warten mussten, dass jemand den Mut hatte, mit ihnen die heißen Eisen anzufassen. Es hilft natürlich, dass mein Kollege und ich beide muslimischer Herkunft sind. Das verleiht uns von der ersten Sekunde an einen Vorschuss an Glaubwürdigkeit. Den müssen wir dann aber auch einlösen.

Uns fällt auf, dass trotz der lebhaften Debatte ein paar Mädchen sehr schweigsam sind, als das Thema Islamismus aufs Tapet kommt. Mein Eindruck ist, dass sie sich nicht recht trauen zu sagen, was sie denken. Lieber würden sie wohl über die Begriffe »Identität« und »Zukunft« sprechen, die generell bei Mädchen in den Workshops beliebt sind. Aus ihren Nebenbemerkungen kann ich heraushören, dass sie befürchten, sie könnten bei den Übrigen für »unislamisch« gelten, wenn sie etwas Kritisches äußern. Sie scheinen den Druck bereits zu kennen, den salafistisch Gesinnte ausüben, in der Schule, zu Hause oder in der Freizeit – etwa, weil sie kein Kopftuch tragen, weil ihre Schminke »haram«, also »sündhaft« ist, weil ihre Jeans zu eng anliegen oder Ähnliches. Bislang denken diese Mädchen offensichtlich noch anders. Ihre Zurückhaltung enthält eine gute Portion Skepsis und Ablehnung. Aber offenbar trauen sich diese Mädchen bereits nicht mehr, öffentlich für ihre Meinung einzutreten und Fragen zu stellen.

Neben mich hat sich ein etwas molliger Junge mit Baseballcap und Hiphop-Klamotten gesetzt, der mir schon anfangs aufgefallen war. Sein Name ist Jusuf. Jusufs Körper scheint ständig in Bewegung zu sein, wie von einer permanenten Unruhe befallen. Viele der anderen Jungen hat er begrüßt, indem er sie abklatschte oder ihnen quer durch die Halle etwas zugerufen hat. Er ist, so mein Eindruck, immer ein wenig zu laut und wirkt dabei fahrig.

An der Diskussion beteiligt Jusuf sich nicht. Stattdessen merke ich, wie er sich neben mir regelrecht zu winden scheint, er fühlt sich ganz offenbar unwohl in seiner Haut oder aber in seiner Umgebung. Er sendet Signale seiner Unzufriedenheit, indem er diejenigen, die ihre Stimme erheben, missbilligend anblickt. Ihm ist anzusehen, dass er zu gern etwas sagen würde, sich aber nicht hervorwagt. Je weiter die Diskussion voranschreitet, desto unruhiger wird Jusuf. Immer wieder sieht er auch mich prüfend an.

Irgendwann springt er dann über seinen Schatten. »Entschuldigung«, wendet er sich direkt an mich. »Bist du eigentlich wirklich Muslim?« Ich frage ihn zurück: »Ist das wichtig?« Und er antwortet prompt: »Ja, das ist sehr wichtig.« Ich frage: »Und du?« Er antwortet, fast ein wenig empört über die Frage: »Natürlich bin ich Muslim, al-Hamdu li-Llāh!«, also: Gott sei Dank. »Also, was ist nun mit dir?«, hakt er nach. »Ich bin Muslim«, erkläre ich freundlich. »Aber sag doch mal: warum ist die Frage denn so wichtig?«

Er windet sich wieder ein bisschen und räumt dann ein, dass ihm das, was wir hier gerade machen, »irgendwie komisch« vorkäme. Was er damit meine? »Der Islam ist doch gar nicht so, wie ihr es darstellt. Ihr als Muslims solltet Gott fürchten und dafür sorgen, dass der Islam gut dargestellt wird. Aber ihr sagt, wir reden über den Islam. Und was tut ihr dann? Ihr redet über Terror. Ihr vermischt das. Das ist nicht richtig!«

Nun verstehe ich, was Jusuf so ungehalten macht. Er ist der Überzeugung, dass sich unser Workshop gegen den Islam richtet, dass wir Leute von ihrer Religion abbringen wollen.

Dabei haben wir uns als Workshopleiter bis jetzt weitgehend aus der Diskussion herausgehalten und die Jugendlichen miteinander sprechen und ihre Argumente austauschen lassen. Wir haben den Islam nicht bewertet, ihn erst recht nicht verurteilt.

Wir stellen nur Fragen zu dem, was die Jugendlichen sagen, hinterfragen und fordern von den Jugendlichen auf diese Weise, nachzudenken und ihre Meinung mit Argumenten zu verteidigen. Jusuf hat das anders wahrgenommen. Allein die Tatsache, dass Tabufragen und Tabuthemen offen angesprochen werden, hat ihn, wie es scheint, schon so stark verunsichert, dass er sich und seine Religion angegriffen fühlt.

Nachdem der Bann dann aber gebrochen ist und Jusuf weiß, dass ich Muslim bin, beteiligt er sich nun auch und will mitreden. Sogar dann, als im Lauf des Nachmittags noch die Rede auf heikle Fragen nach Identität, Sexualität und Gleichberechtigung kommt, ist Jusuf ständig, teils auf fast aggressive Weise engagiert. Er argumentiert häufig im Zorn gegen die Meinungen anderer. So beklagt er beispielsweise, die meisten Mädchen besäßen keinen Respekt mehr vor Gott, alte Menschen würden nicht mehr so geachtet, wie es sich gehört. Etwas stimme nicht mit der Welt, die früher besser gewesen sei!

Wiederholt preist er dann das »großartige Werk« der Salafisten in Deutschland. »Das sind richtig gute Muslime, die Menschen von Drogen befreien!«, beharrt er. »Die verhindern, dass es hier andauernd nur Raubüberfälle gibt!« Ein paar Mal redet Jusuf sich regelrecht in Rage. »Jetzt, seit es die Salafisten gibt, gehen Leute wieder in die Moschee! Die trinken keinen Alkohol mehr, nehmen kein Tilidin und so einen Mist mehr, die gehen nicht mehr in Spielhöllen!« Er versteht nicht, dass ihm nicht alle zustimmen. »Was wollt ihr denn noch?«, fragt er. »Wie könnt ihr Salafisten als Terroristen darstellen?«

Mit der Zeit werden Jusufs Beiträge zu einem Problem für die Gruppe, die den vorherigen Austausch so genossen hatte. Er hat sich sozusagen zum Sprachrohr ihres Gewissens gemacht, sie fühlen sich nicht mehr frei. Besonders die zurückhaltenderen Mädchen. Mein Eindruck ist, dass Jusuf sich gerade in einer Art Kriegszustand mit der Gesellschaft insgesamt befindet, mit unserer kleinen Gruppe hier und nicht zuletzt mit sich selbst.

Als Jusuf die anderen wiederholt aggressiv angeht, verstummen sie nach und nach. Eine Diskussion, die erst ganz munter gelaufen ist, kommt zum Erliegen, das genaue Gegenteil dessen, was wir beabsichtigen.

In der Kaffeepause schlage ich Jusuf vor, ein paar Schritte vor die Tür zu gehen, um mich ein bisschen mit ihm allein zu unterhalten. Wir stehen am Rand des zugeschneiten Fußballfeldes neben der Turnhalle, frieren und plaudern. Ich erkundige mich, wie es ihm im Leben so geht, was er macht, welche Pläne er hat und was seine bisherige Geschichte ist. Zu meinem Erstaunen stellt sich dabei heraus, dass er keineswegs ein fanatischer Frommer ist, ja dass er noch nicht einmal betet. Er würde das zwar gern tun, wie er mir beteuert. Aber irgendwie will es ihm nicht gelingen. Irgendeinen Widerstand überwindet er da nicht.

Jusuf kommt, das wird schnell klar, aus sehr schwierigen Verhältnissen. Gerade versucht er sich zum wiederholten Mal an einer Ausbildung, er hat eine Lehre zum Einzelhandelskaufmann begonnen. Sport will er eigentlich treiben, unbedingt sogar, um abzunehmen. Er trägt fast immer eine dicke Tasche mit sich herum mit Sportsachen, Klamotten für die Hiphop-Gruppe, den Büchern für seine Ausbildung – eine Tasche voller Hoffnungen und Wünsche. Es ist zu spüren, wie sehr er versucht, anzukommen im Leben, es in den Griff zu kriegen und zufrieden mit sich und seinem Körper zu werden.

Doch während ihm all das nicht recht zu glücken scheint und er überall zwischen den Stühlen zu sitzen meint, unsicher, unzufrieden, hat er jetzt eine feste Größe für sich entdeckt: religiös aufgeladene Ideologie. Im Internet lädt er sich salafistische Inhalte herunter; statt Sport zu machen und zu lernen, identifiziert er sich mit Salafisten wie andere mit Comichelden. Einschüchternd wirkt sein rabiates Reden in der Gruppe dennoch – wie sollten die anderen die Quelle seiner Ideologie auch einschätzen können? Sie erkennen aber den autoritären Duktus, der kein offenes Gespräch zulässt. Und sie kuschen, weil sie das von zu Hause kennen, wo kein freier Austausch möglich ist. So kann Jusuf die Gruppe tyrannisieren und sich dabei mit seinen Salafisten-Superhelden gleichsetzen, ein paar Momente lang genießen, dass er Macht zu haben scheint, Einfluss, im Mittelpunkt steht und Anerkennung bekommt.

Jusuf ist ein typisches Beispiel für einen Angehörigen der Generation Allah. Für diese Jugendlichen ist Religion nicht nur zu einer identitätsstiftenden Größe geworden, sondern Religion ist so etwas wie ihr persönlicher unantastbarer Gral. »Über Religion redet man nicht, und wenn, dann nur Gutes!« Religion dürfe man nicht mit weltlichen Problemen in Verbindung bringen, sagen sie. Auf keinen Fall darf man sie in einen Kontext mit dem Terrorismus bringen. Negative Seiten des Islam darf man nicht erwähnen.

Man muss hinnehmen, was der Koran sagt, was der Imam sagt, was die frommen Texte verkünden, auch das, was einem nicht gefällt: Hinnehmen, annehmen – so die fromme Haltung. Unsere Religion, meinen und sagen sie, ist das Wertvollste, was wir haben. So lautet das Credo dieser Jugendlichen, für die »Religion« bisweilen eine Mischung aus Talisman und Fetisch zu sein scheint. »Ohne diese Religion wären wir verloren. Ohne diese Religion wären wir nichts«, erklären ihnen die Imame der Salafisten. »Deshalb müsst ihr diese Religion verteidigen.«

Weil Jusufs Weltbild diese Züge aufweist, ist er bewusst in unseren Workshop gekommen. Als er erfuhr, dass es sich hier um eine offene, kritische Debatte handeln würde, sah er es als seine Aufgabe, den anderen klarzumachen, dass solche Offenheit an sich gefährlich ist, dass sie nicht sein darf. Er wollte dafür sorgen, dass die anderen von ihm hören: Man darf religiöse Themen, Thesen und die religiöse Praxis nicht in Frage stellen, nicht diskutieren. Dennoch ist Jusuf, der wetternde Redner, da draußen vor der Sporthalle dann doch ganz froh darüber, dass er nach seinem Leben gefragt wird, nach seiner Geschichte. Es scheint ihn auch zu freuen, dass ich mich für seine Einstellung interessiere und, ganz einfach: dass ihm mal einer zuhört. Das scheint er nicht zu kennen, denke ich, als wir da draußen stehen und uns die Füße im Schnee warm treten.

Im zweiten Teil des Workshops geht es noch mehr zur Sache, und die Gespräche werden persönlicher, die Konfliktlinien deutlicher. Die meisten Jugendlichen haben Vertrauen geschöpft und berichten nun sehr offen von ihren Erfahrungen. Zwei Mädchen mit Kopftuch, Layla und Zehra, erzählen, dass sie oft von jungen Neonazis in der Fußgängerzone schikaniert werden. Auch die zuvor stillen Mädchen, Sema und Meryam, melden sich zu Wort und teilen mit, was sie sich wegen ihres Make-ups von Eltern oder Jungs auf dem Schulhof vorwerfen lassen müssen.

Dann kommt das Gespräch auf die Hölle, die gerne als Drohszenario von Eltern und Verwandten in muslimischen Familien gebraucht wird. »Wenn du dich so schminkst wie eine Schlampe, kommst du in die Hölle!« »Wenn du nicht tust, was dein Vater sagt, wirst du in der Hölle brennen!« Die meisten kennen solche schauerlichen Drohungen und die Ängste, die sie auslösen. Erstaunlich viele der Jugendlichen finden es aber völlig normal, dass ihre Eltern regelmäßig mit drastischen Strafen drohen. »Sonst würde doch kein Mensch an etwas glauben und sich keiner an die Regeln halten!«, wirft Tarek in die Runde. Zustimmung auf vielen Gesichtern.

Noch immer haben mein Kollege und ich kaum Stellung bezogen, sondern haben vor allem aufmerksam die Debatte verfolgt und nur gelegentlich kleine Verständnisfragen gestellt. Auch jetzt stellen wir weiterhin im Grunde nur Fragen, die oft erstauntes Lachen hervorrufen. Solche Fragen haben viele noch nie gehört. »Woher wisst ihr, wie die Hölle aussieht? Ist das ein Ort oder ein Zustand? Braucht Allah oder Gott die Hölle? Gibt es Glaube ohne Angst?« Ihr Lachen lässt durchaus erkennen, dass es ihnen gefällt, dass wir nicht einfach nur betroffen oder bestürzt sind oder sie behandeln, als seien sie Kinder. Sie finden es gut, wie wir sie durch Nachfragen herausfordern, scheinbar feststehende Gegebenheiten zu hinterfragen.

Die alten Griechen haben es auch nicht viel anders gemacht, wenn sie philosophisch diskutiert haben. »Mäeutik« nannten sie die Kunst, durch philosophische Fragen und Aussagen das Wissen, das bereits im anderen vorhanden ist, ans Licht zu bringen. Übersetzt heißt »Mäeutik« Hebammenkunst. Wie Hebammen wollten sie der Wahrheit zur Geburt verhelfen. Auf unsere Weise probieren wir das nachzumachen.

Konfrontiert mit unseren Fragen, fühlen sich die Jugendlichen ernst genommen als vollwertige Menschen, die bereit sind, Verantwortung für ihre Haltungen zu übernehmen. Selbst Jusuf verändert sich im Laufe des Tages. Er besteht zwar weiterhin auf seinen Standpunkten und lässt kaum anderes gelten, aber sein Ton hat sich merklich entspannt, er ist weniger aggressiv und scheint anderen ab und zu neugierig zuzuhören. »Neugier« ist auch eine tolle Vokabel für das, worum es uns geht: Die Gier, das Begehren nach etwas Neuem, nach der Möglichkeit Altbekanntes in anderem Licht sehen zu können.

Als wir nach vielen Stunden unsere Sachen packen und die letzten, jetzt kalt gewordenen Pizzaecken verteilt werden, nähert sich zögernd ein schlaksiger Teenager, etwa sechzehn, siebzehn Jahre alt, Orabi. Ob er mich noch etwas fragen dürfe. Natürlich darf er. »Stimmt es«, fragt er, »dass ich als Muslim keine Atheistin heiraten darf, weil ich dadurch unrein werde?« Ich brauche ihm nur kurz in die Augen zu schauen, um zu erkennen, wie verliebt er gerade ist. Und wie hin- und hergerissen er ist zwischen seinem Glauben und der starken Emotion für ein Mädchen. »Es ist völlig in Ordnung«, erkläre ich, »aus Liebe zu heiraten. Was zählt, ist nicht der unterschiedliche Glaube. Wichtig ist der Respekt vor den Unterschieden. Und überhaupt: Die Liebe hat schließlich keine Religion.« Erfreut nickt der Junge, erleichtert, wenn auch noch immer ein bisschen unsicher. Im Stillen wünsche ich ihm Glück für seinen Weg. Dass er mich überhaupt gefragt hat, halte ich für ein gutes Zeichen: Er hatte offenbar das Gefühl, dass er uns vertrauen kann und dass wir etwas zu sagen haben.

Nach dem herzlichen Abschied von allen sind wir auf dem Weg zum Parkplatz, wo unser Auto steht. Da läuft uns in letzter Minute noch ein Mädchen hinterher, Ayşe. Als sie vor mir steht, sehe ich, dass sie Tränen in den Augen hat. Sie war eine der Schüchternen unter den Workshop-Teilnehmern, aber immerhin hatten wir von ihr erfahren, dass sie kurz vor dem Abitur steht. Sie holt tief Luft, um sich so weit zu beruhigen, dass sie sprechen kann. »Ich muss dich noch etwas fragen ...«, fängt sie an. Dann bricht es aus ihr heraus, wenngleich leise: »Was ist denn nun wichtiger, Familie oder Bildung?«

Was für eine Frage?! Was für ein sinnloses Dilemma, in das dieses Mädchen offenbar hineinmanövriert wurde. Aber ich weiß genau, wovon sie spricht. Während sie das Abitur herbeisehnt, um endlich studieren zu können und aus dem Haus zu gehen, fangen ihre Eltern plötzlich an, emotionalen und sozialen Druck auf sie auszuüben. Sie soll sich verloben, um möglichst bald heiraten zu können. Sie soll an die Ehre der Familie denken. Von Universität und einer studierten Tochter wollen die Eltern nichts wissen. »Du willst uns doch keine Schande machen? Familie ist viel wichtiger!«

Ich antworte ihr, dass beides gut ist und sich nicht ausschließen muss, Familie und Bildung. Aber dass Bildung sie unabhängig mache und sie dadurch ihrer Familie und den eigenen Kindern später viel mehr anbieten könne, ein Vorbild sei. Und wie bei Orabi drücke ich im Stillen die Daumen für sie.

Ein paar Wochen darauf treffe ich Jusuf bei einem anderen Workshop wieder. In der Zwischenzeit hat er ein paar Artikel von mir gelesen, er hat sich darüber informiert, mit wem er es zu tun hat. Allerdings habe ich das Gefühl, dass er gar nicht so ganz begriffen hat, was er gelesen hat. Er wiederholte, was er irgendwo aufgeschnappt hatte. »Stimmt es, dass du einen neuen Koran schreiben willst?«, erkundigt er sich. Ich sehe ihn erstaunt an. »Wieso sollte ich den Koran ändern wollen? Es gibt ihn seit fast 1400 Jahren. Warum sollte ich ihn neu schreiben? Was ich aber sehr wohl will, ist, den Koran neu zu interpretieren, ihn neu zu lesen, aus heutiger Sicht.« Jusuf schüttelt widerwillig den Kopf. »Wie soll das gehen? Was im Koran steht, ist eindeutig. Das hat Gott so gesagt, durch den Propheten. Da kann man nichts interpretieren. Man kann nicht einfach den Islam verändern, so wie es einem eben passt, weil man gerade bestimmte Bedürfnisse hat.«

Er echauffiert sich: »Das ist nicht in Ordnung!« Gott selbst, sagt er, würde doch vor denjenigen warnen, die die Religion an ihre Triebe anpassen wollten.

Dann sieht er mich wieder mit diesem prüfenden, fast schon wütenden Blick an, den ich schon aus dem ersten Workshop kenne. Ob es denn wahr sei, dass ich Unzucht in der Gesellschaft haben wolle? Wie er darauf komme, will ich wissen. »Das steht in deinen Artikeln«, gibt er zurück und holt zu einer längeren Rede aus: »Du bist jedenfalls dagegen, dass man Scham empfindet und Jungfrau bleibt. Und das heißt doch, du willst, dass jeder seine Sexualität frei auslebt. Wir sehen aber doch, was das mit einer Gesellschaft macht. Das zerstört Familien. Alle reden heute von offenen Beziehungen, als ob das völlig normal wäre! Aber das macht alles kaputt. Und am Ende haben wir eine Welt, in der kaum noch Kinder geboren werden. Und die wenigen, die geboren werden, werden psychisch krank, weil sie keine richtigen Eltern haben, die sich um sie kümmern.«

Jusuf hält kurz inne und nimmt dann neu Anlauf: »Diese Gesellschaft zerstört sich selbst«, wettert er. »Deshalb ist doch die Religion so wichtig, um das zu verhindern.« Ich müsse doch selbst sehen, was passiere, wenn man die Religion vergesse. »Heute haben sogar die Mädchen, die Kopftuch tragen, einen Freund und schaffen es, mit ihm zu schlafen, ohne ihre Jungfräulichkeit zu verlieren, indem sie Oral- oder Analsex haben.« Eine sündhafte Welt voller schlimmer Dinge malt er mir aus. »Es geht nicht darum, in den Augen des Vaters oder des Bruders rein zu bleiben.« Er spricht jetzt ruhig, aber eindringlich. Ich denke bei mir, dass da womöglich schon ein kleiner Prediger heranwächst. »Es muss darum gehen«, erklärt Jusuf, »Gott gegenüber rein zu bleiben. Wir müssen alles dafür tun, dass die Zerstörung uns nicht erreicht, gerade uns Muslime, denen von Gott die wunderbaren Werte gegeben wurden, um die Familie zu schützen: Dass man als Mann und Frau für ewig zusammenbleibt, dass man den Kindern eine heile Welt schafft, in der keine Unzucht herrscht, keine Nacktheit, keine Pornos propagiert werden.« Er hat das Wichtigste gesagt und weist mit der Hand in meine Richtung: »Das willst du alles abschaffen?«

Nun bin ich es, der kurz tief Luft holen muss. »Das stimmt doch so nicht«, erwidere ich. Und dann versuche ich, ihm meine Position zu erläutern. Natürlich bin ich auch Muslim. Natürlich werde ich meinen Kindern bestimmte Werte vorleben. Und wenn ich sage, dass Sexualität nicht tabuisiert werden soll, dann geht es darum, dass Jugendliche neugierig sein dürfen. Dass es wichtig ist, eine gesunde Beziehung zu seinem Körper und zum anderen Geschlecht zu entwickeln. Das bedeutet aber noch lange nicht, dass jeder mit jedem schlafen soll oder dass ich dazu aufrufe, dass alle überall und immerzu ihre Sexualität frei ausleben sollten. Sondern mir geht es darum, dass die Tabuisierung der Sexualität dazu führt, dass verklemmte, gehemmte Menschen, deren natürliches Leben und Lieben unterbunden wurde, ein Gewaltpotential entwickeln gegen sich und andere, dass Männer die Frauen nur als Sexualobjekt wahrnehmen und Frauen wiederum die Männer nur als Gefahr sehen. Dass Angst statt Glück entsteht.

»Das ist es, was nicht gesund ist«, sage ich zu Jusuf. »Und das ist es doch, was fatale Folgen hat, die wir auch in unserer Gesellschaft sehen. Kinder zum Beispiel, die nicht in der Lage sind, das andere Geschlecht als Mensch wahrzunehmen. Wenn die Liebe da ist und Respekt zwischen zwei Menschen herrscht, dann dürfen sie auch selbst darüber entscheiden, miteinander zu schlafen, egal ob Mann und Frau oder Mann und Mann oder Frau und Frau. Das ist die Freiheit, und das soll uns keine Angst machen.«

»Bei unserem Workshop«, sage ich zu Jusuf, »waren wir in einem Raum zusammen, Jungen und Mädchen, und wir haben uns angesehen, geredet, zugehört. Dabei hat es keinen Gruppensex gegeben oder irgendwelche sexuellen Übergriffe, wir haben diskutiert, es haben doch nicht alle nur daran gedacht, über die anderen herzufallen.« Jusuf winkt ab. »Ich weiß, wie Jungs ticken.«

Er hält mich für naiv. Ich hoffe trotzdem, dass er sich dann und wann an unsere Diskussion erinnert und dass sich sein starres Denksystem lockert. Jusuf ist im Moment in einer alten und einer neu konstruierten Tradition und Religion gefangen. Er wiederholt einfach wie ein kleiner Automat, was er gehört hat und was ihm beigebracht wurde. Außerdem kompensiert er mit seiner religiösen Ideologie die zahlreichen Unsicherheiten in seinem Leben.

Das ist charakteristisch für die Generation Allah. Plakative Normen der Religion werden genauso wiedergegeben, ohne Differenzierung, ohne Reflexion, ohne Zweifel, ja ohne die Erlaubnis des Zweifelns. Für die Angehörigen der Generation Allah, die genau wie Jusuf häufig noch nicht einmal beten, können kleine, zwanghafte Riten zu Ersatzhandlungen werden, etwa keine Fruchtgummis mit Gelatine zu essen, da sie Schweinefleisch enthalten, und allen gegenüber zu betonen, wie wichtig es sei, sich *halal*, also »rein« und nach der religiösen Vorschrift zu ernähren. Dann noch offensiv von sich zu sagen: »Ich bin Muslim!« ersetzt durchdachte Inhalte und erhält einen höheren Stellenwert als der eigentliche Glaube, das Spirituelle.

Tauchen dann noch gewiefte Salafisten vor der Schule oder im Jugendzentrum auf und bestätigen diese aus ideologischen Versatzstücken zusammengebastelte Identität mit ihrem drastischen

Fundamentalismus, dann haben sie mit Jungen wie Jusuf leichtes Spiel.

Wo es in gesellschaftlichen Debatten um die Radikalisierung von Jugendlichen geht, ist häufig von »Jugendkultur« die Rede. Inwieweit diese Klassifizierung überhaupt sinnvoll ist, wird im Verlauf dieses Buches diskutiert. Fürs Erste genügt zumindest die Erkenntnis, dass man, wenn überhaupt, in diesem Zusammenhang von zwei verschiedenen Formen der Jugendkultur sprechen muss:

Zum einen gibt es eine breite Masse von Jugendlichen, für die ihre Religion in jüngster Zeit immer mehr an Bedeutung gewonnen hat, und zwar fast einzig und ausschließlich als elementarer Baustein ihrer Selbstkonstruktion, ihrer Identität. Auf die Frage, wer sie seien, woher sie kämen, was sie ausmache, höre ich sehr häufig als einzige Antwort: »Ich bin stolzer Muslim!« In religiösen Fragen kennen sie sich jedoch wenig bis gar nicht aus. Frage ich also weiter, was denn beispielsweise die Scharia sei, wissen die meisten dieser »stolzen Muslime« keine Antwort, außer dass es eigentlich das einzig Richtige sei, nach ihr zu leben.

Der Islam, Muslim zu sein, bedeutet für diese Jugendlichen also keineswegs Religiosität, sondern es ist für sie identitätsstiftend, dieser Religion anzugehören. Es macht sie besonders in dieser Gesellschaft. Wer sich nun fragt, was bei diesen Jugendlichen so anders ist als bei ihren muslimischen Großvätern und Großmüttern, die auch anders waren in unserer Gesellschaft, aber nicht radikal, der muss sich einen wesentlichen Unterschied klarmachen. Die Mehrheit der sogenannten Gastarbeitergeneration hatte immer den Plan, eines Tages, spätestens im Rentenalter, wieder in die alte Heimat zurückzukehren. Diese Jugendlichen jedoch sind hier geboren und sehen ihre Zukunft hier in Deutschland, fühlen sich aber nicht als Teil der Gesellschaft und haben mit dem Merkmal, Muslim zu sein, eine neue Gruppe geschaffen, die für sie identitätsstiftend wirkt, in der man sich verbunden fühlen kann mit seinesgleichen und von der man andere ausschließen kann, so wie sie sich selbst ausgeschlossen fühlen.

Jene breite Masse an Jugendlichen ist nicht per se radikal, sie bietet aber den Radikalen einen fruchtbaren Boden für ihre Propaganda. Ich bezeichne diese einschneidende gesellschaftliche Entwicklung - denn um eine solche handelt es sich - als eine, die hinführt zur Generation Allah.

Zum anderen lässt sich im Auftreten von manifest radikalisierten Jugendlichen beobachten, dass sie sich einen bestimmten Code zulegen, was Kleidung oder Sprache angeht, und dass nicht zuletzt dadurch die Gruppenzugehörigkeit zelebriert wird. Der erhobene Zeigefinger ist eines dieser charakteristischen Zeichen. Genauso der Gebrauch arabischer Worte, wie etwa »Akhi«, mein Bruder, oder der abwertende Ausspruch »kaffer«, was ungläubig meint. Besonders auffällig ist bei den jungen Männern der lange Bart.

Um zwischen diesen beiden Phänomenen unter Jugendlichen in der Diskussion unterscheiden zu können, schlage ich vor, mit Blick auf das breite soziale Phänomen der gestiegenen Bedeutung der Religion unter Jugendlichen, wie wir sie an der Generation Allah beobachten können, den Begriff der »kulturellen Strömung unter Jugendlichen« zu verwenden. Demgegenüber sind mit einer »radikalen« oder auch »salafistischen Jugendkultur« dann jene Erscheinungen gemeint, die man in Habitus und Kleidung von tatsächlich radikalisierten Jugendlichen beobachten kann.

Nur die Spitze des Eisbergs?

Beinahe täglich erreichen uns Meldungen über die Verbrechen des Islamischen Staates. Der radikale Islamismus hat durch die Gewalttaten dieser Terrorgruppe eine neue Dimension erreicht. Kaum ein anderes Thema beschäftigt uns derzeit so intensiv – und es ist, leider, nicht anzunehmen, dass es damit bald ein Ende haben wird. Es steht außer Zweifel, dass wir uns mit diesem Thema auseinandersetzen müssen. Aber wie soll diese Auseinandersetzung auf fruchtbare Weise geschehen? Wie kann sie zu Ergebnissen führen, die langfristig helfen?

Natürlich ist uns seit langem klar, dass wir auch in Deutschland von der Gefahr des islamischen Radikalismus betroffen sind. Und das nicht nur, weil die Möglichkeit von innereuropäischen Anschlägen immer präsenter wird und mit den Attentaten von Paris im Januar 2015, jenem in Kopenhagen oder auch dem Terror in Brüssel im Jahr zuvor eine grausame Aktualität bekommen hat.

Betroffen sind wir aber vor allem deshalb, weil der Islamismus auch bei uns Wurzeln schlägt. Vor den Schulen und in Fußgängerzonen werben Salafisten für ihre Sache – und ihre Propaganda zeigt Wirkung.

Die Anzahl junger Menschen, die bereit sind, für ihre radikalen Überzeugungen in den Krieg zu ziehen, steigt beständig. Die offizielle Schätzung, wonach knapp 700 junge Männer und Frauen von Deutschland aus in den Dschihad gezogen sind, ist ganz sicher zu niedrig. Man muss momentan mindestens von einer Zahl zwischen 1500 und 1800 ausgehen. Auch die Zahl der Salafisten ist gestiegen. Sie liegt derzeit meiner Einschätzung nach bei etwa 10 000 Menschen. Das sympathisierende Umfeld ist aber noch um ein Vielfaches größer.

Wenn wir also von Radikalen reden, dann sollten wir zunächst einmal fragen: Von wem genau sprechen wir da überhaupt? Meiner Ansicht nach muss man, wenn man auf die Radikalen blickt, zwischen drei Gruppen unterscheiden: Ganz oben stehen Gruppierungen wie Al-Qaida und der IS, deren Schreckenstaten wir auch in Europa bei Anschlägen wie in Paris oder Kopenhagen erleben. Zu diesen extrem gefährlichen und gewalttätigen Gruppierungen gehören ebenfalls Boko Haram, die in Nigeria unglaubliche Gräuel verüben, oder Al Shabaab, die in Somalia wüten, die Hamas und die Hisbollah.

Eine Stufe darunter stehen die Muslimbrüder. Auch ein Islamverständnis, wie es der türkische Staatspräsident Erdoğan vertritt, gehört in diese Kategorie.

Sehen müssen wir vor allem aber, was ganz unten in dieser Pyramide das Fundament bildet. Das nämlich sind diejenigen, die ich die Generation Allah nenne. Menschen, die unter uns leben, Jugendliche, die vielleicht sogar den Salafismus ablehnen, deren Denken und mitunter auch Handeln aber nicht mit den Werten unserer Gesellschaft übereinstimmen und nicht mit der Demokratie vereinbar sind. Diese Generation Allah bildet die Basis für den Radikalismus. Und diese Basis ist breit.

Wenn ich in diesem Buch von der »Generation« Allah spreche, dann meine ich diejenigen, die vielleicht nicht im Fokus des Verfassungsschutzes sind, weil sie sich nicht durch gewalttätige Aktionen oder explizit antidemokratisches Verhalten als Gefährdung für unsere Gesellschaft offenbart haben, für die aber ideologische Inhalte und Werte Teil ihrer Identität geworden sind. Mitunter mögen es nur Teilideologien sein, aber bereits diese legen den Grundstein für ein Denken, das allzu leicht in Islamismus umschlagen kann.

Mit all jenen, die Geschlechtertrennung befürworten, die Gleichberechtigung ablehnen, die an Verschwörungstheorien glauben, die antisemitische Einstellungen haben, die jeden Zweifel und jedes Hinterfragen des Glaubens ablehnen, die an einen zornigen Gott glauben, der Ungläubige mit der Hölle bestraft, mit all jenen, die Andersdenkende abwerten, müssen wir uns auseinandersetzen, auch wenn sie sich nicht explizit zum Islamismus bekennen.

Gefährlich sind auch jene schleichenden Prozesse der Radikalisierung, die unsere Gesellschaft unterwandern. Von den Sicherheitsbehörden wie auch in der allgemeinen Wahrnehmung werden sie unterschätzt, weil sie sich nicht explizit eines Jargons der Gewalt bedienen. Demokratiefeindlich sind die von diesen Radikalen propagierten Inhalte aber dennoch. Auf diese Weise bereiten sie den Nährboden für Extremismus, und genau das müssen wir bekämpfen. Wenn wir erst dort ansetzen, wo der Islamismus sich in gewalttätigen Aktionen zeigt, haben wir bereits verloren. Wir müssen uns mit der Generation Allah auseinandersetzen! Denn die Generation Allah ist der Pool, aus dem die Islamisten fischen.

Ich bin kein Theologe. Ich bin Psychologe und arbeite seit Jahren in sozialen Projekten mit Jugendlichen, deshalb werde ich keine theologische Diskussion über islamische Ideologie führen. Aber ich werde die wesentlichen Denk- und Verhaltensmuster benennen, die ich in der Auseinandersetzung mit Jugendlichen erkenne. Und ich werde versuchen, diesen Beobachtungen auf den Grund zu gehen, nach ihren Entstehungsweisen zu fragen.

Nicht zuletzt werde ich, im dritten Teil dieses Buches, Konzepte vorstellen, mit denen diesen Entwicklungen auf gesamtgesellschaftlicher Ebene frühzeitig begegnet und vorgebeugt werden kann. Und wo es für diese Prävention zu spät ist, da müssen Konzepte zur Hand sein, um mit einer gezielten Deradikalisierungsarbeit jene zurückzugewinnen, die sich bereits innerlich von unserer demokratischen Gesellschaft verabschiedet haben. Auch wie dieser Ausweg aus der radikalen Ideologe aussehen könnte, möchte ich zeigen. Nichts anderes darf das Gebot der Stunde sein.

Mit meinem Buch, das auf meiner jahrelangen Arbeit mit Jugendlichen und deren Eltern, meinen Erfahrungen als Psychologe und in meiner Arbeit in Schulen und nicht zuletzt auf meiner eigenen Biographie basiert, möchte ich einen Beitrag zu dieser Debatte leisten. Das Buch ist der Versuch, die zuweilen konfuse und von Naivität und ängstlicher Verharmlosung auf der einen und Panikmache auf der anderen Seite bestimmte Diskussion zu ordnen.

Wir müssen uns dafür die Besonderheiten der heutigen Situation vergegenwärtigen: dass wir es nicht nur mit ein paar hundert jungen Islamisten zu tun haben, sondern mit einer ganzen Generation, die der starken Gefährdung einer Radikalisierung ausgesetzt ist und die einige der ideologischen Inhalte dieses Radikalismus auf eine beinahe selbstverständliche Weise in ihr Denken integriert hat.

An dieser Stelle seien sechs Aspekte genannt, die in den vergangenen Jahren dazu geführt haben, dass die Generation Allah mehr und mehr an Kontur gewinnen und eine immer wesentlichere Rolle in unserer Gesellschaft spielen konnte. Diese Aspekte seien hier zunächst nur angerissen, bilden aber die Voraussetzung dafür, sich die Dimensionen des Phänomens grundsätzlich vergegenwärtigen zu können.

1. Wir haben es in der Hauptsache mit Jugendlichen der zweiten bzw. dritten Migrantengeneration zu tun. Mit Jugendlichen also, die sehr viel besser Deutsch sprechen können und sehr viel stärker integriert sind, als ihre Eltern oder Großeltern es waren. Deshalb verfügen sie auch über eine größere Kompetenz und ein größeres Selbstbewusstsein, wenn es darum geht, ihre Vorstellungen offen in der Mehrheitsgesellschaft zu artikulieren. Wir haben es hier nicht mehr mit Migranten zu tun, sondern mit deutschen Jugendlichen. Das sollte man nicht verwechseln! Diese Jugendlichen sind Teil unserer Gesellschaft – und deshalb sind auch ihre Probleme und die Herausforderung, vor die sie uns stellen, Teil unserer Gesellschaft.
2. Grundsätzlich kann man beobachten, dass die Bedeutung von Religion in den vergangenen Jahren immer mehr zugenommen hat und weiterhin zunimmt. Diese Feststellung hat weltweite Gültigkeit. Die Gründe sind vor allem in dem gestiegenen Bedürfnis zu sehen, innerhalb einer immer heterogeneren, unübersichtlichen Welt auf feste Werte und Vorstellungen zurückgreifen und darin Halt und Orientierung finden zu können. Das gilt auch und gerade für Jugendliche.
3. Hinzu kommt, dass die muslimischen Länder, aus denen die Vorfahren vieler dieser Jugendlichen stammen und in denen sie häufig noch Familie haben, in jüngster Zeit regelmäßig von Konflikten heimgesucht werden. Diese medial vermittelte Instabilität, vielleicht sogar das unmittelbare Betroffensein der dort beheimateten Familienmitglieder, sensibilisiert die Jugendlichen für ihre Wurzeln, für ihre Hintergründe. Bei diesen Kon-

flikten und Kriegen handelt es sich häufig um politische Konstellationen, in denen der Westen, gerade die USA und Europa, schwierige Entscheidungen fällen mussten. Dass diese Entscheidungen nicht immer zu den besten Lösungen geführt haben, hat zweifelsohne zur Folge gehabt, dass die Identifikation vieler muslimischer Jugendlicher mit ihrer Kultur zugenommen hat.

4. Wenn diese Jugendlichen parallel dazu mit der Erfahrung aufgewachsen sind, von der sie umgebenden Gesellschaft ausgegrenzt zu werden, dann steigt das Bedürfnis, sich eine neue Identität zu suchen und sich auf diese Weise von der Mehrheitsgesellschaft abzugrenzen. Diese Abspaltung passiert nicht nur, weil die Mehrheitsgesellschaft sie diskriminiert, sondern auch, weil in manchen Familien die Ablehnung eben dieser Gesellschaft und ihrer Werte Teil der Erziehung ist.
5. Zentral ist zudem, dass die meisten arabischen bzw. muslimischen Länder gezielt die Missionierung von deutschen Muslimen in Deutschland steuern. Erdoğan betreibt das von der Türkei aus, Gleiches machen die Muslimbrüder von Ägypten und Katar oder die Salafisten von Saudi-Arabien aus. Es sind nicht unbedingt finanzielle Mittel, sondern Einfluss und Energie, mittels deren die Menschen hier in Deutschland erreicht werden. Zum einen funktioniert das über das Fernsehen. Das richtet sich aber vor allem an ältere Generationen. Die Regel ist aber auch, dass sogenannte Starprediger immer wieder nach Deutschland reisen und Veranstaltungen abhalten. Zudem werden Imame etwa in der Türkei ausgebildet und dann nach Deutschland geschickt.
6. Damit hängt der letzte wesentliche Aspekt zusammen: Die Anzahl von radikalen Predigern, die in Deutschland gezielt auf Jugendfang gehen, ist in jüngster Zeit enorm angestiegen. Die

Prediger sprechen nicht nur Deutsch, sondern wissen sich des Jargons der Jugendsprache zu bedienen. Flankiert wird ihre Missionsarbeit durch eine breitangelegte islamistische Propaganda, die im Internet verbreitet wird. Vor allem auf diese Weise werden auch Jugendliche ohne Migrationshintergrund oder Jugendliche mit nichtmuslimischem Migrationshintergrund, die bisher nicht mit dem Islam in Verbindung standen, erreicht. Auch sie zählen in Teilen zur Generation Allah.

Die Debatte über Islamismus ist momentan – notwendigerweise – allerorten präsent. Das ist unerlässlich und gleichzeitig problematisch aufgrund dessen, wie die Auseinandersetzung geführt wird. Die Diskussionen und Debatten, die ich verfolge, werden von Ahnungslosigkeit bestimmt. Von Naivität. Nicht nur innerhalb der Bevölkerung, sondern auch seitens der Politik wird die Debatte eindimensional und oberflächlich geführt. Verharmlosung ist an der Tagesordnung, wenn es darum geht, den Gründen für die Ursprünge des Radikalismus auf die Spur zu kommen. Konzeptlosigkeit herrscht dort, wo man diesen Entwicklungen entgegentreten will. Und nicht zuletzt tritt blinder Aktionismus auf den Plan, wo Panikmache betrieben wird.

Eine Debatte und eine daran anknüpfende erfolgreiche Präventionsarbeit, die künftigen radikalen Tendenzen entgegenwirkt, kann aber nur gelingen, wenn zum einen die Auseinandersetzung über den Islamismus ohne falsche Tabus geführt wird, ohne Verharmlosung und ohne eine Diffamierung desjenigen, der Dinge beim Namen nennt und auf Missstände hinweist. Sie kann darüber hinaus auch nur dann Wirkung zeigen, wenn sie als eine gesamtgesellschaftliche Diskussion geführt wird. Wir werden dem Islamismus keinen Riegel vorschieben, wenn wir eine

Ihr-wir-Debatte führen. *Ihr*: die Muslime, *wir*: die demokratische Mehrheitsgesellschaft. Wir müssen angstfrei reden, und wir müssen dieses Reden in der Mitte unserer Gesellschaft fest verankern.

Der radikalislamische Extremismus hat der modernen Wertegemeinschaft, deren integraler Bestandteil Muslime weltweit sind, den Krieg angesagt. Geschürt werden diffuse Ressentiments gegen die Mehrheitsgesellschaft, und mobil gemacht wird gegen deren Werte. Das schließt die Ablehnung längst erreichter Formen friedlicher Koexistenz und wechselseitiger Akzeptanz ebenso ein wie die Kultivierung vermeintlich überwundener Ressentiments wie Antisemitismus oder Antiamerikanismus.

Natürlich lehnt die breite Mehrheit der Bevölkerung in Deutschland, der muslimischen wie der nichtmuslimischen, die menschenverachtende Ideologie des Dschihadismus ab und fürchtet seine Folgen. Dennoch stehen Politik, Bildungsinstitutionen und auch jeder Einzelne der Radikalisierung und ihren Ursachen bisher weitgehend hilflos gegenüber. Manche Lösungsansätze oder -strategien können manchmal sogar das Gegenteil bewirken. Und da, wo es sinnvolle Projekte gibt, bleibt es häufig bei einzelnen Initiativen, die keine umfassende Wirkung entfalten können.

Fraglos wäre es verfehlt zu sagen, der Islam als solcher trage die Schuld an diesen Entwicklungen. Genauso wenig hilft aber auch die gutgemeinte Verteidigung, der IS und die Salafisten würden den Islam nur vorschieben und hätten mit Religion im Grunde nichts zu tun. Wer dem islamischen Radikalismus entgegentreten will, der muss auch die Fragen nach seinem Erfolgsrezept stellen. Wo setzen die Salafisten und Dschihadisten argumentativ an? Wo liegen die Ursachen dafür, dass ihre Propaganda auf fruchtbaren Boden fällt? Wer hier nach einfachen Antworten sucht, wird am

Verständnis der Generation Allah scheitern – genauso wie daran, sie auf einen anderen Weg zu bringen.

Meiner Überzeugung nach besteht eine grundlegende Gefahr des Radikalislam nicht in den Unterschieden zu einem moderaten Islamverständnis, sondern gerade in den Gemeinsamkeiten. Es gibt immer wieder Punkte, an denen radikale Islamisten anknüpfen können.

Um nur ein paar Beispiele zu nennen: Auch einige moderate Imame zelebrieren die Opferrolle von Muslimen, pflegen bestimmte Feindbilder, predigen die reine Lehre, das blinde Befolgen aller Gebote und Tabus. Mit der Behauptung, die absolute und einzige Wahrheit zu besitzen, geht das Verbot einher, Aussagen zu hinterfragen, kritisch zu denken. Neue, zeitgemäßere Deutungen des Koran, wissenschaftliche Erkenntnisse zur Geschichte des Islam dürfen häufig weder gelesen noch diskutiert werden.

Das ist eine Tendenz, die sich auch in vielen muslimischen Familien fortsetzt. Immer wieder treffe ich in meiner Arbeit auf patriarchalisch geprägte Familien, in denen nach wie vor eine auf striktem Gehorsam beruhende Erziehung stattfindet. Dies geht einher mit der Unterdrückung und der Tabuisierung von Sexualität. Hinzu kommt Gewalt in der Erziehung – auch verbal. Es ist durchaus nicht ungewöhnlich, dass manche Eltern zu ihren Kindern Sätze sagen wie »Ich werde dich schlachten« oder »Ich hoffe, der Tod wird dich holen!« oder auch »du Schwein«.

Das alles sind Aspekte einer einschüchternden Pädagogik, die für Radikale eine ideale Ausgangsbasis bildet. Denn im Verbund führen diese Faktoren zur Ausbildung von schwachen Charakteren, die kein Selbstwertgefühl entwickeln können und die infolge dessen alle Abweichungen, alles Fremde als Bedrohung wahrnehmen und mit Aggression reagieren. Wenn diese Disposition mit der Stärkung von tradierten Feindbildern einhergeht, ist der Boden für Hass bereitet. Die Zugehörigkeit zu einer Gruppe ist für Jugendliche, die einen solchen Erziehungsradius aufweisen, besonders verlockend, weil in der Gemeinschaft mit anderen das Versprechen von Stärke liegt.

Ich sehe täglich, wie und mit welchen Mitteln es sich die Radikalen mit ihrer Propaganda zunutze machen, dass gerade Jugendliche besonders empfänglich sind. Radikale islamische Prediger gehen gezielt auf Kinderfang. Und sie stoßen oftmals auf soziale und mentale Verfasstheiten, die ihnen in die Hände spielen: Jugendliche, deren familiärer, sozialer und schulischer Hintergrund nicht vermag, einen gesicherten, identitätsstiftenden und wertevermittelnden Lebenskontext herzustellen – bei Jugendlichen mit familiären Einwanderungsgeschichten nicht selten auch deswegen, weil wir ihnen in Deutschland eine echte Anerkennungskultur verwehren. Aber es sind eben nicht nur diejenigen, die sich zur Versagerseite zählen, die von den Radikalen geködert werden. Auch jene sind verführbar, deren Biographie sich von außen als Erfolgsgeschichte liest.

Die Gesellschaft ist mit diesen Jugendlichen überfordert. Wir sind mit dem, was unseren Jugendlichen droht, überfordert. Weil wir die Psychologie dahinter bislang zu wenig verstehen.

Wie aber erreichen wir diese Jugendlichen, bevor sie mit unserer Gesellschaft abschließen? Oder bevor wir sie an einen brutalen Krieg verlieren?

Ich bin überzeugt, dass es einen Weg gibt. In meiner jahrelangen Auseinandersetzung mit dem Radikalismus habe ich gelernt, welche Fehler man machen kann, welche Gegenstrategien nur noch mehr Abschottung bewirken. Genauso habe ich erfahren können, wie Annäherung stattfinden, wie Aufklärung gelingen kann. Und wie man durch eine fokussierte und konsequente Arbeit selbst diejenigen wieder in unsere Gesellschaft und in unser Wertesystem integrieren kann, die der radikalen Propaganda bereits erlegen waren.

Im Augenblick sind die Salafisten die besseren Sozialarbeiter. Sie bedienen die Bedürfnisse der Jugendlichen. Sie holen sie dort ab, wo sie zuweilen verloren und orientierungslos stehen. Sie machen sich die Mühe, in einer Sprache zu sprechen, die diese Jugendlichen verstehen. Warum tun wir das nicht? Warum lassen wir sie tatenlos in die Fänge von Radikalen laufen, die sie für ihre menschenverachtende Ideologie einspannen?

Entscheidend ist, dass wir nicht länger reagieren und hektisch Brandherde bekämpfen. Entscheidend ist, dass wir agieren. Dass wir gesamtgesellschaftliche Konzepte entwickeln, die langfristig funktionieren und sich auf breiter Ebene mit den Problemen, Bedürfnissen und Gefahren der Generation Allah auseinandersetzen. Mit einzelnen Projekten und Initiativen, so gut sie im Einzelfall sein mögen, erreichen wir wenig.

Wir müssen die Präventionsarbeit zu einer politischen Angelegenheit erklären. Wir müssen die gesamte Pädagogik verändern. Und wir müssen das gängige Islamverständnis da reformieren, wo es Anknüpfungspunkte für den Islamismus bietet. Wir müssen in unserer Gesellschaft ein Bewusstsein für einen erweiterten Gewaltbegriff schaffen. Gewalt fängt nicht erst da an, wo sie physisch unmittelbar angewendet wird. Auch bei Polygamie handelt es sich um eine Form der Gewalt. Wenn Kindern mit Hölle und Dämonen gedroht wird, dann sehe ich darin die Ausübung von Gewalt. Wenn Frauen verurteilt werden, weil sie kein Kopftuch tragen, handelt es sich ebenso um Gewalt.

Ein zentraler Ort, an dem in dieser Hinsicht Aufklärung stattfinden kann, vielmehr muss, ist die Schule. Aber gerade in den Schulen bietet sich ein desolates Bild. Nicht nur die einzelnen Lehrer, auch die Lehrpläne sind nicht vorbereitet auf die gesellschaftliche Aufgabe, die sich ihnen stellt: die Sorge dafür, dass die Generation Allah sich nicht immer weiter von der Mitte der Gesellschaft entfernt.

Falls wir an dieser Situation nichts Grundsätzliches ändern, werden solche Szenen, mit denen ich regelmäßig konfrontiert werde, weiter zum Alltag gehören: Ein gerade achtjähriger Junge etwa, der als eine Art Amulett eine Erkennungsmarke um den Hals trägt, wie sie normalerweise Soldaten tragen. Auf Nachfrage erklärt er, dass es schön sei, als Soldat zu sterben. Oder jene Schülerinnen, die Kinder ihrer Lehrerin abschätzig als »Bastarde« bezeichnen, weil die Lehrerin nicht verheiratet ist.

Kinder brauchen ein Wertesystem, in dem sie sich orientieren können. Wir Erwachsenen sind dafür verantwortlich, ihnen eines zu vermitteln, das den demokratischen Grundrechten entspricht. Wir müssen den Kindern beibringen, andere Menschen und Menschen, die anders denken, nicht abzuwerten.

Gefordert ist hier vor allem die Politik. Politiker müssen den Mut haben, bestimmte Probleme in aller Deutlichkeit anzusprechen. Sie dürfen sich nicht länger hinter gutgemeinten, vermeintlich toleranten Formeln verstecken. Denn wozu führt es, wenn die Kanzlerin den Satz des Ex-Bundespräsidenten Wulff aus dessen Amtszeit »Der Islam gehört zu Deutschland« bekräftigt? Pauschal wird hier vom Islam geredet. Aber welches Islamverständnis bitte ist gemeint?

Ungeachtet dieser Pauschalität werden die meisten Muslime diese Anerkennung dankbar aufnehmen. Und das ist gut so. Aber bei vielen nichtmuslimischen Menschen kann ein solcher Satz Ängste auslösen oder vorhandene Ängste verstärken. Solche Ängste darf man nicht ignorieren oder pauschal verdammen.

Natürlich gibt es Ängste, die fremdenfeindlich sind, die sich nur daraus speisen, dass jemand eine andere Religion hat oder anders aussieht. Solchen Ressentiments muss selbstverständlich entgegengetreten werden.

Es gibt allerdings auch Ängste, die man ernst nehmen muss. Wenn Menschen beispielsweise befürchten, dass in den Schulen kein Schwimmunterricht mehr stattfindet oder dass ihre Kinder gemobbt werden, weil sie kein Kopftuch tragen oder weil sie Schweinefleisch essen, dann sind das Ängste, denen man mit Aufklärung begegnen muss. Und zwar mit einer doppelten: Nicht nur, indem den Menschen ihre Ängste genommen werden, sondern eben auch, indem ein gängiges Islamverständnis reformiert wird, das solche Ansätze durchaus in sich trägt.

Warum es unerlässlich ist, auch in diesen heiklen Bereichen Klartext zu sprechen und keine schwelenden Konflikte klein- oder wegzureden, konnten wir in jüngster Vergangenheit anhand des Phänomens Pegida beobachten. Wenn wir uns als Mehrheitsgesellschaft dieser Probleme nicht annehmen, dann treten jene auf den Plan, denen nur daran gelegen ist, Ressentiments zu schüren und Ängste neu zu entfachen. Aus der Geschichte sollten wir gelernt haben, was passiert, wenn man radikalen Randgruppen das Wort überlässt, gerade dort, wo es um die neuralgischen Punkte der Gesamtgesellschaft geht.

Wenn ich sage, dass auch eine innerislamische Debatte geführt werden muss, gilt es zunächst einmal zu verdeutlichen, dass es *den* Islam nicht gibt, sondern dass unterschiedlichste Auslegungen des Islam existieren. Und mit aller Deutlichkeit will ich klarmachen, dass die politische Ideologie nicht zu meinem Islam gehört. Derzeit erscheint es mir, als sei es der politische Islam, der den Islam in Deutschland repräsentiert. Dieser Islam hegt einen universellen Wahrheitsanspruch, und er erhebt eine alleinige Deutungshoheit, die von Machtinteressen geleitet ist. Diesem Islam darf man nicht das Feld überlassen.

Kontraproduktiv ist es deshalb, undifferenziert davon zu sprechen, dass der Islam zu Deutschland gehöre. Das tut er nicht. Ein Islamverständnis, das mit den Werten der Demokratie vereinbar ist, gehört zu Deutschland. Die Muslime gehören zu Deutschland. Nicht aber das ideologisch aufgeladene Islamverständnis.

Denn dieser politische Islam ist nicht der Islam des Ingenieurs aus dem bürgerlichen Berlin-Zehlendorf, der mit seiner Familie das Opferfest feiert. Er ist auch nicht der Islam einer kritischen jungen Intellektuellen, die an der Universität studiert. Er ist auch nicht der Islam von all jenen aufgeklärten Menschen, die am Freitag in die Moschee gehen und beten, aber ihre Religion als Privatsache verstehen.

Der ideologische Islam ist und war übrigens auch nie der Islam meiner Mutter, die noch immer in dem kleinen arabischen Ort in Israel lebt, in dem ich geboren bin. Und es ist nicht mein Islam.

Mein Islam ist ein anderer als der Islam der Hassprediger. Er ist auch ein anderer Islam als der von Imamen, die das ganze Leben in »halal« und »haram«, in »erlaubt« und »verboten«, teilen, die denjenigen mit der Hölle drohen, die ihren Auslegungen des Koran widersprechen oder sich nicht vollends nach dem von ihnen vorgegebenen Verhaltenskodex richten.

In meinem Islam wartet keine Bestrafung, wenn ich hin und wieder ein Glas Wein trinke. In meinem Islam ist Sexualität nichts, das man unterdrücken muss. Mein Islam ist offen für Kritik. Er bereitet mir keine Angst, und er bereitet sie auch anderen nicht.

Wo hört Glaube auf, wo fängt Islamismus an? Die Grenzen sind fließend. Deshalb ist es umso wichtiger zu differenzieren. Genauso wie wir da differenzieren müssen, wo es darum geht, dass Glaube Gewalt nach sich zieht.

Wie reagiere ich, wenn mein Kind fragt, wie Gott aussieht? Schlage ich es – was in manchen Familien durchaus passiert, um den Kindern einzuimpfen, dass diese Frage absolut verboten ist? Oder antworte ich ihm, dass ich das nicht weiß, und versuche ich zu erklären, warum das eine Frage ist, die so einfach nicht beantwortet werden kann? Es ist also nicht allein eine Frage des Glaubens, sondern wichtig ist: Wo bewege ich mich auf dieser Skala zwischen Frömmigkeit und Radikalität? Lasse ich Zweifel an Glaubensinhalten zu? Fördere ich sie sogar?

Mir ist dieser Unterschied auch deshalb so bewusst, weil es eine Phase in meinem Leben gab, in der mein Denken von einem radikalen Islam geprägt war, in der ich Menschen, die meinen Glauben mit all seinen Regeln, Verboten und Überzeugungen nicht geteilt haben, abgelehnt und verachtet habe.

Gerade deshalb weiß ich, wovor ich warne. Ich habe das Umdenken geschafft. Und ich weiß, dass ich mit meinem Islam, wie ich ihn heute verstehe, nicht allein bin. Das macht Hoffnung. Aber es liegt viel Arbeit vor uns, wenn wir ein Umdenken erreichen wollen. Wir sollten beginnen.

Klar sein sollte uns dabei stets: Der Kampf gegen Radikalisierung ist nicht allein die Aufgabe von Sicherheitsbehörden. Es fällt nicht allein in die Verantwortung von Schulen oder Eltern. Weder Muslime noch allein Nichtmuslime müssen mit dem Umdenken und Handeln beginnen. Wir alle sind gefordert. Der Kampf gegen die Radikalisierung ist ein gesamtgesellschaftliches Projekt, dessen Ausgang über die Zukunft von uns allen, vor allem aber über die unserer Kinder entscheidet.

Wenn ich auf den folgenden Seiten denkbare Lösungsansätze für einen Weg aus der Radikalisierung vorstelle, dann sind meine Argumente und Überzeugungen von einigen Thesen geleitet und grundiert. Sie seien an dieser Stelle in plakativer Kürze vorgestellt – in der Hoffnung, dass mein Buch plausible Antworten und umsetzbare Strategien zu geben vermag.

- Mindestens 80 Prozent der künftigen Radikalen lassen sich jetzt erreichen! Dafür aber braucht es eine neue, gelungene Präventionsarbeit. Die bisherigen Lösungsansätze sind unzureichend bis mangelhaft.
- Auch jene Gruppierungen und Tendenzen, die im Vergleich mit dem IS harmlos erscheinen, müssen gesellschaftlich beobachtet und deren potentielle Gefahr für die Demokratie diskutiert werden.
- Antisemitismus ist eine der größten Gefahren, die mit dem Islamismus Hand in Hand gehen. Das zeigen die Anschläge von Paris. Das zeigen jene in Kopenhagen und in Brüssel.
- Es geht um einen Kampf – aber nicht um einen Kampf des Westens gegen den Islam, sondern um einen Kampf *Wir gegen die Radikalen*: Wir als gesamte aufgeklärte Wertegemeinschaft (von Muslimen, Christen, Juden, Konfessionslosen) gegen eine modernefeindliche Ideologie. Es geht um einen Kampf der individuellen Werte gegen das Patriarchat.
- Bisher findet in Deutschland eine fehlgeleitete Ihr-wir-Debatte statt. »Wir« und »ihr« werden kulturell oder ethnisch definiert.

Solange die Jugendlichen mit Migrationshintergrund immer wieder das Gefühl vermittelt bekommen, dass sie mit ihrem kulturellen und religiösen Anderssein nicht Teil dieser Gesellschaft sind, werden sie nach alternativen Identitäten suchen. Damit ausgestattet, werden sie sich von der Mehrheitsgesellschaft mit aller Kraft absetzen wollen.

- Eine Radikalismusdebatte muss eine Debatte über Werte sein, über das Vermitteln und Stärken von Demokratie. Sie muss angst- und tabufrei stattfinden und auch innerislamisch geführt werden. Gebraucht wird eine demokratiefähige Islaminterpretation mit klaren Positionen im Hinblick auf unser Grundgesetz.
- Wir brauchen eine Reform des praktizierten Islam. Angstpädagogik, Tabuisierung von Sexualität, Buchstabenglaube, das Beharren auf dem eigenen Opferstatus und dem dazugehörenden Feindbild, die ungleichen Geschlechterrollen und die Ablehnung von kritischem Denken und Hinterfragen müssen überwunden werden.

Wie ich Islamist wurde

Jeder Jugendliche, der sich radikalisiert, hat eine eigene Geschichte. Wenn wir etwas verändern wollen, dann müssen wir uns mit diesen individuellen Schicksalen auseinandersetzen. Dennoch mache ich in meiner Arbeit immer wieder die Erfahrung, dass es Parallelen gibt, dass junge Menschen, die in bestimmten Strukturen aufgewachsen sind – oder bei denen bestimmte Strukturen gefehlt haben –, besonders anfällig für die Versprechungen radikaler Prediger sind.

Was wir bei alledem nicht vergessen dürfen, und deshalb werde ich nicht müde, es zu sagen: Diese Jugendlichen sind nicht nur Opfer. Sie sind immer auch Täter. Wer die Radikalen nur als Opfer darstellt, tut vor allem eines: Er verhindert eine Debatte über die religiösen Inhalte und über die Ideologie, die hinter ihnen steckt. Mein Anliegen aber ist genau das. Ich möchte immer auch auf die Ideologie und auf die Gefahren der Ideologie verweisen, die mit dem Islamismus einhergehen.

Dass ich, bei aller Individualität, von der Ähnlichkeit der Fälle jugendlicher Radikalisierung überzeugt bin, liegt nicht zuletzt daran, dass ich selbst erfahren habe, was es bedeutet, diesen Weg zu gehen. Wenn ich also im Folgenden meine eigene Geschichte erzähle, dann deshalb, um die typischen Gründe, die einen jungen Menschen in die Arme von Radikalen treiben, anschaulich und nachvollziehbar zu machen. Ich erzähle meine Geschichte aber auch, weil sie Anlass zur Hoffnung gibt. Ich habe den Ausstieg aus dem radikalen Denken geschafft – und ich bin der festen

Überzeugung, dass dies auch für einen großen Teil der heute gefährdeten Jugendlichen möglich ist, wenn wir ihnen helfen.

Ich bin nicht in Europa aufgewachsen. Auch meine Eltern sind das nicht. Meine Biographie und mein Alltag sind nicht mit dem von Heranwachsenden in Deutschland zu vergleichen, trotzdem lassen sich zahlreiche Parallelen auf dem Weg in den Islamismus aufzeigen, wie die späteren Fallbeispiele zeigen werden.

Mein Vater wurde 1946 in Palästina geboren, seine Eltern, meine Großeltern, waren Bauern, die weder lesen noch schreiben konnten. Seine ersten zwei Lebensjahre verbrachte mein Vater auf der Flucht. Immer wieder musste meine Großmutter sich mit ihm vor den Bombenangriffen, die die israelische Armee im Unabhängigkeitskrieg gegen Tira geflogen hat, in den Bergen verstecken. Das waren traumatische Erlebnisse, die das Leben meines Vaters bestimmt haben, Erlebnisse, die er immer noch in sich trägt.

Meine Großeltern haben viele Kriege erlebt, die Kriege zwischen den arabischen Ländern und den Israelis, sie haben die englische Kolonie erlebt und die Gründung des Staates Israel. Meine Großmutter ist mit dreizehn Jahren zwangsverheiratet worden. Gerade die ersten Jahre ihrer Ehe waren von Gewalt geprägt. Von morgens bis abends musste sie auf den Feldern arbeiten, nebenbei hat sie sieben Kinder auf die Welt gebracht, drei davon sind gestorben.

Ich wurde 1976 in Tira geboren. Was heute eine kleine Stadt ist, war damals ein Dorf, nicht weit entfernt von Tel Aviv. Die meisten der etwa 20 000 Einwohner arbeiteten als Bauern. Die Felder lagen ein wenig außerhalb. Tira selbst bestand jenseits der größeren Straßen aus unzähligen kleinen, krummen Gassen, die mit bunt zusammengewürfelten Häusern bebaut waren. In manchen der Straßen hatte jedes Haus eine andere Farbe. Häufig waren die Fassaden nur notdürftig verputzt. Vieles war ein wenig improvisiert. An manchen Tagen kam mir das ungeheuer gemütlich vor, manchmal erschien mir mein Städtchen auch ärmlich und verschlafen.

Wenn abends die Sonne unterging, hörten wir die Wölfe auf den Feldern heulen. Das ist das Erste, was mir in den Sinn kommt, wenn ich an meine Kindheit in Tira denke.

Die Erwachsenen, deren eigenes Leben von so vielen Entbehrungen geprägt war, haben zu dieser Zeit nicht viel Rücksicht auf die Bedürfnisse von Kindern genommen. Kinder hatten nichts zu sagen. Sie störten. Und sie sollten möglichst schnell in der Lage sein zu arbeiten. Meine Großeltern, die Eltern meines Vaters, bewohnten die Etage unter unserer Wohnung, die im zweiten Stock lag, und so waren sie in meinem Alltag sehr präsent und haben auch immer wieder in meine Erziehung eingegriffen.

Sehr früh haben sie mich mit auf die Felder zum Arbeiten genommen. Wir mussten morgens zeitig aufbrechen und an von Kakteen gesäumten Wegen auf die Felder wandern. Mein Großvater trug zwar Leinenhemd und Leinenhose, sehr wohl aber auch ein arabisches Kopftuch, das von einem schwarzen Kopfring festgehalten wurde. In der Regel war ich für die Erdbeeren zuständig. In langen, mir damals endlos erscheinenden Reihen zogen sich die kleinen grünen Pflanzen dahin. Und meine Aufgabe bestand darin, die Pflanzen mit einer Plane vor der nächtlichen Kälte zu schützen. Jeden Morgen musste diese Plane dann mit großer Kraftanstrengung und zugleich mit Sorgfalt wieder abgenommen werden, damit die Pflanzen Sonne bekamen.

Während für meine Großeltern meine körperliche Kraft sehr wohl von Bedeutung war, galt dies mitnichten für meine geistige

Verfassung. Sie haben mich nicht ernst genommen, meine Meinung zählte nichts. Dass ich in die Schule ging und andere Fernsehsendungen als sie schaute und so bald über einen ganz anderen Horizont verfügte als sie, interessierte sie nicht. Ich war der Kleine, der nichts wusste und der zu gehorchen hatte. In ganz ähnlicher Weise hat vor allem meine Großmutter immer wieder versucht, meine Mutter unter ihre Kontrolle zu bringen. Familie, das bedeutete immer auch die Ausübung von Macht.

Natürlich aber gab es auch viele schöne Momente mit meinen Großeltern. Besonders gern erinnere ich mich zum Beispiel daran, wie wir im Winter gemeinsam Feuer gemacht haben, wie wir mit dem Pferd auf die Felder gegangen sind. Ich erinnere mich an das wunderbare Essen meiner Großmutter oder daran, wie sie mich liebevoll gepflegt hat, wenn ich krank war. Vermutlich waren es diese positiven Erfahrungen, die mir später die Kraft gegeben haben – anders als vielen Jungen aus meinem Umfeld –, den radikalen Irrweg wieder zu verlassen. Aber ich greife vor.

Wie es damals durchaus üblich war, erzählte meine Großmutter uns Kindern Geschichten von Dämonen, so dass unser Alltag beständig vom Unheimlichen grundiert war. Ich erinnere mich, dass meine Großmutter häufig von Untoten gesprochen hat. Von einer jungen Frau etwa, die in ihrer Hochzeitsnacht ermordet worden sei, weil ihr Mann der Meinung war, dass sie keine Jungfrau mehr wäre. Dadurch hätte eine Frau die Ehre eines Mannes in nicht wiedergutzumachender Weise beschmutzt. Die junge Frau wurde getötet, und natürlich war ihr keine islamische Beerdigung vergönnt. Sie wurde irgendwo an den Straßenrand geworfen, entsorgt wie Müll. Ihre Seele, so meine Großmutter, fand keine Ruhe, und deshalb sitze diese junge Frau noch immer in ihrem weißen Hochzeitskleid am Wegesrand. Manchmal könne man sie sehen, wenn man auf dem Weg in die Felder sei. Meine Großmutter warnte uns Kinder, die Frau je anzusprechen. In all ihrer Wut würde diese Untote dann über uns Lebende herfallen.

Üblich war auch der Glaube, dass in den Toiletten Dämonen lebten. Immer wieder wurde uns Kindern eingeschärft, auf der Toilette ja nichts Religiöses zu sagen oder aber den Koran mitzunehmen – andernfalls könnte der Dämon Besitz von uns ergreifen.

Ich könnte viele dieser Geschichten erzählen, die uns damals in leuchtenden Farben ausgemalt wurden. Sie alle hatten den Sinn, uns Kindern Angst zu machen und dadurch Gehorsam zu erzeugen. Und wenn die Bestrafung schon nicht direkt durch sie erfolgte, wenn sie beispielsweise einmal gar nicht mitbekamen, wie man gegen die auferlegten Regeln verstieß, dann sollte doch unsere bange Erwartung einer übergeordneten Strafe, durch die Dämonen etwa, möglichst stark sein.

Neben der Tatsache, dass Eltern und Großeltern mir – und genauso ging es natürlich beinahe allen anderen Kindern um mich herum – das eigenständige Denken verbieten wollten, war ein entscheidender Aspekt in der Erziehung die Tabuisierung von Sexualität. Jedes Zusammensein mit einem Mädchen wurde hart bestraft. Jede Form von Zärtlichkeit unter Erwachsenen war nicht nur aus der Öffentlichkeit verbannt. Auch in den eigenen vier Wänden war sie ein Tabu. Paare, die sich küssten, die sich umarmten – das gab es ganz einfach nicht. Wenn im Fernsehen eine Kussszene gezeigt wurde – an wirkliche Sexszenen war natürlich gar nicht zu denken –, dann wurde sofort umgeschaltet. Die Scham war omnipräsent. Ich konnte diese Schamgefühle kaum aushalten, sie verursachten mir Beklemmungen. Oft habe ich den Raum deshalb schon verlassen, wenn ich nur ahnte, dass gleich eine anstößige Szene kommen könnte.

Feste Bestandteile der Erziehung waren zudem Strafe und Gewalt. Ich glaube nicht einmal, weil meine Eltern wirklich überzeugt davon waren, sondern aus Überforderung. Ich war damals manchmal widerspenstig, frech, habe im Kleinen versucht zu rebellieren. Und wenn mein Vater dann nach zwölf oder dreizehn Stunden von der Arbeit kam, angestrengt, vielleicht vom Chef angeschrien, dann empfing ihn gleich an der Haustür mein Großvater und beschimpfte ihn dafür, was der Enkel den ganzen Tag wieder für Unsinn getrieben hätte. Mein Vater kam dann nach oben und gab den Ärger, den Druck an mich weiter. Bis ich zehn oder elf war, habe ich fast täglich körperliche Gewalt erlebt.

Mein vorsichtiger Versuch einer Rebellion hatte so eine fatale Wirkung: Ich bekam Angst, vor der Gewalt, vor meinem Vater. Im Grunde war ich in diesen Jahren beständig auf der Flucht vor ihm.

Tira, mit den vielen kleinen Humus- und Falafelläden, auf dessen Hauptstraßen sich Supermarkt an Supermarkt reihte und wo man von bunten arabischen und hebräischen Schildern und Reklametafeln umgeben war, war ein Ort, in dem nicht nur die Familien im Inneren patriarchalisch funktionierten, Gleiches galt auch für das Verhältnis zwischen den verschiedenen Familien. Ärzte zählten mehr und hatten mehr zu sagen als etwa mein Vater, der ein einfacher Arbeiter war. Die Lehrer in der Schule hätten sich gut überlegt, ob sie den Sohn eines Arztes oder gar den Sohn des Bürgermeisters schlagen würden. Bei mir mussten sie darüber nicht lange nachdenken.

Wenn man in solchen patriarchalischen Strukturen aufwächst, ist es kaum möglich, sich daraus zu befreien. Wir hatten zu wenig Geld, um schicke Markenkleidung zu kaufen, wir kauften die billigen Sachen aus den Westbanks. Einem Jungen aus solchen Verhältnissen stand es in den Augen der anderen nicht zu, gut in der

Schule zu sein. War er es doch, wurde er argwöhnisch betrachtet, von den Lehrern, aber auch von den Mitschülern.

Mobbing gehörte genauso zu meinen Alltag wie die Züchtigungen durch die Lehrer oder durch meinen Vater. Denn ich hatte Verstand, und ich war ehrgeizig. Ich wollte lernen, und ich wollte Fragen stellen. Ich wollte nicht Bauer werden, wie meine Großeltern, und ich wollte nicht an einer Tankstelle arbeiten, wie mein Vater. Diesen Ausbruch aus den Verhältnissen zu schaffen, in die ich hineingeboren worden war, hat mich geradezu obsessiv beschäftigt. Ich wollte nicht nur gut sein, ich wollte der Beste sein. Natürlich war dieser Wille zum Aufstieg auch immerzu von Unsicherheit begleitet und von der Angst zu scheitern. Zwei Jahre lang etwa hatte ich einen Sportlehrer, der mir, egal wie ich mich anstrengte, eine Zwei gegeben hat. Keine Eins! Das empfand ich, ebenso wie meine Eltern, als Katastrophe.

Die Art und Weise, wie meine Eltern auf meine Leistungen in der Schule reagierten, war dabei mitunter sehr ambivalent. Auf der einen Seite waren sie unzufrieden, wenn sie feststellten, dass der Nachbarsjunge eine bessere Sportnote als ich hatte. Auf der anderen Seite haben sie nicht daran geglaubt, dass ich gut sein könnte. Ich denke, sie haben nicht einmal wirklich wahrgenommen, dass es so gewesen ist. Bereitwillig hat mein Vater mir alle Bücher gekauft, die ich für die Schule brauchte – im Gegensatz zu anderen Wünschen, die man als Heranwachsender hat. Um einen Gameboy etwa habe ich jahrelang gekämpft und am Ende doch verloren.

Obgleich sie nicht an mich geglaubt haben, waren der Druck und die Leistungserwartungen meiner Eltern enorm. Nur die Note, die sie am Ende auf dem Zeugnis lasen, war für sie entscheidend. Ich habe immer das Gefühl mit mir herumgetragen: Wenn ich scheitere, enttäusche ich meine Eltern zutiefst, weil die Schule für sie das Wichtigste ist. Über Jahre haben sich so Schuldgefühle in mich eingegraben, die mich beinahe krank machten. Noch heute träume ich regelmäßig, sicher mindestens einmal in der Woche, von meiner Abiturprüfung. Und nie, nie, nie schaffe ich sie.

Dass ich immer angespannter wurde durch den Leistungsdruck, unter den ich mich gesetzt fühlte und mich selber setzte, und durch die Versagensängste, die dadurch verstärkt wurden, dass ich keine Unterstützung bekam, hat niemand bemerkt. Genauso wie keiner sah, dass nicht nur meine Beziehung zur Schule, sondern auch die zu meinem Körper und zu meinem Aussehen immer problematischer wurde.

Zu den konkreten Ängsten, vor den Mitschülern oder vor meinem Vater und Großvater, gesellten sich in diesen Jahren mehr oder weniger diffuse. Weil unser Haus das letzte in der Straße war und gleich dahinter die Felder begannen, war es abends und nachts nicht nur vollkommen dunkel, sondern auch auf geradezu unheimliche Weise ruhig. Nur das Heulen der Wölfe drang aus den Wäldern zu uns hinüber. Ich weiß noch gut, wie ich voller Furcht in meinem Bett lag und darauf lauschte. In der Morgendämmerung dann begann der Muezzin auf der benachbarten Moschee zu singen. Selbst das flößte mir Unbehagen ein, bis ich selber regelmäßig in die Moschee ging.

Müsste ich Episoden oder Erlebnisse aus meiner Kindheit anführen, die mich geprägt haben oder in denen sich mein Denken besonders anschaulich widerspiegelt, dann sind es vor allem drei Ereignisse, die ich für wesentlich halte und die zugleich symptomatisch sind für die gesellschaftliche Stimmung, die damals herrschte. Die politische Lage in Israel mussten wir immer wieder hautnah miterleben. Und natürlich waren auch wir beeinflusst von den Weltanschauungen und Ressentiments, die aus der politischen Krisensituation erwachsen waren.

An meinem ersten Geburtstag wurde die Tankstelle meines Großvaters mütterlicherseits überfallen. Die Täter waren bewaffnet, schossen meinen Großvater nieder. Einige Monate darauf erlag er seinen Verletzungen. Das war eine schwere Zeit für mich. Neben dem frühen Verlust meines Großvater vor allem deshalb, weil meine Mutter lange abwesend war, physisch und psychisch. Erst kümmerte sie sich um ihren Vater, dann trauerte sie um ihn.

18 Jahre lang habe ich mit der festen Überzeugung, nein: mit dem »Wissen« gelebt, dass es sich bei denjenigen, die meiner Familie das angetan hatten, um Juden gehandelt habe. Und ich habe sie verachtet, für den Mord an meinem Großvater. Und auch dafür, dass sie Juden waren.

Die beiden Täter sind wenige Tage nach dem Überfall festgenommen worden. Vor Gericht sind sich meine Familie und die Familie der Täter begegnet. Wie konnte ich 18 Jahre lang die Gewissheit in mir tragen, dass sie Juden waren? Es waren Araber aus einem benachbarten Dorf. Erst aus einem mehr oder weniger zufälligen Gespräch mit meiner Tante, als ich aus Neugier noch einmal nach dem Verbleib der Täter fragte, habe ich dies erfahren.

Eine andere Szene, die sich fest in meine Erinnerung eingegraben hat, stammt aus dem Jahr 1982. Wir waren zu Besuch bei meinem Onkel und meiner Tante, der Abend war hereingebrochen, die anderen Kinder lagen bereits im Bett. Weil meine Eltern noch bleiben wollten, versuchte ich, auf dem Schoß meiner Mutter ein wenig zu schlafen. Aber ich kann allenfalls hin und wieder ein wenig geschlummert haben, denn ich bekam mit, wie die Erwachsenen den Fernseher einschalteten. Die Bilder, die ich dort sah und natürlich als Sechsjähriger absolut nicht begreifen und verarbeiten konnte, waren grauenhaft.

Im jordanischen Fernsehen zeigte man Bilder des Massakers von Sabra und Schatila, jenem unfassbar brutalen Überfall christlicher Milizionäre auf ein palästinensisches Flüchtlingslager im Libanon. Angeblich sollten palästinensische Kämpfer entwaffnet werden. Tatsächlich fanden die Milizionäre keine Waffen, auch keine Kämpfer, sondern sie ermordeten, verstümmelten und folterten Frauen und Kinder. Hunderte, Tausende.

Die israelische Armee, die einen Tag zuvor das Lager umstellt hatte, ließ das Grauen geschehen. Auch Ariel Sharon soll vorab über die Pläne informiert gewesen sein – und ihnen zugestimmt haben. Nachdem die Geschehnisse öffentlich geworden waren, musste er zurücktreten.

Von dieser politischen Dimension habe ich natürlich damals nichts begriffen. Nur die Bilder, die ich niemals hätten sehen sollen, spukten seither durch meinen Kopf. Und die Erinnerungen an diesen Abend, an dem meine Mutter und meine Tante verzweifelt weinten, an dem mein Vater sehr still wurde, während mein Onkel wütend schimpfte.

Ich habe nie mit meinen Eltern über das gesprochen, was ich an diesem Abend mitbekommen habe. Aber ich weiß, was es bei einem Kind bewirkt, wenn es solche Bilder sieht. Und wie oft sehen auch unsere Kinder heute Bilder von Krieg, von Zerstörung, Tod und Leid im Fernsehen? Wir sollten wissen, wie sehr sie das verstört.

Seit ich auf der Welt bin, begegnete mir der Hass auf die Besatzer, die Juden. Wie immens dieser Hass unter den Arabern ist, zeigte sich mir im Januar 1991. Ich kauerte mit meinen Eltern und Geschwistern in dem von meinem Vater mit Plastikfolien und

Brettern zum Schutzraum umfunktionierten Zimmer unseres Hauses. Das ganze Land fürchtete einen Gasangriff der Iraker. Wie alle Nachbarn, ob Muslime oder Juden, hatten wir uns mit reichlich Lebensmitteln und Vorräten eingedeckt, um auf einen längeren Krieg vorbereitet zu sein. Furcht und Anspannung lagen in der Luft. Und dann kamen die Sirenen. Wir hörten die Explosionen von Bomben. Nie in meinem Leben habe ich mich wieder so gefürchtet wie an diesem Tag.

In der Stille nach dem Angriff sah ich die bangen Blicke meiner zwei kleinen Brüder hinter den großen Gläsern ihrer Gasmasken. Plötzlich ertönten laute Schreie. Ich war vierzehn Jahre alt, und ich stellte mir vor: So hört sich das Sterben an, so klingt der Tod. Minuten später wurden die Schreie artikulierter. Es war nicht der Tod – es war Jubel! Die Freude darüber, dass ein arabisches Land es geschafft hat, Israel anzugreifen. Unsere Nachbarn tanzten auf den Dächern, sie jubelten »Allah´hu akkbar« – Gott ist groß. Sie waren außer sich.

Ich war fassungslos: Wir hatten doch alle Angst, ob Palästinenser oder Israelis, ob Araber oder Juden. Wir waren doch alle bedroht worden. Woher kam so viel Hass?

Antisemitismus war in meinem Alltag so normal, dass ich lange nicht auf die Idee kam, ihn zu hinterfragen. Vermutlich fragte ich auch deshalb nicht, weil ich in der gleichen Struktur von Unterdrückung und Angst aufgewachsen war, wie es heute immer noch viele Kinder und Jugendliche tun. Eine Umgebung, die alle Ansätze zu kritischem Denken, zur Herausbildung einer gefestigten Persönlichkeit unterdrückt.

Angst, Einsamkeit und Unsicherheit waren also die wesentlichen Komponenten, die mein Leben in dieser Zeit bestimmten. Hinzu kam ein festes, tief in meinem Denken verwurzeltes Feindbild, das noch dadurch verschärft wurde, dass mein Horizont in diesen Jahren äußerst beschränkt war. Er endete am staubigen Rand des Dorfes, in dem ich lebte. In meiner kleinen Welt gab es nur Araber. Einen Christen habe ich nie getroffen. Und die Juden, das waren diejenigen, die einmal in der Woche nach Tira kamen, um einzukaufen, und die bessere Kleidung trugen, teurere Autos fuhren, als wir sie uns leisten konnten. Und die meinen Großvater ermordet hatten – vermeintlich.

Eine vollkommen neue Wendung bekam mein Leben, als mich der Imam unseres Ortes ansprach, ein Mann von beeindruckender Gestalt mit buschigen Augenbrauen.

Die Tage voller Unsicherheit, Angst und Einsamkeit waren gezählt. Ich kannte den Imam, er war Lehrer an unserer Schule. Er versicherte mir, dass in mir das Potential zu etwas Größerem schlummere. Das klang wie eine Verheißung. Ich war an diesem Tag überglücklich, weil mir zum ersten Mal in meinem Leben eine solche Bestätigung zuteilwurde. Da glaubte jemand an mich. Zudem noch jemand, den mein Vater ablehnte. Das gab der ganzen Sache noch zusätzlich einen Reiz. In der Rebellion gegen meine Familie, die ich ja trotz aller Furcht immer weiter probierte, hatte ich plötzlich einen starken Partner an meiner Seite, der mich darin unterstützte, meine eigenen Ansichten herauszubilden, die natürlich denen meines Vaters entgegenstanden.

Dass der Imam mir prophezeite, in mir schlummere das Potential zu Größerem, war nur der Anfang. Bald darauf erhielt ich eine verheißungsvolle Einladung: Ich sollte seinen Koranunterricht besuchen. Nur zu gern folgte ich dieser Einladung. Es schmeichelte mir, dass dieser eindrucksvolle ältere Mann mit den buschigen Augenbrauen sich für mich interessierte. Ausgerechnet für mich, für den sich doch sonst niemand interessierte.

Der Imam wurde rasch zu einer Art Vaterfigur für mich. Er behandelte mich gut, gleichzeitig fiel es mir leicht, die Kritik, die er an mir übte, anzunehmen. Viel leichter, als mir das bei anderen Lehrern oder meiner Familie gelang. Bei alle dem, was ich auf den folgenden Seiten an Negativem über diese Phase meines Lebens erzählen werde, will ich deshalb nicht vergessen zu erwähnen, dass ich den Imam noch heute als jemanden respektiere, von dem ich auch Positives erfahren habe.

Meine Eltern waren nicht begeistert von meiner neuen Beschäftigung. Gleichzeitig war es ihnen aber deutlich lieber, als wenn ich mich der dörflichen Jugendgang angeschlossen hätte. Die Vorbehalte und Befürchtungen, die sie gegen Alkohol, Kino oder die Disco hegten, waren selbst bei meinen säkularen Eltern weitaus größer als die gegenüber dem Imam und der Koranschule.

Die örtliche Moschee lag in unmittelbarer Nachbarschaft von unserem Haus. Bisher hatte ich dem weißgetünchten Bau mit seinem bescheidenen Minarett und dem türkisgrünen Tor wenig Beachtung geschenkt. Nun sollte die Moschee zu einem Ort werden, an dem ich Geborgenheit erfuhr. Und Anerkennung. Noch heute bin ich gern dort. Der Bau ist riesig und ruhig, angenehm kühl im Sommer. Man fühlt sich hier als Gleicher unter Gleichen.

Jeden Donnerstag nach dem Abendgebet versammelten wir uns in den Kellerräumen, wo der Koranunterricht stattfand. Es war ein Ort, an dem ich mich unmittelbar wohlfühlte. Ich mochte die vielen Teppiche, die gerahmten Suren.

An die ersten Stunden erinnere ich mich auch heute gern. Neue Welten taten sich auf. Es war eine Herausforderung, die arabischen Worte des Koran richtig auszusprechen oder die komplexe Grammatik des Hocharabischen zu lernen. Fasziniert lauschte ich, wie der Imam den Koran auslegte. Besonders betörten mich Schilderungen des Paradieses mit seinen Gärten der Wonne, den frischen Quellen und anderen Annehmlichkeiten. Natürlich die abenteuerlichen Geschichten der Propheten! Und als ich dann noch erfuhr, dass ich zu einem Volk gehörte, das einmal groß und mächtig war, löste das in mir ein ungeahntes Hochgefühl aus.

Wirklich wichtig war aber etwas anderes: Endlich fand ich Freunde. Wenn wir nicht in der Koranschule waren, saß ich zusammen mit den anderen Koranschülern in der Moschee, und wir unterhielten uns. Oder wir gingen zusammen Falafel essen. Ich war nicht mehr allein, ich war aufgehoben. Und noch etwas kam hinzu: Die anderen Jungen und mich verband etwas. Wir hatten eine gemeinsame Mission.

Mit der Koranschule erweiterte sich auch mein räumlicher Horizont. Zum ersten Mal kam ich über die engen Dorfgrenzen hinaus. In einem klapprigen Bus fuhr unsere Gruppe zu Seminaren in fremden Städten, wo wir andere Imame erlebten, auch solche, die damals nachgerade Superstarstatus besaßen. Wir begleiteten unseren Imam zu islamischen Hochzeiten oder machten einfach nur gemeinsame Ausflüge an einen See oder zu einer heiligen Stätte. In mein ödes Dorfleben war Bewegung gekommen.

Zudem hatte ich nun Vorbilder und Ziele, die nicht mehr in weiter Ferne lagen oder deren Erreichen mir nicht zugetraut wurde. Im Gegenteil. Jedes Mal, wenn ich in die Moschee kam, traf ich dort die älteren Jungen, die die Stufen der Radikalisierung schon viel höher hinaufgestiegen waren – und ich konnte beobachten, wie parallel zu ihrer Radikalisierung ihr Erfolg und ihre Anerkennung gewachsen waren. Viele von ihnen gehörten bereits zu den lokalen Führungskräften der Muslimbrüder. Sie hatten einen vollen Terminkalender, ihr Leben erschien mir unfassbar bedeutungsvoll. Sie selbst durften Unterricht geben, sie konnten die Jugendlichen anleiten, zurechtweisen, ermahnen, und ihnen wurde zugehört, ihren Anweisungen wurde gefolgt. Sogar die Älteren brachten ihnen Respekt entgegen. Schnell war klar: Genau dort wollte ich hin.

Was ich erlebt habe, ist eine ganz typische Entwicklung, auf die ich auch in meiner Arbeit mit Jugendlichen immer wieder treffe. Junge Menschen, denen es aufgrund ihrer Erziehung und des schulischen und sozialen Umfeldes nicht möglich war, eine stabile Persönlichkeit zu entwickeln, die unsicher sind, sich als ausgestoßen empfinden, sind dankbar und empfänglich, wenn sich plötzlich jemand für sie interessiert und ihr Bedürfnis nach Anerkennung und Aufgehobensein erfüllt. Fatal ist, dass das, was eigentlich die Familie, die Schule und die Mehrheitsgesellschaft tun sollten, oftmals von den falschen Menschen übernommen wird, von Verführern. Denn in dem Moment, in dem den Jugendlichen dämmert, worauf sie sich eingelassen haben, ist es meist schon zu spät. Viel zu tief sind sie dann schon in ihr neues Umfeld verstrickt.

Bald veränderte sich auch das, was der Imam uns beibrachte. Plötzlich sprach er nicht mehr von poetischen Suren oder der arabischen Grammatik. Stattdessen malte er uns bedrohliche Szenarien aus. Er beschwor eine weltweit unterdrückte Umma, eine Gemeinschaft der Gläubigen, die für die Befreiung Palästinas kämpfe und die überall in der Welt bekriegt und unterdrückt werde. Eindringlich sprach er vom Fluch, der auf den Juden laste, von der unausweichlichen Wiedereroberung Spaniens durch Muslime – und damit der Islamisierung Europas wie des gesamten Erdkreises. Weinend haben die Imame uns versprochen: »Wir werden Rom erobern!« Weinend beteten sie zu Allah, damit sie diesen Sieg noch erleben mochten.

Immer größere Bedeutung kam nun auch den Sünden zu: Frauen! Eine gefährliche Sache. Frauen anschauen: verboten. Ihnen die Hand geben: verboten. Unverschleierte Frauen? Sind der Hölle sicher. Was wir davon zu halten hatten, war klar. Wollten wir weiter eine verschworene Gemeinschaft sein, durften wir vor allem unsere Mitschülerinnen nicht mehr heimlich anhimmeln oder begehren. Sie wurden zu Feindinnen, zu Wesen, die uns zu unreinen, sündhaften Dingen verlocken wollten. Die wirklich hübschen Frauen und Mädchen zu verachten fiel mir sogar leichter, als mein Interesse an ihnen zuzulassen – sie schienen ohnehin unerreichbar. Der Verdammnis preisgegeben war im Übrigen auch jeder Nachbar, der irgendwo nebenan heimlich Alkohol trank.

Arabische Mädchen, Juden und trinkende Dorfgenossen, das kannten wir. Sie kamen in unserer Welt real und leibhaftig vor. Doch der Imam eröffnete uns staunenden Eleven, dass es noch weitaus mehr Feinde in der Welt da draußen gab. Christen, Amerikaner, Europäer, Demokraten, Nationalisten, Kommunisten! Einer schlimmer als der andere, allesamt unsere Gegner und Saboteure, allesamt des Teufels. Ihnen allen stünde ein grausamer Tod bevor, die schlimmsten Qualen der Hölle.

Man muss sich das, was ich in der Koranschule erlebte, als einen Prozess vorstellen, der immer drastischer wurde. Erst geht man einmal in der Woche in die Moschee. Bald geht man jeden Tag, bald darauf wiederum mehrmals am Tag. Zunächst beschäftigt man sich mit dem Koran, dann kommt die Literatur aus dessen Umfeld hinzu, und schnell bewegt man sich in einem geschlossenen Weltbild. Wo man zunächst das Beten gelernt hat, wird einem bald Ideologie eingetrichtert. Natürlich wird diese Ideologie mit Versatzstücken angereichert, die Jugendliche begeistern und die auch mich begeisterten. Wir wurden mit Musik versorgt - erlaubter Musik, den sogenannten Naschids, Liedern, die ohne die Untermalung von Instrumenten nur von Männern gesungen wurden. In ihrer ursprünglichen Form handelt es sich bei Naschids um religiöse Lieder, die den Propheten preisen oder die Gemeinschaft der Muslime beschwören. Diese Naschids existieren aber auch in extremeren Varianten, als Kampflieder. In den Naschids, die wir hörten, wurde nicht mehr der Prophet besungen, hier drehte es sich fast ausnahmslos um Terror und dessen Legitimation und Feier.

Hinzu kamen die Phantasiewelten des Koran, die Propheten, die Dämonen, die Welt der Toten. Noch heute habe ich ein Faible für diese phantastischen Welten, so wie sie etwa in »Game of Thrones« oder im »Hobbit« entworfen werden.

Was man uns auch regelmäßig präsentierte, waren Videokassetten, zumeist aus Saudi-Arabien, auf denen brutale Teufelsaustreibungen zu sehen waren. Man sah Menschen, die ganz offensichtlich psychisch krank waren, sie schrien, schlugen um sich, brüllten, dass sie Dämonen seien. Diese Filme waren damals für uns das, was für andere Heranwachsende Horrorfilme sind. Sie reizten und gruselten uns gleichermaßen.

Was ich erst spät begriff, so spät, dass ich nichts mehr dagegen tun konnte, war das fatale Spiel, das mit meiner Angst getrieben wurde. Weil ich ängstlich war und unsicher, bin ich den Verführungen des Imam so leicht erlegen. Denn sie versprachen mir Sicherheit. Und eine gewisse Macht. Beides trat in den Anfängen auch ein. Plötzlich konnte ich meinen Eltern gegenüber ganz anders auftreten. Ich konnte sie belehren, ihnen sagen, dass sie keine richtigen Muslime seien, dass sie nicht richtig beteten. Gleiches galt für mein Auftreten in der Schule. Plötzlich konnte ich mich Mitschülern und Lehrern mit einer ganz anderen Stärke präsentieren. Und sie akzeptierten das. Es erschien mir wie ein kleines Wunder. Ich, der von allen gemobbt worden war, wurde plötzlich zum Klassensprecher. Natürlich nur deshalb, weil die Muslimbrüder ihren Einfluss und ihre Kontrolle in der Schule verstärken wollten.

Nach und nach aber wurden uns neue Ängste eingeflüstert. Die Todesfurcht und neuerlich die Angst vor dem Versagen. Dass wir uns in einem ständigen Kampf befänden, wurde uns eingebläut. Der Kampf gegen den äußeren Feind sei, vorläufig, noch nicht unsere Sache. Zu gewinnen hätten wir zunächst den Kampf gegen unsere Seele. Wir hätten sie zu bändigen. Denn die Seele, hieß es, wolle Macht über uns. Und sie wolle Sexualität. Wir müssten alles tun, um diese Seele unter unsere Kontrolle zu bringen. Sie habe unserem Willen zu folgen, nicht wir dem ihren.

So, dominiert von einer neuen, noch viel existentielleren Angst, wurde ich schnell zu einem braven, folgsamen Soldaten des Imam. Denn natürlich waren auch bald keine kritischen Fragen mehr erlaubt. Wir wurden gleichgeschaltet.

Um unsere Todesfurcht und den Respekt vor seinen Worten zu maximieren, stellte der Imam uns eines Tages auf eine besonders drastische Probe. Er verstand sich auf die gekonnte Inszenierung.

Zu später Stunde waren wir mit seinem alten Wagen zu unserem Dorffriedhof gefahren. Als wir ausstiegen, sahen wir in der Dunkelheit das Mäuerchen des Friedhofs. Die ganze Gruppe ging dem Imam hinterher, der murmelnd Suren sprach. Um uns war nichts weiter als das silberne Mondlicht, das die Pfade zwischen den steinernen, dicht an dicht sich reihenden Gräbern diffus beleuchtete. Die Namen auf den Grabplatten waren nicht zu entziffern. Ich wollte auch gar nicht so genau hinschauen, mir war unheimlich zumute. Ich hoffte, das Ganze würde schnell vorübergehen. Nach ein paar Dutzend Schritten machte der Imam Halt. Vor uns lag ein offenes, frisch ausgehobenes Grab. Nun schauderte uns allen.

Der Imam wies uns an, uns im Halbkreis um die Grube zu stellen. Abrupt erhob er seine Stimme, die durchs nächtliche Dunkel schallte. Mit jähen Ausrufen hämmerte er auf uns ein: »Denkt an eure Zukunft! Denkt an eure Begegnung mit Allah! Denkt daran, dass ihr alle hier enden werdet! Vielleicht schon morgen oder in einem Monat!« Ich war vor Angst wie gelähmt. Aber es wurde noch schlimmer.

Der Reihe nach sollten wir, einer nach dem anderen, in das dunkle Loch hinabklettern und uns flach auf den Boden des Grabes legen. Es war eine Mutprobe, aber auch ein bizarrer Initiationsritus, bei dem uns der Imam auf Todesfurcht und Gehorsam einschwor. Während wir uns nacheinander in das Erdloch begaben, wetterte der Imam weiter: »Auf alle Menschen, die Allah im Leben nicht gefolgt sind, werden im Grab Schlangen und Dämonen warten, die sie schlagen und quälen! Bis in alle Ewigkeit.«

Bittere Aussichten. Für einen Dreizehnjährigen war diese »Mutprobe« fast ein traumatisches Erlebnis. Aber keiner von uns brach aus der Prozedur aus, alle blieben dem Imam und seiner Lehre treu. Auch ich bin dabeigeblieben, in dieser Nacht wie in den kommenden Monaten und Jahren. Viel zu attraktiv waren der Zusammenhalt der Gruppe, der erhebende Anspruch, das Leben des Propheten Mohammed nachzuahmen, die Orientierung und Struktur, die ich in meinem neuen Alltag als Koranschüler erlebte.

Durch die harten Lehren unseres Imam bekam ich das Gefühl, im Besitz einer überlegenen Wahrheit zu sein, die anderen verborgen war und mit deren Hilfe ich mein Leben rettete. Meine

Angst vor der Hölle kam mir sinnvoll vor: Sie bewahrte mich vor dem erwachenden, sündhaften Begehren. In der fundamentalistischen Ideologie fand ich Sicherheit, wenn auch eine durch und durch falsche, es war keine Selbstsicherheit, sondern Verblendung. Doch ich glaube, wir Pubertierenden hätten damals für unseren Imam fast alles getan.

In den Jahren meiner Radikalisierung war ich nie in Gefahr, gewalttätig im Sinne des Strafrechts zu werden. Aber ich war gewalttätig in einem erweiterten Sinne von Gewalt. Ich habe Menschen, die meinen Glauben nicht geteilt haben, abgelehnt und abgewertet, sie waren in meinen Augen weniger wert als ich und die anderen Gläubigen. Und natürlich gab es die Phantasie, irgendwann zu sterben und ins Paradies zu kommen.

Anfügen muss man an dieser Stelle, dass die Muslimbrüder in Israel grundsätzlich auf terroristische Gewalt verzichten. Was nichts daran ändert, dass sie verherrlicht und auf diese Weise zumindest legitimiert wird, etwa durch jene Musiktexte, in denen dazu aufgefordert wird, die Muslimbrüder in den Westbanks oder in Gaza, die Hamas also, als Vorbilder zu sehen.

Anders als vielen anderen, mit denen ich in die Koranschule ging und mit denen ich mich gemeinsam einige Jahre meines Lebens der islamistischen Mission verschrieb, ist mir der Ausstieg aus dem Radikalismus gelungen. Ich habe das Umdenken gelernt.

Allerdings darf man sich diesen Ausstieg nicht als einen spontanen und in der Folge unwiderruflichen Entschluss vorstellen. Es war ein Abschied auf Raten. Wenn ich zurückdenke, kann ich mehrere Ereignisse nennen, die diesen Prozess vorangetrieben haben. Gelungen ist er durch das Zusammenwirken unterschiedlicher Umstände.

Zum einen bekam ich, je mehr ich in der Rangfolge aufstieg, immer mehr Einblicke in die Machtkämpfe, die an der Spitze der Muslimbrüder beständig ausgefochten wurden. Oft mit sogenannten westlichen, schmutzigen Mitteln, mit Intrigen und Lügen. Das säte Zweifel an denjenigen, zu denen ich immer aufgeblickt, die ich bewundert und an denen ich mich orientiert hatte.

Auch mein Imam zeigte sich plötzlich in einem anderen Licht. Ich konnte es kaum glauben, als ich mitbekam, wie er seine Schwester um die elterliche Erbschaft brachte – aus Habgier, da gab es wenig schönzureden.

Eine entscheidende Zäsur in meinem Leben war zudem der Tag, an dem ich das Abitur bestand. Das war eine Befreiung in doppelter Hinsicht. Zum einen fiel der riesige Druck von mir ab, der mich meine gesamte Schulzeit begleitet hatte. Zum anderen bedeutete das Abitur für mich einen großen Schritt in die Freiheit. Mein Vater hatte jedes Mal Sorge, wenn wir, meine Geschwister und ich oder meine Mutter, Tira verlassen wollten. Jede Hochzeit, die ich besuchen wollte, jeder Vortrag, zu dem ich fuhr, hatte zum Streit mit meinem Vater geführt, der es am liebsten gesehen hätte, wenn wir alle immer zu Hause geblieben wären. Das mag verständlich sein angesichts der politischen Krisensituation, dennoch bedeutete es eine Einschränkung, die ich schlecht ertragen konnte und gegen die ich immerzu aufbegehrt hatte.

Nach dem Abitur aber durfte ich plötzlich in die Welt. Ich musste sogar. Ich fuhr nach Tel Aviv, um meinen Führerschein zu machen. Ich musste mich um einen Studienplatz kümmern. Ich musste jobben, bis das Studium losging, ich nahm Englischunterricht – und auch das tat ich außerhalb von Tira.

Von einem Tag auf den anderen erlebte ich nun die westliche

Welt, die mir vorenthalten und immer verdammt worden war. Eine Welt, von der ich keine Ahnung hatte. Allerdings - ganz stimmte es nicht, dass ich keine Ahnung von dieser Welt hatte. Ich kannte sie aus dem Fernsehen, das ich nach dem Irakkrieg regelmäßig eingeschaltet hatte. Ursprünglich nur, um mich über die politische Lage zu informieren, später aber war ich geradezu magisch angezogen von den westlichen Serien, die auf den israelischen oder libanesischen Sendern liefen und von einem ganz anderen Leben erzählten. Natürlich verurteilte ich vor mir selber vehement, was ich dort sah. Aber die Faszination blieb.

Als ich das Abitur bestanden und an der Universität von Tel Aviv zugelassen worden war, durfte ich mit einem Schlag diese andere Welt selbst erleben, die sich so sehr von meinem bisherigen Alltag und von meinen Vorstellungen unterschied. Und das Tag für Tag. Ich wohnte nun im Studentenwohnheim von Tel Aviv, um mich herum waren nicht mehr meine Familie oder die Freunde aus Tira und aus der Koranschule, nun waren dort lauter fremde Studenten, die sich in Cafés trafen, Alkohol tranken, miteinander flirteten und anbandelten. Statt meiner vertrauten, etwas rumpeligen Einkaufsstraßen von Tira gab es nun schicke Einkaufscenter, in denen die Produkte des westlichen Wohlstands angepriesen wurden.

Mich verwirrte und überforderte das alles anfangs natürlich sehr. Aber meine Neugier auf dieses andere Leben war stärker. Vor allem eines beschäftigte mich: meine Sexualität. Ich hatte noch so viel mit meiner Seele, wie es der Imam verlangte, zu kämpfen und noch so viele kleine Kämpfe sogar gewinnen können; den einen großen Kampf, den gegen das Begehren, habe ich »verloren«. Solange ich mein Leben in Tira verbrachte, spielte das beinahe keine Rolle, ganz einfach deshalb, weil ich keine Frauen getroffen habe, die mich anzogen. Aber nun in Tel Aviv war das ganz anders. Auf einmal schien alles möglich.

Dennoch war ich zu dieser Zeit noch nicht an einem Punkt, an dem ich sagen konnte: Ich steige aus. Weder vor mir selbst noch vor anderen konnte ich mich zu diesem Entschluss bekennen. Das war eine ganz eigenartige Zwischenphase in meinem Leben. Ich sprach mit niemandem über meine Zweifel. Ich ging einfach nicht mehr in die Moschee. Nach ein paar Tagen traf ich meinen Imam, zufällig, und natürlich stellte er mich zur Rede. Ich wich ihm aus, sprach von der vielen Zeit, die ich an der Uni verbrächte, dazu die Arbeit, um Geld zu verdienen.

Sehr schnell begann nicht nur der Imam, sondern begannen auch andere der Muslimbrüder mich anzurufen, mich zu besuchen, zur Rückkehr aufzufordern. Sogar mein Vater versuchte mich zu überzeugen, obwohl er ja immer kritisch auf das geblickt hatte, was ich dort tat. Aber es war ganz einfach: Der Imam hatte sich an ihn gewandt und ihn gefragt, wie so etwas geschehen könne mit einem seiner Kinder. Unmittelbar hatte der Vater sich verantwortlich gefühlt - so funktioniert das Sozialleben in einer patriarchalischen Struktur.

Aber ich bin nicht zurückgegangen. Ich habe all das, was es an neuen Dingen zu entdecken gab, ausprobiert. Ich habe angefangen zu rauchen. Alkohol getrunken, bin ins Kino gegangen, was als besonders große Sünde galt. Und ich habe mich verliebt. In eine jüdische Französin. Es war die erste Frau, der ich meine Gefühle offenbart habe.

Mitunter war mein Leben in dieser Zeit von sehr widersprüchlichen Zügen geprägt. Tagsüber führte ich ein aufgeklärtes, westliches Leben, abends wurde ich dann plötzlich religiös und verdammte, was ich am Tag getan und gedacht hatte. Kognitive

Dissonanz ist der psychologische Fachausdruck für ein solches Verhalten. Das hatte natürlich viel mit Schuldgefühlen zu tun, die man gar nicht vermeiden kann, wenn man lange Jahre ein ideologisches Denken und eine bestimmte Weise des Glaubens eingepflanzt bekommt. Bestimmt ein halbes Jahr verbrachte ich in dieser Zwischenphase. Dann wurde mir klar, dass diese Doppelmoral für mich nicht auszuhalten war. Erst in diesem Moment konnte ich meinen Willen, auszusteigen, formulieren.

Heute glaube ich, dass meine Eltern – obwohl ich das lange Zeit anders empfunden habe – mir doch in ihrer Erziehung einen kleinen Freiraum gelassen haben. Unbewusst oder bewusst haben sie mir einen Freiraum zum Denken zugestanden und damit die Freiheit, die Neugier auf ein anderes Leben stärker werden zu lassen als den Druck, der durch die islamistischen Beeinflussungen auf mir lastete.

Zugleich waren es Erfahrungen aus meiner Kindheit, die schon immer einen leisen Zweifel in mir genährt haben mochten. Jener Jubel etwa, der nach dem Bombenangriff 1991 ausbrach, hat mich immer wieder beschäftigt. Ich wollte wissen, was für eine Macht es sein kann, die Menschen so stark auseinanderdividiert, dass sie den Tod der jeweils anderen bejubeln. Deshalb stand auch die Wahl meines Studienfaches außer Zweifel. Ich schrieb mich für ein Psychologiestudium in Tel Aviv ein. Und ich studierte dort auf Hebräisch, das ich seit der dritten Klasse gelernt hatte. Fast alle meine Professoren und Kommilitonen waren Juden. Es gab in meinem Jahrgang keinen Muslim außer mir. Trifft man mit Menschen zusammen, die man lange Jahre abstrakt als Feindbild mit sich herumgetragen hat, dann lösen sich diese Bilder, zum Glück, sehr schnell auf – sofern man Gutes von ihnen erfährt und seinerseits bereit ist, auf sie zuzugehen.

Dass ich darüber hinaus für ein Jahr im Studentenwohnheim mein Zimmer mit zwei arabischen Christen teilen sollte, hat mich weiter in die neue Welt hineingeführt und mir mein Leben unfassbar erleichtert.

Denn natürlich hatte ich immer wieder mit Zweifeln zu kämpfen. Und ich litt darunter, dass alle meine Freunde aus Tira, mit denen ich so viel geteilt hatte, wegen meines Ausstiegs aus der Muslimbruderschaft den Kontakt zu mir abgebrochen hatten.

Zwar hatte ich einen gewaltigen Schritt in Richtung Freiheit getan. Wirklich frei aber war ich immer noch nicht. Vor allem deshalb nicht, weil der soziale Druck, den meine Familie auf mich ausübte, nach wie vor groß war: Man erwartete, dass ich rasch heiraten, Kinder bekommen, ein Haus bauen würde. Und ich hätte all das sogar gern getan, wenn mir die richtige Frau dafür über den Weg gelaufen wäre. Aber das geschah nicht. Ein paar Mal traf ich mich mit Frauen, die meine Familie für passend hielten, einmal führte ich sogar ein Gespräch mit dem Vater einer Frau, obwohl mir im tiefsten Innern klar war: Das ist nicht das Richtige. Heute bin ich unendlich froh, dass so eine Hochzeit aus familiärem Pflichtgefühl nicht geklappt hat. Damals aber wuchs meine Unzufriedenheit. Ich fühlte mich bedrängt. Gleichzeitig musste ich beobachten, wie um mich herum alle Menschen heirateten und Kinder bekamen. Zu der Zeit war ich 26, 27, viel zu lang schon Junggeselle in den Augen meiner Familie.

Und noch etwas anderes beschäftigte mich: Ich wollte nicht in einem Krieg sterben, der nicht meiner war, weil ich politisch beide Seiten, die palästinensische und die israelische, nicht gutheißen konnte. Und ich wollte auch nicht bei einem der Anschläge sterben, die sich in Israel wieder häuften. In dem Kino, das ich regelmäßig besuchte, wurde eine Bombe gezündet. Ein

Bus der Linie 572, mit dem ich täglich zur Uni fuhr, wurde in die Luft gesprengt.

Nach und nach reifte in mir die Entscheidung, das Land zu verlassen. Zunächst hatte ich keinen konkreten Plan. England war das Ziel, das mir am ehesten vorschwebte. Mit einem Schlag aber musste dann alles ganz schnell gehen: an dem Tag, an dem der Terror in meine unmittelbare Nähe kam. Ich saß im Auto, wartete, dass die Ampel auf Grün schaltete, hörte Musik. Plötzlich kamen mir Menschen entgegengerannt und liefen an mir vorbei. Für ein paar Sekunden verstand ich nicht, was da passierte. Dann sah ich den Palästinenser. Er schoss mit seinem Maschinengewehr auf die umstehenden Wagen. Im nächsten Augenblick ereilte ihn der tödliche Schuss eines israelischen Soldaten.

An diesem Tag habe ich mir gesagt: Ich mache das nicht mehr mit. Hier und auf diese Weise will ich nicht leben. Die kommenden drei Tage ging ich zwar zur Arbeit – ich leitete damals die Kommunikationsabteilung eines privaten Fernsehsenders. Tatsächlich aber recherchierte ich die ganze Zeit im Internet, wohin ich ausreisen könnte. England musste ich mir schnell aus dem Kopf schlagen. Viel zu kompliziert waren an den Universitäten die Zulassungsbedingungen für Ausländer und viel zu hoch war die Summe, die man für ein Studium aufbringen musste. Auch nach Italien, das mir attraktiv erschien, war der Weg sehr schwierig.

Schließlich bekam ich den Tipp, mich beim Goethe-Institut zu melden. Eine sehr nette Mitarbeiterin hat mich dort beraten. Sie war vielleicht Mitte fünfzig, hatte blonde Haare, und vor allem hatte sie unendlich viel Geduld. Ausführlich hat sie jede meiner Fragen beantwortet, und auf einmal schien alles machbar. Natürlich hat sich, als ich dann wirklich in Deutschland war, vieles doch als diffiziler und langwieriger herausgestellt. Aber für mich war das Wichtigste: Ich konnte sofort los.

Auf der Stelle kündigte ich meine Arbeit und nahm Abschied von den Kollegen – manche bedauerten mein Fortgehen, andere waren vermutlich ganz froh. Der Konflikt zwischen den Bevölkerungsgruppen Israels bestimmte den gesamten Alltag und damit natürlich auch das Klima in einem Büro. Meine Familie war absolut gegen meine Pläne. Sie hat versucht zu intervenieren, mich vom Bleiben zu überzeugen. Es ist ihr nicht gelungen.

Zwei Koffer, zusammen fünfzig Kilo. So kam ich wenige Tage darauf in Berlin Tegel an. Mit einem Schlag wurde mir bewusst, was ich getan hatte. Ich war vollkommen hilflos in dieser fremden Stadt. Ich sprach kein Deutsch. Ich kannte Berlin nicht. Das Einzige, was mir einfiel und sich als gute Idee erwies, war, einen Taxifahrer zu suchen, der arabisch aussah. Ihn habe ich gebeten, mich in ein bezahlbares Hotel zu fahren. Dort konnte ich ein paar Tage bleiben.

Fremde Menschen anzusprechen liegt mir nicht und kostet mich große Überwindung. Ich musste mich in den folgenden Tagen und Wochen noch häufig überwinden. Mein Vater hatte mir die Nummer von dem Sohn eines Freundes gegeben, der kurz vor mir nach Berlin gekommen war. Der hat mir unglaublich geholfen. Ich wusste ja nicht mal, wie man ein U-Bahn-Ticket oder Käse kaufte. Er zeigte mir auch eine Schule, in der ich Deutsch lernen konnte. Dort fand ich meine ersten Freunde. Er selbst kam mit dem Leben in Deutschland nicht zurecht. Nach gut vier Monaten ging er zurück nach Israel.

Ich bin geblieben. Aber auch für mich waren die ersten Monate in Deutschland eine harte Zeit. Migration ist ein Trauma, das darf man nicht vergessen. Vollkommen fremd und allein, dazu noch nahezu mittellos zu sein – in Israel hatte ich gutes Geld verdient, hier musste ich erst mal von Schekel auf Euro umrechnen und überlegen, welches Brötchen ich mir leisten konnte. Damit wird ein Mensch schwer fertig. Hinzu kam, dass ich eine Weile in einer Wohngemeinschaft mit zwei deutschen Studentinnen lebte, weil ich die andere Seite der Welt kennenlernen wollte.

Was ich dort kennenlernte, war allerdings deren in meinen Augen damals hässliche Seite. Der Individualismus, der hier herrschte, war mir fremd. Nie wäre es mir eingefallen, jemanden zu mahnen, weil er von meiner Milch etwas in seinen Kaffee gegossen hatte. Aber das gehörte dort zum Alltag. Außerdem musste ich auch feststellen, dass – so groß meine Neugier und meine Bereitschaft, den Westen kennenzulernen, auch war – ich noch nicht für all seine Ausprägungen bereit war. Das wirklich freie Ausleben von Sexualität erschreckte mich. Und dass es Frauen gab, die von Männern verlangten, dass sie sich am Putzen beteiligten, wollte nicht in meinen Kopf.

Mir war diese andere Kultur, in deren Sprache ich kein Buch lesen konnte, in der ich nicht verstand, wie das Studium organisiert war, in der ich noch nicht mal danach fragen konnte, welche Kurse ich besuchen soll, einfach zu viel. Ich war überfordert. Und ehe ich mich versah, war sie wieder da: die Verunsicherung. Die Angst zu versagen. Schon jetzt meinte ich die Scham zu spüren, wenn ich nach ein paar Monaten zurückkehren müsste, um meinen Eltern zu gestehen: Ich habe es nicht geschafft.

Ich hatte so dringlich den Wunsch gehegt, dazuzugehören. Aber plötzlich fühlte ich mich wieder wie der kleine Bauer, der da irgendwo ganz unten sitzt, der nichts versteht, für den sich keine Frau interessiert, der nachgerade behindert ist, weil er immerzu auf Hilfe von anderen angewiesen ist.

Vermutlich ist es kaum überraschend, dass ich mich bald in der Berliner Al-Nur-Moschee wiederfand und den Salafisten lauschte. In den ersten Monaten in Berlin waren das die einzigen Momente, in denen ich zur Ruhe kam und so etwas wie Aufgehobensein empfinden konnte.

Mehr und mehr gewöhnte ich mich dann doch an das neue Leben. Meine Ängste, meine Unsicherheiten wurden mit jedem Tag weniger. Geholfen hat dabei auch, dass ich in ein Studentenwohnheim zog, so dass ich einerseits nicht mehr mit dem unliebsamen Alltag in der WG konfrontiert war, andererseits aber auch mein Umgang mit Arabern abnahm. Bald war es nicht mehr notwendig, dass ich in die Moschee ging, um das neue Leben aushalten zu können.

Große Unterstützung fand ich in dieser Zeit bei einer Professorin an der Universität. Sie war Feministin, war viel nach Israel und Palästina gereist. Die Gespräche mit ihr waren die ersten, in denen ich frei von dem erzählen konnte, was ich in den muslimischen Communities in Berlin erlebt hatte. Neben dem Studium jobbte ich als Nachtwächter in einem Altenheim. Bei dieser Arbeit, während alle schliefen und ich wach bleiben musste, hatte ich viel Zeit. Zum Nachdenken, zum Lesen und um Fernsehen zu schauen. In diesen Nächten gelang es mir, Stück für Stück vieles von dem nachzuvollziehen und zu verstehen, was bisher in meinem Leben geschehen war. Und eines Nachts stieß ich auf das, was mein kommendes Leben bestimmen sollte.

Im Fernsehen lief eine Dokumentation über »Madonna«, einen Mädchenclub in Neukölln. Das Thema, mit dem sich die Mädchen gerade beschäftigten, hieß: Ehre. Ich war schockiert, dass ich auch hier in Deutschland auf dieselben Konflikte traf, wie ich sie aus meiner Heimat kannte. Am kommenden Morgen kaufte ich mir am Kiosk meinen ersten »Spiegel« – die Titelgeschichte war eine große Reportage über die Rütli-Schule.

Ein paar Tage später schrieb ich eine E-Mail an den Integrationsbeauftragen von Neukölln – dieses Wort hatte ich jetzt endlich verstanden – und bewarb mich um ein Praktikum. Tatsächlich meldete sich daraufhin relativ bald eine seiner Mitarbeiterinnen. Sie erzählte mir von »HEROES«, einem Berliner Projekt für Jugendliche mit Migrationshintergrund, das sich für die Gleichstellung von Frauen und Männern einsetzt. Dort wurde gerade ein arabischer Mitarbeiter gesucht.

Fast wäre es an bürokratischen Hürden gescheitert, dass ich dort eingestellt werden konnte. Als ausländischer Student durfte ich nur 90 Tage im Jahr arbeiten. HEROES wollte mich aber für 20 Stunden in der Woche einstellen. Das wäre finanziell neben dem Studium meine Rettung gewesen: 1000 Euro im Monat hätte ich verdient. Die Ausländerbehörde stellte sich quer. Wenn ich jedoch eines gelernt hatte in meiner Zeit in Deutschland, dann das, dass deutsche Behörden immer zuerst »Nein« sagten und dass man ein wenig beharrlich sein musste.

Also sprach ich mit der Professorin, die mich schon in meinem Studium so intensiv unterstützt hatte. Sie schrieb für mich einen Brief, in dem stand, dass ich meine Diplomarbeit zum Thema »Unterdrückung im Namen der Ehre und Rollenbilder in patriarchalischen Strukturen« verfasste – und dass die Arbeit bei HEROES zu Studienzwecken unbedingt nötig sei. Der Beamte war nicht sehr begeistert. Aber ich konnte ihn freundlich darauf hinweisen, dass die Paragraphen in diesem Fall auf meiner Seite waren.

Mein Engagement bei HEROES dauert bis 2015 an. Es war der Anstoß für vieles, was seither meine Arbeit und meine Auseinandersetzung mit dem Thema Islamismus bestimmt hat. Den Mitarbeitern dort bin ich unendlich dankbar für die kostbaren Lehr- und Arbeitsjahre.

Wenn ich heute nach Tira fahre, wo meine Familie noch immer lebt, tue ich das ohne Vorankündigung. Ich übernachte auch nicht im Haus meiner Eltern. Es ist zu gefährlich. Tira ist im Laufe der politischen und ökonomischen Entwicklung Israels ein aggressiver Ort geworden, in dem ein Menschenleben nicht viel zählt. Und selbstverständlich ist mir bewusst, dass meine Arbeit in Deutschland jenen, die - anders als ich - dem radikalen Denken weiterhin die Treue halten, missfällt.

Auch der Imam, der mich radikalisiert hat, weiß von meiner gewandelten Einstellung. Es gibt genug Menschen, die ihm meine Artikel oder Interviews übersetzen. Immer wieder bekomme ich Botschaften, die mir sagen, dass man dort nicht gutheißt, was ich tue. Natürlich bereitet mir das Angst. Große Angst. Aber ich halte meine Arbeit für zu wichtig, als dass ich sie aufgeben könnte. Und natürlich macht es mich traurig, dass einige Menschen, die mir etwas bedeutet haben, mit denen ich lange Zeit eng befreundet war, mir nun wortlos den Rücken kehren und den Kontakt zu mir rigoros abgebrochen haben. Manche waren nicht nur meine Freunde, sie gehörten im Grunde zur Familie. Ich bin mit ihnen aufgewachsen, wir haben uns täglich getroffen, über das Leben geredet, über unsere unfairen Eltern geschimpft. Und dennoch haben sie es sich nicht zweimal überlegt. Als sie auf meiner Facebook-Seite ein Bild von mir mit Bierflasche gesehen haben, haben sie alle Verbindungen zu mir unmittelbar gekappt. Aber das ist wohl der Preis.

Die Mitglieder meine Familie haben einen anderen Weg gefunden, mit meiner Arbeit umzugehen. Sie schweigen. Sie wollen, auch wenn ich ihnen immer wieder Texte schicke, die ich publiziere, oder Interviews, die ich gebe, am liebsten gar nicht so genau wissen, was ich tue. Vermutlich bereitet es ihnen ebenfalls Angst. Oder sie wissen, dass sie es nicht gutheißen könnten. Obwohl sie sicherlich andererseits auch stolz sind, dass einer der Ihren es geschafft hat, in Deutschland Fuß zu fassen.

Meine Familie war noch nie gut darin, über Konflikte zu reden. Aber vielleicht ist ihr Umgang mit der Sache in diesem Fall sogar ganz gut: Einfach die Augen zu verschließen, um mich nicht verstoßen zu müssen.

2 RADIKALE VERFÜHRUNG

Der Fremde an meinem Tisch – wenn Kinder sich radikalisieren

Die Frau am Telefon kann zuerst kaum sprechen. Ihre Stimme hört sich an, als hätte sie Angst, dass jemand mithört. Sie ruft aus Hannover an.

»Ich höre Ihnen zu«, versichere ich ihr fest und freundlich. »Lassen Sie sich Zeit.« Sie atmet ein paarmal durch. Ich warte ab. Das Arbeiten bei »HAYAT«, der Beratungsstelle für Deradikalisierung, ähnelt manchmal in vieler Hinsicht der Arbeit bei einer Telefonseelsorge.

»Es geht um meinen Sohn …«, beginnt die Mutter zögernd.

»Erzählen Sie einfach in Ruhe und der Reihe nach.« Nach ein paar unsicheren Fragen – ob sie anonym bleiben darf, ob es denn nicht Verrat sei, am Sohn, an der Familie, wenn sie hier so erzählt und fragt – setzt sich die Geschichte zusammen, die diese Mutter belastet.

»Erst haben wir uns ja gefreut. Rahman hat nach der Realschule in der Luft gehangen, ohne Job, er wusste nicht, was er lernen wollte. Dann ist er diesen Leuten in der Moschee begegnet, vor zwei Jahren oder so. Er war oft bei denen. In der Zeit wurde er auf einmal gelassener, ruhiger. Er hat angefangen, fünfmal am Tag zu beten, er hat kein Bier mehr getrunken, er hat nicht mehr geflucht. Seinen Brüdern hat er geholfen, auf seine Schwestern hat er besser aufgepasst. Er hatte Pläne, Abendgymnasium, Ingenieur werden ... Aber dann wurde er irgendwie komisch ...«

Ihre Rede kommt ins Stocken. Sie räuspert sich, und spricht wieder leiser. »Wir haben das nicht verstanden, meine Familie hatte irgendwie einen Fremden im Haus.«

»Was meinen Sie, wenn Sie sagen, dass er irgendwie komisch wurde?«

»Na ja, merkwürdig. So verschlossen, auch etwas bitter. Und er war oft weg. Wenn er zu Hause war, wollte er in seinem Zimmer nicht gestört werden, dauernd saß er am Computer. Bei den Gesprächen mit uns wurde er unruhig und aggressiv.«

»Erzählen Sie weiter, worum ging es in den Gesprächen?«

»Ich weiß nicht ... Zuerst klang es resigniert, dann wurde er irgendwie aggressiv. Er hat uns alle in der Familie beschimpft, dass wir keine guten Muslime seien, dass wir nicht richtig *halal* essen, nicht genug beten, dass die Mädchen und Frauen sich unzüchtig benehmen, dass die Geschwister keinen iPod haben sollten und Musik zu hören ein Frevel sei!«

»Er wollte Sie kontrollieren, bestimmen, was im Haus passiert?«

»So ähnlich vielleicht. Bei uns im Haus ist ja kein Vater, der das macht. Rahman ist der Älteste, es wäre normal, wenn er ein bisschen kontrolliert. Aber wir haben mit der Zeit beinahe Angst vor ihm bekommen. Angst vor ihm und Angst um ihn. Er hat versucht, uns allen ein schlechtes Gewissen zu machen. Oft hat er die jüngeren Brüder mit zu sich ins Zimmer genommen, er hat ihnen da schlimme Videos gezeigt, Krieg, getötete Kinder, Bilder von grausamen Verbrechen. Böse westliche Mächte beherrschten die Welt, sagt er ihnen, die wollten alle Muslime unterdrücken. Meine kleinen Söhne haben nachts Albträume.«

»Haben Sie denn Rahman verboten, die kleinen Brüder mit diesem Material zu konfrontieren?«

»Unmöglich! Die kleinen Brüder finden ihn trotzdem toll, obwohl sie Angst haben. Rahmans Bart wurde länger, er bekam eine strenge Stimme und hat oft die Stirn gerunzelt und so ausgesehen, als dürfte er alles und alle in Grund und Boden kritisieren. Die beiden kleinen Jungen fanden den großen Bruder auch cool. Sie wollten immer mehr von den grauenvollen Bildern sehen, die er ihnen gezeigt hat.«

Die Mutter weint. »Ich hätte das verhindern müssen, aber ich habe mich kaum noch getraut, was zu sagen. Neulich hat Rahman seinem Onkel gesagt, dass er von zu Hause ausziehen und für lange Zeit verreisen will ... Der Onkel hat es mir erzählt ...«

An dieser Stelle des Gesprächs habe ich genug erfahren, um zu wissen, dass Alarmstufe Rot gegeben ist. Ich möchte mehr wissen, wer sind seine Vorbilder, zu welcher Gruppe gehört er, wie argumentiert er? Welche Menschen haben einen positiven Einfluss auf ihn? Der Rest ist der Versuch, zu retten, was zu retten ist. Netzwerke aktivieren, die Lage analysieren, nachforschen, Fragen stellen und die Unterstützung der Mutter gewinnen: Suchen Sie das Gespräch, verurteilen Sie nicht, bleiben Sie ruhig, versichern Sie ihm Ihre Liebe, fragen Sie ihn nach seinen Motiven, geben Sie ihm Zeit, seine Schritte zu überlegen, suchen Sie Verbindung zum verschollenen Vater und teilen Sie Ihre Sorge mit, vermitteln Sie dem Sohn ein Gespräch mit einem moderaten Onkel ...« Und so weiter. Manchmal ist an dieser Stelle schon viel an Bindung in der Familie verloren gegangen. Wir von HAYAT bieten der Familie Begleitung an, wir hoffen mit ihnen und teilen unser Wissen darüber, wie sich Veränderung anbahnen lässt. Ich sage es ganz offen: Ich bewundere die Mütter, die Eltern und Verwandten, die in solchen Fragen Rat suchen. Sie zeigen Sorge, Mitgefühl und Courage. Sie beweisen, dass sie ihre Kinder lieben. Man muss klar festhalten: Es ist nicht Verrat, um solchen Rat zu fragen. Es ist ein Zeichen der Liebe. Es ist ein Beweis für Verantwortungsgefühl. Und je eher jemand fragt, desto besser für das Kind, die Eltern und die Gesellschaft.

Die Anfänge der Geschichten, von denen ich in den vergangenen Jahren so viele gehört habe, gleichen einander beinahe ausnahmslos. Fast immer sind es ähnliche Wege, die Jugendliche zu den Islamisten, zum islamischen Fundamentalismus führen. Wie im Fall von Rahman sind es in der Regel verzweifelte Mütter, die irgendwann Hilfe von außen suchen. Ihre Kinder heißen Rahman, Abdullah oder Recep, aber auch Aisha, Kübra oder Fatima. Und ganz genauso können diese Kinder Jens, Mike oder Anton heißen, Yvonne, Petra oder Chayenne. Die Eltern können arabischer, iranischer, türkischer oder deutscher Herkunft sein – die Geschichten ihrer Kinder weisen strukturell immer Parallelen auf.

Mitunter rufen mich diese Mütter direkt an, weil sie ein Interview oder einen Artikel von mir gelesen haben. Sie erreichen uns aber auch über die bereits erwähnte Beratungsstelle für Deradikalisierung, die »HAYAT« heißt – das arabische Wort für »Leben«. Gemeinsam ist den Anruferinnen die Hoffnung, ihr entgleitendes Kind in sein altes Leben zurückholen zu können. Nur selten melden sich Väter. Häufig sind sie selbst ihrer Familie bereits abhandengekommen – sie sind etwa im Streit fortgezogen, haben neue Familien gegründet, sind ins Ausland gegangen, leben irgendwo in Arbeitslosigkeit und schämen sich dafür – oder, oder, oder. Die sich Sorgenden sind jedenfalls fast durchweg die Mütter.

Aber längst sind es nicht mehr nur Mütter von Söhnen, die sich melden. Der Anteil von Frauen und Mädchen bei den Salafisten in Deutschland beträgt mittlerweile 30 Prozent. Unter den Ausreisenden nach Syrien stellen Frauen einen Anteil von 15 Prozent. Man merkt diesen Müttern, die den Weg in eine – wenngleich geschützte – Öffentlichkeit wählen, an, dass sie einen schwierigen emotionalen Prozess durchgemacht haben, bis sie zum Hörer gegriffen haben. Man spürt, dass es sie noch immer Überwindung kostet, einem Fremden von ihrer Notlage zu berichten. Davon zu erzählen, wie ihr Kind, das ihnen eben noch so vertraut und nah war, sich verändert hat, und davon, dass sie keinen Zugang mehr zu ihm haben. Dass da plötzlich an ihrem Esstisch nicht mehr ihr Kind, sondern ein fremder Mensch zu sitzen scheint, mit dem kein Gespräch mehr möglich ist. Ein Kind, um das sie Angst haben und *vor* dem sie womöglich auch Angst haben, ein Kind, das sie schockiert, weil es erschreckend genau dem Bild entspricht, das sie aus Fernsehberichten über die Gefahren des Salafismus kennen.

Schlaflos und verängstigt fragen sich die Eltern, die Verwandten: Werde ich mein Kind bald ganz verlieren, weil es in den Dschihad zieht, in ein gefährliches Gebiet, voll von zu allem entschlossenen Radikalen, die mit brutalsten Methoden Terror ausüben? Steht womöglich demnächst die Polizei vor der Tür, weil Nachbarn den Verdacht radikaler Tendenzen gemeldet haben? Was für eine Schande … Mit solchen Befürchtungen leben die Familien. Wem sollen sie sich da anvertrauen? Was würde man von ihnen als Eltern, Großeltern, Onkeln und Tanten denken? Und: Es ist ja wenigstens noch nichts passiert. Jedoch für das Kind passiert eine Menge, eine neue Welt tut sich auf, die Entfremdung nimmt zu.

Oft hat die Veränderung, mit der Eltern nun konfrontiert sind, mit einem neuen Freund begonnen, der in das Leben des Jugendlichen getreten ist. Der hat dann bald eingeladen, »den Islam näher kennenzulernen«. Sie besuchen gemeinsam Vorträge, gehen in die Moschee. Zunächst mag das alles, wie bei Rahman, ganz harmlos gewirkt haben.

In einem schleichenden Prozess, den die Eltern zunächst möglicherweise gar nicht bemerken, verändert sich der Alltag des Jugendlichen, bis er sich schließlich von Grund auf gewandelt zu haben scheint. »Das ist nicht mehr derselbe Mensch!«, denken oder sagen die anderen mit Verwunderung, mit Irritation, dann mit Schrecken.

Frühere Freunde spielen keine Rolle mehr. Sie werden genauso verdammt wie bisherige, »lockere« Lebensgewohnheiten. Regelmäßig trifft sich der Jugendliche nun mit seinen neuen »Brüdern« zum gemeinsamen Beten. Ihre westliche Kleidung, Jeans und T-Shirts tauschen sie gegen lange Baumwollhosen und ein Gewand ein, das bis zu den Knöcheln reicht. Ihren Kopf bedeckt nicht mehr die früher heißgeliebte Basecap, sondern eine gehäkelte, kleine runde Mütze. Wenn möglich, lässt ein Junge sich einen Bart wachsen. Die Stärke des Bartwuchses spielt in den radikalislamischen Gruppierungen eine zentrale Rolle. Je länger, dichter und kräftiger der Bart eines jungen Mannes, umso größer die Anerkennung in dieser besonderen Peergroup.

Musik zu hören, zu tanzen oder Alkohol zu trinken ist für den Jugendlichen nun tabu. Geschenke zu seinem Geburtstag lehnt er ab – ein westlicher Brauch, der zu Mohammeds Zeiten nicht existiert habe und zur westlichen Kultur gehöre. Mit Mädchen will er nichts mehr zu tun haben, er weigert sich, weiblichen Verwandten die Hand zu geben, wenn sie zu Besuch kommen. Das sei

»haram«, unrein, und damit verboten. Dasselbe Argument bringt er an, wenn es um das gemeinsame Essen geht. Auch das wird nun zurückgewiesen. Der Jugendliche will nicht mehr aus Töpfen essen, in denen auch Schweinefleisch gekocht wurde. Sein Essen muss fortan »halal« sein. Natürlich kränkt das die Eltern. Vielleicht beleidigt es sie sogar. Die Lebensweise der Eltern, die bisher normal für die ganze Familie war, wird von diesen Jugendlichen nun radikal in Frage gestellt und kritisiert.

Häufig versuchen diese Jugendlichen, ihre Eltern ebenfalls zu missionieren. Erkennt ein Jugendlicher, dass er damit keinen Erfolg hat, kommt es zu Debatten, bald zu erbittertem Streit, bis schließlich die Kommunikation zwischen Eltern und Kind vollends zerstört ist. Das Kind schottet sich immer mehr ab, die Eltern sehen es zunehmend als Bedrohung, dass sie kaum noch Zugang zu ihm finden. Die Atmosphäre in diesen Familien ist emotional aufgeladen, aufs äußerste angespannt. Beide Seiten sind gekränkt über die Ablehnung und das Unverständnis. Es kommt zu einer Erosion des Vertrauens in der gesamten Familie und oft auch in deren Umfeld.

Bei Eltern, die relativ früh die Veränderung ihrer Kinder bemerken und die sich – ebenfalls verhältnismäßig früh – um Hilfe von außen bemühen, handelt es sich in der Mehrzahl um Menschen, deren Leben bisher nicht wesentlich von Religion bestimmt wurde, etwa westlich geprägte, deutsche Muslime oder säkulare Familien, ob mit oder ohne Migrationshintergrund. Schwieriger stellt sich die Situation bei vielen religiös praktizierenden muslimischen Eltern dar.

An eine Beratungsstelle wenden sie sich in der Regel erst sehr, sehr spät, wenn überhaupt. Manche tun es erst, wenn ihr Kind schon seine Koffer gepackt hat, um das Land in Richtung Syrien oder Irak zu verlassen, um als IS-Kämpfer ein »muslimischer Held« zu werden. Manche reagieren auch erst in dem Augenblick, wenn es zu spät ist: Wenn ihr Kind bereits in Syrien oder im Irak verschwunden ist, und allenfalls über ein protzendes Posting auf einer Islamisten-Website noch eine Spur des verschollenen Kindes zu finden ist – mit Stirnband, Waffe im Anschlag und frommen Sprüchen auf den Lippen.

Dass viele religiöse und traditionelle muslimische Eltern so spät erkennen, auf welchen Abwegen sich ihr Kind befindet, liegt daran, dass bei ihnen der Übergang von traditioneller Gläubigkeit zum Radikalismus ein fließender sein kann. Womöglich begreifen sie über einen längeren Zeitraum gar nicht, welche gefährliche Grenze ihr Sohn, ihre Tochter da überschritten hat. Solche Eltern sind, wie Rahmans Mutter, zunächst sogar ganz froh über das, was sie an ihrem Kind beobachten können: Anstatt in die Disco zu gehen oder auf der Straße herumzuhängen, Sixpacks zu leeren und Unsinn anzustellen, scheint der Alltag des Teens oder Twens nun Struktur zu bekommen. Das Kind wird höflich und pünktlich, zudem wirkt es vielleicht sogar plötzlich respektvoll gegenüber seinen Eltern und anderen Älteren. Warum sollte man sich also nicht freuen, dass ein junger Mensch den Glauben entdeckt hat?

Erst wenn die Zeichen der Radikalisierung nicht mehr zu übersehen sind oder wenn der Jugendliche anfängt, die Eltern in Frage zu stellen, und ihnen vorwirft, dass sie schlechte Muslime seien, werden sogar die religiösen Eltern hellhörig. Allerdings suchen diese Eltern dann häufig ungeeignete Ratgeber auf, um sich Hilfe zu suchen. Von öffentlichen Beratungsstellen wissen sie oft nichts oder trauen sich nicht, sich dort zu melden. Lieber wenden sie sich an den nächstbesten Imam. Der ist jedoch in der Regel ähnlich überfordert mit der Situation, ähnlich gutgläubig oder naiv wie die Eltern. Der Jugendliche aber ist zu einem solch späten Zeitpunkt bereits derart geschult in der islamistischen Rhetorik, dass es ihm ein Leichtes ist, die Argumente und Überzeugungsversuche des Imam auszuhebeln und ihn mit vermeintlich theologischen Argumenten zu widerlegen. Dazu kommt, dass solche Imame diese Lebenswelt oft gar nicht kennen und deshalb ihre Motivationen gar nicht verstehen können.

Zum Scheitern verurteilt ist auch der Versuch der Eltern, autoritär gegen die neue Gesinnung des Kindes vorgehen zu wollen. Wollen sie ihr Kind mit Verboten von seinem Weg abbringen, mit Hausarrest oder Liebesentzug, in der Hoffnung, dass der Kontakt zu den radikalen Kreisen abbricht, dann nutzen der oder die frisch Radikalisierte die erstbeste Gelegenheit, auszubrechen und, vielleicht auf Nimmerwiedersehen, zu verschwinden. Wie jede Sekte sind nämlich auch die Fundamentalisten vorbereitet auf den Widerstand aus dem Umfeld, die Abwehr der Eltern gegen Verführung und Anwerbung. Als Erstes bringen sie den Jugendlichen bei, dass sie, sobald sie sich ihnen anschlössen, bekämpft würden: von der Schule, von der Polizei, von ihren Arbeitgebern und allen voran von den eigenen Eltern. »Seid darauf gefasst, bleibt hart, bleibt stark!«, predigen sie ihnen. Den Widerstand der anderen zu überwinden gilt sogar als Teil des frommen Projekts. »Da ergeht es euch genauso«, erklären die Radikalen, »wie es damals dem Propheten und seinen Anhängern selbst erging!« Diese Entfremdung von der Umgebung wird in vielen Hadithe, den Überlieferungen der Aussprüche des Propheten thematisiert, etwa wo es heißt: »Fremd begann der Islam, und fremd wird er zurückkehren. Heil also den Fremden!« Genau das, so machen die Radikalen den Jugendlichen klar, werdet ihr erleben, sobald ihr euch zu uns bekennt. Vorbeugend schärfen die Verführer den Jugendlichen ein, sich möglichst früh und möglichst konsequent gegen die Argumente ihrer Eltern und anderer bisheriger Freunde und Verwandter zu wappnen. Mit diesem Herausschneiden ihrer Anhänger aus deren Umfeld verstärkt sich der Einfluss der Fundamentalisten einmal mehr: Je isolierter jemand ist, desto mehr wird er sich an die neue Gruppe klammern, ihr folgen und hörig werden.

Bei den radikalen Islamisten in Palästina ließ sich das in der Vergangenheit gut beobachten. Nicht ein einziger Selbstmordattentäter weihte seine Eltern im Vorfeld in seine Pläne ein, weil die Jugendlichen und ihre Anstifter nur zu gut wissen, dass Eltern normalerweise alles tun würden, um solche Taten zu verhindern. Dass trauernde und traumatisierte Eltern hinterher, nach der Tat, ihren Sprössling idealisieren und heroisieren, steht auf einem anderen Blatt: Wenigstens soll dieser tragische Tod einen höheren Sinn gehabt haben …

Mutiert ein normaler, unauffälliger Jugendlicher zum religiösen Fanatiker, mag diese Verwandlung für Außenstehende noch immer exotisch klingen. Sind das nicht alles nur Einzelfälle? Das ist eine häufige Frage. Die Realität ist, dass die Zahl der Fälle von Jugendlichen, die sich dem Islamismus verschreiben, beständig ansteigt. Sicher hat es, wie nicht zuletzt meine eigene Biographie beweist, schon früher Heranwachsende gegeben, die sich dem Islamismus angeschlossen haben, und solche, die wie ich wieder herausfanden. Brisant für die Gegenwart ist jedoch, dass tendenziell eine ganze Generation muslimischer Jugendlicher in Europa, im Nahen und Mittleren Osten, im Maghreb und in Afrika südlich der Sahara unter den Einfluss solcher Strömungen gerät. Nicht alle sind dafür anfällig, aber die Generation Allah wächst beständig.

In meiner täglichen Arbeit mit Jugendlichen erlebe ich seit Jahren den fortschreitenden Wertewandel unter Jugendlichen. Meine Kollegen und ich erleben dort außerdem, dass der Wandel dort, wo er bereits seit längerem latent im Gange war, inzwischen offen eingeräumt und eine Verachtung für Demokratie, die Verfassung und »die Gottlosen« immer offener ausgesprochen wird. Wer sich mit vielen einig glaubt, verliert die Scheu, auch Abscheuliches zum normativen Maßstab zu machen. Gegenwärtig sind wir Zeugen einer solchen Entwicklung, die es genau zu analysieren gilt.

Bis vor ein paar Jahren zum Beispiel war eine Mehrheit der männlichen Jugendlichen bei unseren Workshops der Organisation »HEROES gegen Unterdrückung im Namen der Ehre und für Gleichberichtigung« noch der Meinung, es sei nicht zu tolerieren, wenn ihre Schwestern Sex vor der Ehe hätten. Manche Jungen erklärten, sie würden die Schwester notfalls sogar töten, wenn sie gegen das Gebot der Jungfräulichkeit verstoßen würde. Was sie, die Jungs selber, anging, sah für sie die Sache allerdings anders aus. »Ich darf das«, war der verbreitete Tenor, »weil man bei uns ja nicht feststellen kann, dass wir Sex hatten.« Oder sie sagten: »So ist das eben einfach bei uns. Die Ehre der Familie hängt nun mal von der Jungfräulichkeit der Frau ab.«

Inzwischen beobachten wir, dass die Positionen in Gesprächen zum selben Thema in einem entscheidenden Punkt abweichen. Nach wie vor sind viele der männlichen Jugendlichen überzeugt, dass ihre Schwestern bestraft werden müssen, wenn sie nicht als Jungfrauen in die Ehe gehen können. Heute erklären sie aber außerdem: »Klar, dass ich selber auch keinen Sex vor der Ehe haben werde!« Fragt man sie, warum das für sie wichtig sei, beziehen die Jungen sich nicht auf Tradition oder Gewohnheit.

Ihre einhellige Antwort lautet stattdessen: »Das steht doch so im Koran!«

Vor fünf, sechs Jahren hätten wir eine solche Antwort kaum gehört. Heute merken wir in jedem Workshop, dass die Jugendlichen viel häufiger als noch vor ein paar Jahren mit »dem Islam« als Argumentationsmittel arbeiten. Viele definieren sich nicht mehr in erster Linie ethnisch oder national als Türken, Araber, Libanesen und so fort, sondern verstehen sich heute am liebsten als stolze »Muslime«. Sie wollen Teil der »Umma« sein, der Gemeinschaft der Gläubigen. Stützen sie ihre Ansichten und Absichten auf »den Koran« und »die Sunnah«, fühlen sie sich sicherer, fester: Da ist ein alter, heiliger Text, der hat Autorität – und ich damit auch. Ob sie die Lektüre des Koran wirklich betrieben haben, die Inhalte verstanden, den Sinn diskutiert – darauf kommt es gar nicht an. Die Berufung auf »den Islam« legitimiert alles, er gilt als ein Regelapparat für Vorschriften, Inklusionen und Exklusionen, Lohn und Strafe.

Festhalten muss man an dieser Stelle: Die wenigsten Jugendlichen, die sich zum Islam bekennen, sind radikal oder auf dem Weg in den Radikalismus. Doch es gibt hilfreiche Indikatoren, an denen sich ein solcher Prozess graduell ablesen und einstufen lässt. Einen eindeutigen Kriterienkatalog kann man Familien und Sozialarbeitern sicher nicht an die Hand geben. Aber in der Dynamik der Radikalisierung kommt es zu einem Zusammenspiel einzelner Aspekte, auf die man das Augenmerk richten sollte. Mit einem geschulten Blick kann man viel über die Verfassung eines Jugendlichen erfahren.

Zunächst einmal ist da die Rhetorik eines jungen Religiösen. Wenn er etwa flapsige, positive Bemerkungen über den Islamischen Staat und dessen »coole« Kämpfer macht, wenn er darüber räsoniert, vielleicht selber nach Syrien zu reisen, will er einfach nur provozieren, anderen Angst machen, um sich mächtig zu fühlen? Oder liegt seinen Aussagen bereits eine entsprechende Ideologie zugrunde? Um das einschätzen zu können, braucht es Zeit zum Zuhören, Ernstnehmen und Fragen. Wir führen als Psychologen, Sozialarbeiter und Community-Worker viele Gespräche mit solchen jungen Leuten, um ein differenziertes Bild zu erhalten.

Eine Schlüsselfunktion, ein wichtiger Indikator sind die Auffassungen über den Umgang mit dem anderen Geschlecht, mit Mädchen und Frauen. Hat sich hier die Haltung eines Jugendlichen auffällig oder extrem verändert? Hat er früher gern geflirtet, sich Gruppen mit Mädchen angeschlossen, und weigert sich jetzt, Frauen überhaupt noch anzusehen, sie bei Spiel und Teamarbeit dabeizuhaben? Lehnt er es plötzlich ab, seiner Lehrerin oder einer Erzieherin die Hand zu geben? Deutet etwas darauf hin, dass er die vorher vorhandene, natürliche Neugier des Teenagers gegenüber dem anderen Geschlecht auf einmal verleugnet und verachtet? Anzunehmen ist dann durchaus, dass er unter den Einfluss radikalreligiöser Gruppen oder Individuen geraten ist.

Unser Augenmerk richtet sich aber auch auf das Verhalten gegenüber der übrigen Umwelt. Versucht ein Jugendlicher, andere zu missionieren? Wertet er »Ungläubige« ab oder Muslime, die in seinen Augen nicht fromm genug sind? Und wie argumentiert er? Droht er mit einem zornigen, strafenden Gott und mit der Hölle als Mittel der Angsterzeugung und Einschüchterung? Wirkt er theologisch geschult und wendet eine Terminologie an, die sich aus dem fundamentalistischen Wortschatz bedient? Zitiert er permanent Hadithe, also die Aussagen des Propheten Mohammed, und zwar verkürzt, um seiner Ideologie eine theologische

Kraft und Legitimation zu verleihen? Wer sich einschlägig informiert hat, bei dem klingeln die Warnglocken, wenn er hört, wie der Teenager, der vor Monaten noch munter von Fußball und Rap-Musik gesprochen hat, anderen auf einmal droht, dass Musikhören »haram«, also unrein, sei. Dass es ebenso »unrein« sei, den Hund - das unreine Tier - des Nachbarn auszuführen, oder Lebensmittel zu essen, in denen sich Spuren von Schweinefleisch finden können. Sagt einer dann ohne einen Hauch von Humor: »Ey, Alter, für so was kommst du in die Hölle!« ist Aufmerksamkeit angezeigt.

Noch einmal: Nicht jeder Jugendliche, der eine strengreligiöse Phase durchmacht, ist automatisch auf dem Weg in den Radikalismus. Gerade die Suche nach Wahrheit und Reinheit gehört oft zur Pubertät. Der Wunsch, etwas Großes zu leisten, die romantische Idee, einem Mädchen als Held oder als spiritueller, moralisch überlegener Mann zu gefallen, ist nichts Neues. Diese Phänomene der Jugendkultur sind oft ein Symptom für Epochen der Umbrüche und der Verunsicherung. Nein, die wenigsten Jugendlichen, die in Deutschland, Europa und anderswo den Koran studieren und sich auf den Koran beziehen, sind verkappte oder künftige Islamisten. Mir geht es aber darum, zu zeigen, dass der Boden, auf dem die islamistischen Prediger ihre potentiellen Anhänger treffen, sich in den letzten Jahren in vielerlei Hinsicht verändert hat. Dabei darf die gestiegene Bedeutung der Religion unter Jugendlichen nicht außer acht gelassen werden. Sie ist Teil eines schleichenden und bedrohlichen Wandels von Normen und Werten innerhalb wachsender Gruppen. Religion ist unter Jugendlichen zu einem identitätsstiftenden Faktor geworden, und dies nutzen die Radikalen. Ich betone diesen Aspekt besonders, weil gerade er immer wieder ausgeblendet und verharmlost wird.

Die Ursachen der Radikalisierung

Derzeit erfreuen sich insbesondere zwei Erklärungen für die Radikalisierung von Jugendlichen einer auffälligen Konjunktur und tauchen in der öffentlichen Debatte immer wieder auf. Und beide greifen meiner Meinung nach entschieden zu kurz. Sie bagatellisieren das Problem, sie verhindern, dass es bei der Wurzel gepackt wird.

Prominent ist zum einen die These, es handle sich beim Islamismus von Heranwachsenden »nur um eine vorübergehende Jugendkultur«. Stets sei der Impuls zur Radikalisierung ein Aufbegehren gegen die Elterngeneration und gegen die Gesellschaft. Dazu gehöre eben ein bestimmter »Lifestyle«, etwa das schicke Kopftuch und die Schminke darunter oder die zur Schau gestellte Abstinenz - kein Alkohol. Verwendet würden solche Zeichen als Distinktionsmerkmale gegenüber anderen Jugendlichen und als Zeichen der Zugehörigkeit zu einer Peergroup.

Richtig wäre es, von Pop-Dschihadismus zu sprechen, einer radikalen Jugendsubkultur, wie es meine Kollegin Claudia Dantschke oft beschrieben hat: Die Vermittlung und Etablierung einer radikalen Ideologie durch Elemente und Akteure der Popkultur. Diese dient nicht nur zur Abgrenzung von anderen Jugendkulturen und als Protest, sondern als maximaler Gegenentwurf zur Demokratie und zu all ihren Werten. Eine Reduzierung dieser Entwicklung auf eine reine Protestkultur hingegen ist fatal ...

Radikaler Islamismus lässt sich nicht auf eine bestimmte Form von Jugendkultur reduzieren. Diese Perspektive vereinfacht das

Phänomen und ignoriert eine Vielzahl seiner Ursachen. Es geht dabei ja keineswegs nur um eine Modeerscheinung, auch wenn der Islamismus durchaus Aspekte einer Jugendkultur aufweist und diese beim Ködern von jungen Leuten eine Rolle spielen. Diese erste populäre These vergleicht das Phänomen Islamismus auch mit politisiertem Radikalismus. Der Subtext lautet: »Das geht schon wieder vorbei ...«

Der zweite prominente und verbreitete Erklärungsansatz sieht im Islamismus die Folge einer Erfahrung von Diskriminierung und Rassismus der Jugendlichen. Damit wäre deren Radikalisierung einzig das Produkt gescheiterter Integration. Würde es ihnen hierzulande besser gehen, hätten sie mehr Chancen, ein besseres Auskommen, Ausbildung, Beruf und Anerkennung, und das Phänomen würde verschwinden.

Ohne Zweifel gibt es Diskriminierung und Rassismus im Alltag in Europa, auch in Deutschland. Bewusst nutzen Fundamentalisten dieses Faktum beim Rekrutieren von Jugendlichen und jungen Erwachsenen. Wer ohnehin Diskriminierung erfahren hat, wird im Prozess seiner Radikalisierung noch mehr davon erleben – und dadurch in seinen Ressentiments weiter gestärkt. Aber als alleiniger Auslöser für die Radikalisierung taugt die Diskriminierung nicht, so wie uns monokausale Erklärungen hier generell nicht voranbringen.

Wenn ich mit Jugendlichen diskutiere, höre ich durchaus von deren Erlebnissen in Schule und Alltag, bei denen sie offener oder subtiler Diskriminierung begegnen, dummem und unsensiblem Verhalten. Da hatten wir zum Beispiel bei einem Workshop mit Schülern lange über die Rolle der Frau, über Unterdrückung und Gleichberechtigung gesprochen, und die Lehrerin schloss die Stunde mit dem Satz: »Also ich selber bin jedenfalls froh, nicht als

Muslimin geboren worden zu sein.« –Wie soll so etwas auf muslimische Schüler wirken? Und wie sollen sie da noch ein Ohr haben für sinnstiftende Kritik, die nicht den Islam insgesamt verdammt, sondern Denkweisen und Traditionen hinterfragt – das, was wir ja im Sinn hatten, als wir drei Schulstunden dem Thema gewidmet haben?

Dennoch: Diskriminierung bleibt allenfalls ein Faktor unter vielen, wenn es darum geht, zu verstehen, woher die Radikalisierung kommt. Islamisten gab und gibt es auch unter durchaus erfolgreichen, anerkannten Muslimen, auch unter Leuten ohne jeden religiösen oder migrantischen Hintergrund. Keineswegs sind es nur die sprichwörtlichen »Loser«, die sich dem Islamismus zuwenden. An den Universitäten, unter Abiturienten und Studenten finden sich viele, bei denen die Ideologie inzwischen tief sitzt und immer mehr an Bedeutung gewinnt.

Vor zehn Jahren, im Juli 2005, ermordeten Islamisten in London 52 Passagiere durch Bombenattentate in der U-Bahn. Zu den Selbstmordattentätern gehörte Mohammed Sidique Khan, 30 Jahre alt. Mit Frau und Kind lebte er in Leeds, wo er als Mentor an einer Schule arbeitete. Drei der Attentäter waren im Land geborene Kinder pakistanischer Einwanderer, die ihr Auskommen und einen guten sozialen Status hatten. Der vierte war ein 20-jähriger Konvertit, er hatte Arbeit als Teppichleger, seine Ehefrau war schwanger, als er starb. Der Hamburger Student Mohammed Atta, der 2001 einen der Zwillingstürme in New York zum Einsturz brachte und einen Massenmord verübte, stammte aus der ägyptischen Oberschicht der Superreichen. Es gibt unter denen, die heute zum Islamischen Staat pilgern, um dort beim Morden mitzumachen, Ärzte und Ingenieure, Studenten und gutausgebildete Handwerker, Männer und Frauen. Sie kommen aus Orient wie

Okzident, haben helle oder dunkle Haut. Weder lassen sich Islamisten unter dem verkürzenden Rubrum »diskriminierte Loser« subsumieren noch als »Lifestyle-Dschihadisten« abtun.

Seit Jahren und Jahrzehnten, seit dem Zerfall der Machtblöcke des Kalten Krieges, nimmt die Bedeutung von Religion und teils auch von Ethnizität im Zuge der »identity politics« weltweit zu. Dieses Phänomen ist eine der Folgen der Globalisierung. Tradierte Werte schwinden, sinnstiftende Kontexte und Muster haben an Bedeutung verloren. Alte Grenzverläufe, sowohl territoriale als auch solche des Denkens, der Ideologie, befinden sich in Auflösung. Während die Globalisierung unendliche Möglichkeiten der sozialen Mobilität schafft und durchaus als Prozess der Befreiung begriffen werden kann, bedroht sie zugleich klassische Strategien der Orientierung. So entsteht auch Unsicherheit, die Zukunft scheint bedrohlich und ungewiss.

Haltsuchende Individuen und Gruppen sind in dieser Situation besonders anfällig für radikale Angebote neuer - und dabei vermeintlich alter - Sinnstiftung, wie religiöse Symbolsysteme sie bieten. Hier werden Regelwerke, Inhalte und Strukturen angeboten, die Halt versprechen, indem sie Ängste und Zwänge binden. So kann etwa ein Mensch, der unter Unsicherheiten und Ängsten leidet, durch lenkende Vorschriften - Waschrituale, Reinheitsgebote, Kontaktverbote - seine Ängste und Zwangsstörungen nicht nur kanalisieren, sondern ihnen darüber hinaus die Weihe einer höheren Bedeutung verleihen, die Würde eines Dienstes an seinem Gott.

Die Religion wird in Phasen der Verunsicherung zu einer Größe, die Sicherheit verheißt und Orientierung schenkt. Je pluralistischer Gesellschaften werden, desto mehr steigt das Bedürfnis nach einfachen Antworten auf komplexe Fragen. Deshalb haben neben Religionen auch Verschwörungstheorien derzeit erhebliche Konjunktur. Heutigen Jugendlichen offeriert Religion eine zunehmend attraktive Möglichkeit zur Identifikation: »Das bin ich: Ich bin eine Muslima.« »Das bin ich: Ich bin ein frommer Evangelikaler.« Ich muss mir und anderen nicht viel erklären, nichts Historisches oder Psychologisches – mein Glaube verleiht mir ein Etikett, das stolz und sicher machen kann.

Besonders verständlich ist es, dass die Unsicherheit in traditionell geprägten Ländern am stärksten ist und daher die radikalen Gruppen – Muslimbrüder, Boko Haram, Islamischer Staat und so fort – dort den größten Zulauf haben. Was aber geschieht mit Jugendlichen in Deutschland? Anders als ihre Eltern oder Großeltern sind sie keine Einwanderer mehr, die aus traditionellen Regionen wie Anatolien kommen. Sie wurden hineingeboren in eine pluralistische Demokratie, haben spätestens durch die Schulpflicht die Landessprache gelernt und sind de facto Deutsche mit deutschen Pässen. In der Regel zeigen sie mehr Selbstbewusstsein als ihre Eltern oder Großeltern, sie trauen sich eher, den Mund aufzumachen. Zugleich standen sie während ihrer gesamten Kindheit und Jugendzeit unter dem Einfluss der Milieus ihrer Eltern, der religiösen, ideologischen, patriarchalen Ideenwelt, aus der ihre Eltern stammen. Die Technik bindet zudem ihre Familien stärker und einfacher als früher an die Medien ihrer Herkunftsländer an. Per Satellitenschüssel lassen sich arabische Hetzsender im Fernsehen empfangen, per Internet reist Propaganda in Sekundenschnelle in jedes Jugendzimmer, im Plattenbau wie im Einfamilienhaus.

Was Bedenken, Kritik und Zweifel an den »sittenlosen« Gewohnheiten der Mehrheitsgesellschaft angeht, haben die Eltern und Großeltern noch als »Gastarbeiter« dazu geschwiegen und sich ihren Teil gedacht. Die Jugendlichen, aufgewachsen im Bewusstsein, dass Schule und Umwelt freie Rede zulassen, behalten, was sie von zu Hause und aus den ideologischen medialen Quellen erfahren, nicht für sich. Sie sind Kinder der Moderne, selbstbewusster, als ihre Eltern es waren. Wenn sie nun ihre Ansichten äußern, kommen auch die ideologischen Versatzstücke, mit denen sie groß geworden sind und die sie neu erworben haben, ans Licht. Man hört Sätze wie diese: »Die deutschen Schlampen gehen vor der Ehe mit Jungen ins Bett!« »Hier im Land leben lauter Unreine, die Schweinefleisch essen!« »Demokratie kann nicht gut sein, wenn sie dazu führt, dass Leute sich nicht mehr ordentlich anziehen und jeder macht, was er will.« Das sind Reflexe traditionell geprägter Aussagen und Sichtweisen. Und diese verschärfen sich gegenwärtig enorm, wo im Zuge der Globalisierung und religiösen Radikalisierung mächtige Verstärker am Werk sind: militante Sektierer, Rekrutierer von Freiwilligenarmeen, Terror-Gurus, die im Namen eines »Heiligen Buches« Seelen sammeln gehen für den »Heiligen Krieg«. Sie werden flankiert von denen, die offiziell im Namen der Religion sprechen dürfen, aber nichts Konkretes gegen die Ideologie und die Inhalte tun oder sagen. Etwa die Imame einiger Moscheen, die sich dann und wann öffentliche Lippenbekenntnisse abringen, aber in ihren Gemeinden oft nicht mit aller Kraft daran arbeiten, junge Leute vom radikalen Pfad abzubringen, indem sie ihnen eine Religion präsentieren, die mit den Radikalen keine Gemeinsamkeiten hat.

Jeden Jugendlichen, der sich dem Islamismus verschreibt, muss man individuell betrachten. Das kann ich nicht oft genug sagen, die Praxis vieler Jahre beweist es. Zugleich zeigt sie auch: Absolut jeder Jugendliche in dieser Gesellschaft kann zum Betroffenen werden. Egal, ob er aus armen oder reichen Verhältnissen stammt, aus bildungsnahen oder bildungsfernen Milieus. Muslime wie Nichtmuslime sind anfällig, Jugendliche mit und solche ohne Migrationshintergrund. Heranwachsende in großen Städten sind genauso gefährdet wie jene, die in Kleinstädten oder dörflichen Gegenden aufwachsen. Das Phänomen hat sich flächendeckend ausgebreitet und nimmt zu. So individuell der Verlauf der Radikalisierung ist, so sehr lassen sich doch zugleich auch Gemeinsamkeiten diagnostizieren, gerade wo es um die Ursachen geht. Allmählich zeigt sich ein Katalog wiederkehrender, miteinander verknüpfter Faktoren. Erst das Zusammenspiel mehrerer Faktoren legt die Basis für die Radikalisierung: tradierte Denkmuster, Erziehungsmethoden, neue und alte soziale Erfahrungen und psychische Konstellationen, deren Grundlagen im frühesten Kindesalter geschaffen werden.

Psychische Faktoren

Wer dem Radikalismus entgegentreten will, muss die Ursachen genau kennen, denn dort gilt es in der Präventionsarbeit und der Arbeit an der Deradikalisierung anzusetzen. Entscheidend ist das multikausale Zusammenspiel einzelner Faktoren. Blicken wir an erster Stelle auf die psychische Verfasstheit eines Jugendlichen. Was wir zunächst vornehmen müssen, ist deshalb eine - wie ich es nenne - psychologische Archäologie. Welche Konflikte, welche familiären Konstellationen haben diesen jungen Menschen in der Kindheit geprägt? Wie wirken sie sich auf seine heutige Persönlichkeit aus? Wichtige Stichworte sind hierbei fehlendes Urvertrauen, Schamgefühl und das Über-Ich - die auch der Psychologe Peter Conzen in seinem Buch über Fanatismus genauer beleuchtet.

Fehlendes Urvertrauen

Jugendliche mit einer Anfälligkeit gegenüber einer Radikalisierung besitzen häufig eine instabile Organisation ihrer Persönlichkeit. In den ersten Phasen ihres Lebens sind die für eine gelingende, stabile Entwicklung notwendigen Faktoren oder Ereignisse meist ausgeblieben.

In der Phase frühkindlicher Prägung bildet sich unter guten Umständen das, was wir Psychologen das Urvertrauen nennen: Ein tiefes, unerschütterliches Vertrauen zwischen Mutter und Kind, zwischen Bezugsperson und Heranwachsendem. Es ist Voraussetzung für die gesunde Entwicklung von Selbstbewusstsein und einer gesicherten Persönlichkeit des Kindes. In dieser Phase wird nicht allein die Bindungsfähigkeit begründet, sondern auch das grundsätzliche Vertrauen, dass die Umwelt es gut mit einem meint, dass man bejaht und angenommen wird. So kann man der Welt später selbst positiv entgegentreten, sie bejahen, anerkennen und zum Guten verändern wollen.

Vermitteln Mütter oder andere Bezugspersonen dieses Urvertrauen nicht, kann das viele Gründe haben: Persönliche und gesellschaftliche Krisen, kritische Lebensereignisse, Gewalterfahrungen, schädigende Erziehungsmethoden, Armut, emotionale und physische Überforderung. Dann erfährt ein Kind in der ersten Lebensphase nicht die Zuneigung und Sicherheit, die es braucht, dann besteht die Gefahr einer späteren Persönlichkeitsstörung. Bei Erwachsenen äußern sich die frühen Defizite unter anderem in der Neigung zu Wutausbrüchen, in einem Schwanken zwischen starker Bedürftigkeit und Sehnsucht und starken Ängsten. Dahinter liegt der Wunsch nach einer Wiederverschmelzung mit dem entbehrten Guten, ein Aufgehen im mütterlichen

Angenommensein. Ist eine mütterliche Figur im realen Leben unerreichbar, kann ein Guru oder Gott als Objekt an diese Stelle rücken. »Gott liebt dich« ist eines der berückendsten Versprechen, die monotheistische Religionen machen. Aber Gott wird von seinen Interpreten nicht nur als Quell guter, mütterlicher Liebe und Geborgenheit dargestellt. Als fürchterlicher, rächender, strafender und fordernder Gott hat er auch die Eigenschaften strafender und ablehnender Eltern, vor allem Väter - ein durchaus ambivalentes Konzept. Doch seine »bösen« Qualitäten erhält dieser Gott allein durch das Fehlverhalten des Gläubigen und durch die Ungläubigen. Um dem zornigen Gott zu gefallen und aus dem »bösen Vater« eine »gute Mutter« zu machen, muss der Gläubige ihm dienen, seine Wünsche und Befehle erfüllen. Erschafft sich der instabile Mensch, die instabile Gruppe einen solchen Gott, kann sie in seinen Zwickmühlen, seinen *double-binds* gefangen werden. Denn nie ist das reale, lebendige Individuum wirklich so absolut rein und fromm, wie die Regeln dieses ambivalenten Lohn-und-Strafe-Gottes es vorsehen. Es lebt daher unweigerlich immer auch in der »Sünde«, dem Nichtbefolgen göttlicher Vorschriften.

Wird die Phase, in der sich das Urvertrauen herausbilden soll, massiv gestört, kann keine funktionierende Mutter-Kind-Beziehung entstehen und das Kind wird oft sein Leben lang danach streben, das vollkommene Urvertrauen zu finden oder wiederherzustellen. Dieser Mensch ist auf der Suche nach etwas, das ohne Makel, klar und rein erscheint, nach einer Utopie, einem Zustand und einer Macht, an der es keinen Zweifel geben kann, der man sich, wie ein vertrauendes Kind, ganz hingeben kann.

Monotheistische Religionen scheinen all das zu versprechen, was in frühester Kindheit entbehrt und schmerzlich vermisst wurde: Dieses Urvertrauen, das innere Ruhe und Geborgenheit schenkt, durch das man befreit wird von elementaren Ängsten und der Angst vor Zurückweisung, Verlorenheit, Isolation: der Angst, die Mutter, die Eltern zu verlieren, was für Kinder gleichbedeutend ist mit dem Tod.

Spricht man mit radikalisierten Jugendlichen über ihre Ideologie und die Wünsche, die sie daran knüpfen, wird die Suche nach dem idealen Zustand, nach etwas existentiell Vermisstem sehr deutlich. Sie erklären, dass sie in Allah den »einzigen Halt« gefunden haben, die »absolute Lösung für sich«, die »totale Wahrheit«. Sie beschwören eine Geborgenheit, die sie nirgends anders haben und hatten, und machen damit offenbar, wie sehr sie ihr gestörtes Vertrauen in die Welt zu kompensieren suchen. Auch deshalb ist auffällig oft von einer »Rückkehr zum Urzustand« die Rede, wenn ein Konvertit seinen Übertritt zum Islamismus beschreibt. »Befreiung«, »Erlösung« oder »Rettung« sind ebenfalls Wörter, die junge Salafisten häufig verwenden. Sie drücken die Suche nach Schutz und Liebe aus, die Sehnsucht nach einer ursprünglichen Verschmelzung mit einem geliebten Objekt. Zum Ersatzobjekt für das verlorene oder nie erworbene Vertrauen in die frühen Bezugspersonen, ein Vertrauen, das in der Form später nie wiederherzustellen ist, wird bei manchen Individuen dann ein Gott, eine gemeinsame Mission, eine Ideologie, die Verheißung auf ein Leben im Paradies, wo sie, wie das geborgene Kind in den Armen der Mutter, von Schmerzen und Ängsten befreit sind.

Schamgefühl

Im zweiten Lebensjahr beginnt die Phase, in der Kinder allmählich Autonomie und Sicherheit entwickeln. Sie erwerben mehr und mehr Fähigkeiten, ihre Bewegungen zu koordinieren, sie lernen die Beherrschung des Schließmuskels, die sprachliche Artikulation setzt ein. Darüber hinaus wird der eigene Wille herausgebildet. Wo es diese neuen Fähigkeiten erfolgreich einsetzt, spürt das Kind Stolz über seine wachsende Autonomie, über das Gelingen. Auch Rückschläge sind ein selbstverständlicher Teil dieser Entwicklungsphase, negative Erfahrungen, das Misslingen dessen, was das Kind gerade umsetzen will und eigentlich schon zu beherrschen glaubt. Das Gefühl von Ohnmacht und Abhängigkeit von den übermächtigen Erwachsenen führt in dieser Phase häufig zu Wutausbrüchen oder Trotzanfällen bei Kindern.

Diese Reaktionen sind vollkommen normal. Entscheidend ist, wie Eltern auf dieses Verhalten reagieren. Die Aufgabe der Eltern ist es in dieser Phase, das richtige Maß zu finden zwischen dem Gewährenlassen des Kindes und dem Setzen von Grenzen.

In traditionell und patriarchal geprägten Familien herrschen oft extreme Autoritätsverhältnisse. Erziehung wird als ein Prozess verstanden, der zum Ziel hat, den eigenen Willen des Kindes zu brechen. Befehle, Strafen, Erniedrigung und Entmutigung werden angewendet, damit das Kind »brav« ist und »gehorcht«. Eltern geben mit diesen Methoden das weiter, was sie selber erlebt haben, was »immer so war«, »nie anders gemacht wurde«. Damit erzeugen sie bei ihren Kindern ein immenses Schamgefühl. Ihr Verhalten signalisiert dem Kind: Du bist nicht gut, deine Gefühle sind nicht richtig, du bist es nicht wert, dass du geliebt wirst, wenn du sagst und zeigst, was du fühlst, lehnen wir dich ab. Dieses überwältigende Schamgefühl, das mit Ohnmacht und Entwertung einhergeht, ist für ein Kind und auch später für einen Heranwachsenden kaum auszuhalten. Wenn etwas psychisch fatale Folgen zeitigt, dann ist es allen voran die Entwicklung eines übersteigerten Gefühls von Scham durch Abwertung und Ablehnung.

Dabei entsteht im Kind der brennende, wütende Wunsch selber größer, mächtiger zu werden, um es denen, die es derart beschämen, heimzahlen zu können. Da das aber so rasch nicht möglich ist, glaubt das Kind schließlich, es sei tatsächlich nichts oder wenig wert. Der andere, der große, großartige Vater, die Mutter, die einen doch liebt und schützt, wird recht haben, wenn sie das Kind verletzt und abwertet. In dieser Dynamik findet eine Identifizierung mit dem Aggressor statt, in der Regel mit dem Vater. Fast immer reichen Menschen, die in ihrer Kindheit solche negativen Erfahrungen gemacht haben, brutale Demütigungen an die nächste Generation weiter, an ihre eigenen Kinder. Jetzt, als Erwachsene, sind sie endlich selber mächtig – die alten Muster kommen zum Vorschein, aber jetzt soll »das Kleine«, das man selber einmal war, es ausbaden. »Jetzt bin ich am längeren Hebel.« Der internalisierte Aggressor wird aktiv. »Kinder haben nichts zu sagen und nichts zu fragen! So war das immer, so soll es sein.«

Die Revolte von 1968 beweist, dass diese Dynamik auch aufgehoben werden kann. Eine ganze Generation ging gegen ihre autoritären Eltern auf die Straße. Nach und nach wurde der Ausstieg aus dieser jahrhundertelangen Gewaltpädagogik möglich. Es dauerte dann noch bis zum Ende des Jahres 2000, bis in Deutschland mit der Reform des Paragraphen 1631 Absatz 2 im Bürgerlichen Gesetzbuch (BGB) feststand: »Kinder haben das Recht auf gewaltfreie Erziehung.« Indem die Anhänger der 68er-Generation sich nach der Shoah aus der Identifikation mit den Vätern lösten, und deren Taten verurteilten, war es ihnen möglich, aus den Erziehungskonzepten der Eltern auszubrechen und in der Folge wiederum den eigenen Kindern anders und ohne Gewalt zu begegnen.

Was patriarchalische Gesellschaften mehr als alles andere brauchen, ist ein solcher Aufstand gegen die Gewalt der Väter, die »normale« Gewalt in den Familien.

Über-Ich

Das vierte und fünfte Lebensjahr gilt seit Freud als ödipale Phase, als die Entwicklungsstufe der Konfrontation zwischen Söhnen und Töchtern mit ihren Vätern und auch Müttern. Kleine Jungen wollen sein »wie der Vater« und sehnen sich danach, »wie er« die Mutter zu lieben - wenn auch nicht im vollendeten, erotischen Sinn. Kleine Mädchen wollen umgekehrt so sein wie die Mutter und versuchen sich im kindlichen Flirt mit dem Vater. Kinder begreifen, dass sie einmal Erwachsene sein werden, anhand der Rollenmodelle, die sie vor Augen haben. Diese Phase ist unter anderem wichtig für die spätere Partnerwahl und für das eigene Selbstverständnis als erwachsener Mensch. Konflikte prägen diese Phase, insbesondere zwischen Vätern und Söhnen. Wenn diese Phase der Auseinandersetzung durch überzogene Strenge des Vaters zu einem Machtkampf zwischen Herrschenden und Beherrschten eskaliert, führt dies beim Kind zur Entwicklung eines strengen, eifernden und intoleranten Über-Ichs.

In traditionell patriarchalen Familien verbietet der Vater etwa dem Kind, ihm bei Auseinandersetzungen in die Augen zu schauen. Generell soll das Kind »Respekt« haben vor der familiären Hierarchie, an deren Spitze der Vater steht. Dieser Respekt, der in Wahrheit Unterwerfung ist, wird im Zweifelsfall mit Gewalt und Strafen herbeigezwungen.

Wie soll sich ein Kind entfalten können, sich erfahren und sich an den geliebten Eltern orientieren, wenn Anzeichen der kognitiven und emotionalen Reife, etwa das Stellen von Fragen, unter Strafe stehen? In traditionellen, am Clan, an der Familie, am homogenen Kollektiv orientierten Kulturen wird das aus der Reihe Tanzen nicht gestattet. Es ist ein Sakrileg; Väter, Onkel, große Brüder sorgen dafür, dass es durch Sanktionen unterbunden wird. Autoritäre Väter, denen es an der nötigen Empathie mangelt, die Bedürfnisse eines Kindes wahrzunehmen und Konflikte ohne Gewalt zu lösen, prägen die Psyche. Sie schaffen im Kind eine harte Gewissensinstanz, ein striktes Über-Ich, das auf fraglose Unterwerfung und unkritische Gefolgschaft drängt. »Du sollst nicht fragen, du sollst folgen!« So spricht die Stimme dieses erbarmungslosen Gewissens, das den Namen nicht verdient. Denn »Wissen« ist kein Teil dieser Instanz.

Ein Pendant zu diesem starren Über-Ich bietet die starre Ideologie eines Gottes, der ebenso spricht: »Du sollst nicht fragen, du sollst glauben.« Dass Heranwachsende in der Adoleszenz eine Phase radikaler Identitätsfindung durchlaufen, ist vollkommen normal. Es ist sogar wichtig. Basiert diese Findungsphase aber auf fehlgelaufenen Entwicklungsphasen innerhalb erlebter brutaler, patriarchaler Strukturen, kann aus dieser Phase der Identitätssuche eine dauerhaft verfestigte Ideologie werden. Die bisher beschriebenen Mechanismen gelten für die Gruppe von Jugendlichen, die mit einem autoritären Vater aufgewachsen sind.

Neben ihnen gibt es die Gruppe derjenigen, bei denen die autoritäre Vaterfigur völlig dysfunktional ist und aus der tradierten patriarchalischen Konstellation ersatzlos ausbricht. Hier haben wir es mit dem entmachteten Vater zu tun, der gewissermaßen zum Phantom wird. Sei es, weil er seine Arbeit und damit seine Vorbildfunktion und seinen Selbstwert verloren hat, sei es, weil er aus anderen Gründen Schwäche zeigt. Sehen wir uns einen Vater an, der gebrochen deutsch spricht, während der Sohn, die Tochter fließend die Sprache beherrschen. Der Vater verliert, soviel er auch dagegen ankämpft, an Autorität. Oft suchen sich Kinder dann neue, andere Autoritäten, die dem Vater Konkurrenz machen. So ähnlich verhalten sich auch Söhne und Töchter, die gar keine Chance hatten, sich von einer Vaterfigur in Konflikten abzugrenzen, da sie ohne Vater aufgewachsen sind. Auch sie machen sich in der Regel auf die Suche nach Autoritäten, Vorbildern, Idolen, die als Ersatz für den idealisierten Vater der Phantasie fungieren.

Unabhängig davon also, ob eine Vaterfigur zu schwach und abwesend oder zu stark und anwesend ist, kann das aus dem Lot geratene Verhältnis zur Autorität die Suche nach einer neuen Vaterfigur bewirken. Wer wäre besser geeignet als die unanfechtbare Autorität der monotheistischen Religion? Gott und seine theologischen Vertreter, die Imame, eignen sich als Vaterfiguren. Da ist eine Autorität mit eisernen Prinzipien, Gott weist den Weg, er lässt nicht mit sich diskutieren, straft, belohnt, zürnt und rächt. Wer als Jugendlicher für diese Version von Allah, Gott, empfänglich wird, hat in aller Regel keine gesunde Beziehung zum eigenen Vater erfahren.

Jugendliche erwähnen im Gespräch über Religion oft die »innere Ruhe«, die sie durch die Religion gefunden haben. Sie wissen nun, wo es langgeht, und sprechen von ihrem Glauben oft so wie kleine Kinder über ihre Väter. Kleinkinder halten ihre Väter für allmächtig, unbesiegbar, gut. Ihr Vater macht alles richtig, ihre Bewunderung für ihn ist ungebrochen. Das ist in einer gewissen Phase der kindlichen Entwicklung wichtig und gesund. Doch mit dem Erwachen kognitiver Fähigkeiten kommt die Entwicklungsstufe, in der ein Kind erkennt und akzeptiert, dass der Vater nicht ganz so perfekt und unfehlbar ist. Findet jemand seine Vaterfigur erst in der Religion, bleibt diese Phase der realistischen, kritischen Revision des Vaterbildes aus, die als Etappe zur Mündigkeit unentbehrlich ist.

Fazit: Von der paradiesischen Verheißung bis zur rigorosen Härte korreliert das salafistische Gott-Phantom mit den Sehnsüchten und Nöten, die Resultate einer dysfunktionalen, oft traumatischen Erfahrung in der frühen Kindheit sind. Es ist ein großes, kompensatorisches Angebot an die beschädigte Psyche.

Allgemeine und soziologische Faktoren

Die bisherigen, von psychologischen Überlegungen geleiteten Ausführungen haben sich damit befasst, *was* durch radikalen Islamismus kompensiert wird. Jetzt soll es, im soziologischen Sinn, darum gehen, wie diese Kompensation im Fall des radikalen Islamismus funktioniert. Denn neben den psychologischen Faktoren, die für Fundamentalismus anfällig machen, gibt es auch eine Reihe soziologischer und struktureller Faktoren und Inhalte, die eng mit religiösen oder ideologischen Zusammenhängen in Verbindung stehen – wie Exklusivitätsanspruch, Ungleichheit oder Feindbilder. Diese tragen entscheidend zur Attraktivität des Islamismus für Jugendliche bei, ganz unabhängig davon, welchen religiösen oder ethnischen Hintergrund sie haben. Bei diesen Faktoren geht es vorwiegend um Prestige, Macht, Status und Distinktion. Kompensiert wird hier ebenfalls, doch auf noch andere Weise.

Exklusivitätsanspruch

Der Anspruch auf Exklusivität findet sich in vielen Religionen. Der Glaube, über die absolute Wahrheit zu verfügen, alleiniger Empfänger göttlicher Worte zu sein, zählt zur Basis monotheistischer Religion. Doch in welcher Form wird dieser Anspruch vermittelt? Lässt er noch Raum für Toleranz (»die anderen wissen es eben nicht besser«, »die anderen haben eben ihre Idee von Gott«)? Oder ist da kein Spaltbreit Platz?

Nach meinen Beobachtungen der letzten zehn Jahre wird der Anspruch auf die Exklusivität der eigenen »Wahrheit« bei islamischen Jugendlichen immer wichtiger. Oft ist kaum noch eine Diskussion möglich. Häufig reagieren junge Fundamentalisten inzwischen sofort aggressiv, wenn die Frage nach dem Anspruch auf Exklusivität gestellt wird. Oder sie lassen ihr Visier herunter und verweigern schlicht das Gespräch. Gerade an diesem Anspruch wollen sie keinen Millimeter rütteln lassen. Denn Exklusivität enthält das Versprechen von Macht und Überlegenheit dessen, der im Besitz der absoluten Wahrheit ist und deshalb legitimiert ist, über andere zu entscheiden. Im Zweifel über Leben und Tod.

Indoktrinierte, salafistische Jugendliche behaupten von sich zu wissen, was Gott will. Weil sie ihm folgen, hat dieser Gott sie lieber als andere. Irgendwo da oben sitzt er in seinem Turm, getragen von siebzigtausend Engeln, und entscheidet, wer gut und wer böse ist. »Wir gehören zu den Guten, wir sind auserwählt!« So lautet ihr Motto. Auffällig ist die Intoleranz, das Fehlen jeglicher spiritueller oder philosophischer Dimension, der traurige Mangel an Neugier auf andere Perspektiven. Exklusivitätsanspruch in dieser aggressiven Form hat seine psychischen wie sozialen Ursachen.

Und auch das Beharren auf Exklusivität hängt mit den patriarchalischen Familienstrukturen zusammen, mit dem Bild vom autoritären Vater im Besitz der »seit ewig« tradierten Wahrheit, dem Herrn, der für alle entscheidet.

Ungleichheit

Ungleichheit als »von Gott« oder »von der Natur« gegeben, ist Bestandteil zahlreicher Ideologien. Im Salafismus zählt die Ungleichheit zwischen »denen, die folgen, und denen, die nicht folgen«, die Ungleichheit zwischen praktizierenden und nichtpraktizierenden Gläubigen. Automatisch geht diese Annahme mit der Abwertung anderer einher und im Gegenzug mit einer moralischen Machtposition. Etwa: »Ich bin besser, weil ich bete.«

Wichtig wird das gerade für Jugendliche, die aufgrund ihres religiösen oder kulturellen Hintergrunds Ablehnung objektiv erfahren oder subjektiv empfunden haben, die lange in dem Gefühl der Nichtzugehörigkeit haben leben müssen. Hier spielen Rassismus und Diskriminierung durchaus eine Rolle. Mit ihrer exkludierenden Ideologie können Jugendliche ein Kräfteverhältnis umkehren. Jetzt ist es an ihnen, auf andere herabzusehen.

Diesen ideologischen Kipp-Punkt, der als beglückend erfahren wird, habe ich selbst erlebt. Erst war ich der Außenseiter in der Klasse, der Gemobbte. Als Eliteschüler unseres Imams, als Teil einer exklusiven Gruppe, war ich dann Klassensprecher. Mädchen, die nie etwas mit mir zu tun haben wollten, hatten plötzlich immerhin Angst vor mir, auch eine Art der Anerkennung. Ich konnte ihnen sagen: »Du trägst kein Kopftuch, du bist nichts wert.« Ich hielt mich für legitimiert, sie zu mahnen und auf den richtigen Weg zu bringen. An diesem Punkt beginnt die Ideologie besonders problematisch zu werden. Nicht erst, wenn Gewalt oder Waffen im Spiel sind. Sondern schon beim Insistieren auf einer Ungleichheit, die einen über andere erhebt: Eine Haltung, die nie mit demokratischen und humanen Werten zu vereinbaren sein wird.

Opfer und Feindbilder

Trotz dieses Überlegenheitsgefühls ist es oft so, dass sich diese Jugendlichen als Opfer der Gesellschaft sehen, das ist für sie leichter, als Verantwortung zu erkennen.

Das verhilft ihnen zu einer nahezu umfassenden Legitimation. Ich bin Opfer, daher habe ich recht, daher steht mir etwas zu, und das festigt meine Identität in der Gruppe der Opfer. Eine Flucht in die Opferrolle kann man häufig bei depressiven Menschen beobachten. Sie suchen gezielt und selektiv nach Anlässen, durch die sie ihr Elend bestätigen können, weil sie sich in ihrer Rolle eingerichtet haben und es nicht schaffen, sie zu verlassen. Opfersein ist etwas Vertrautes: Zurückweisung, Kranksein, Alleingelassenwerden: »Das kenne ich.« Aus Mustern wie diesen kann man sich nur sehr schwer allein befreien.

Selbst bei Jugendlichen, die salafistische Ideologien weit von sich weisen, lässt sich dieses Aufgehen in der Opferrolle beobachten. Kein Wunder also, dass viele muslimische Verbände gerade diese Opferrolle der Muslime propagieren. Damit ist man bei vielen populär.

Es geht jedoch darum, zu unterscheiden. Ja, es gibt Diskriminierung. Aber es nutzt nichts, die Welt in Schwarz und Weiß zu malen. Wenn nach den Anschlägen in Paris gegen die Journalisten von Charlie Hebdo gesagt wird, die Opfer dieser Taten seien vor allem Muslime, da diese nun noch mehr stigmatisiert würden, steckt darin nur eine Teilwahrheit, deren Zynismus denen gar nicht bewusst zu sein scheint, die so sprechen. Auch wenn die Tat bei manchen ein Unwohlsein gegenüber dem Islam verstärkt haben wird – das entlastet uns Muslime keinesfalls von der Verantwortung, danach zu fragen, warum im Namen unseres Glaubens solche Ungeheuerlichkeiten begangen werden können.

So wird aber in der Regel nicht gefragt. Im Gegenteil. Im Internet kursieren auf Plattformen wie Youtube unzählige Videos, in denen die Opferrolle von Muslimen zelebriert wird. Etwa Musikvideos, die zunächst nicht den Anschein von Radikalität erwecken und die mit Rap und Hiphop dem Mainstream-Musikgeschmack von Jugendlichen entsprechen. Sie wirken harmlos. Aber die Texte liefern Aufrufe zu Gewalt, zum weltweiten Zusammenschluss der Muslime. Es gibt Hetze gegen Amerika, gegen Juden, gegen die Demokratie. In erschreckender, grober Deutlichkeit.

In einem weitverbreiteten Musikclip sieht man eine Hochhaussiedlung, wie sie viele Jugendliche kennen werden. Die übliche Kulisse von Gangster- oder Ghetto-Rap. Auf dem zerschundenen Rasen vor den heruntergekommenen Bauten hat sich eine riesige Gruppe von Jugendlichen, auch Kindern versammelt. Alle halten Fahnen aus muslimischen Ländern wie Banner vor sich – von Nationen, die in der Realität teils miteinander heillos zerstritten sind. Hier demonstrieren sie eine mythische Umma, eine Gemeinde aller Gläubigen, als Ausgestoßene, die an den Rand der Gesellschaft gedrängt wurden. So wirken sie stark. Der Text dazu beschwört Lügen und Heuchelei, denen Muslime immerzu ausgesetzt seien, weltweit. Angeprangert werden westliche Verbrechen, die an Muslimen verübt würden, getötete Zivilisten, in Brand gesteckte Moscheen – das »Scheißleben«, das sie nicht länger ertragen wollen. Der Refrain gipfelt in einem Aufruf »an alle Brüder im Gaza, an alle Ägypter, Libanesen, Iraker. An alle Algerier, Kosovo-Albaner, Weißen, alle Schwarzafrikaner, Türken, Kurden, Bosnier, Tutsis, Iraner, an alle Pakistaner: Zusammen ficken wir die Scheißamerikaner«. Immer größer wird die Gruppe der Jugendlichen, der vermeintlichen Opfer, deren Macht besungen wird. Ein Video wie dieses verfügt über ein großes Identifikationspotential.

Gerade nach den Anschlägen von Paris, in deren Folge der islamistische Terror weltweit scharf angegriffen wurde, schwappte eine ganze Welle neuer Videos ins Netz, die wie zur Abwehr die Opferrolle der Muslime betonten. Die Clips folgen einer irrationalen Logik von großer emotionaler Überzeugungskraft. Auf einem der Videos erklärt ein etwa Vierzehnjähriger ernst und konzentriert: »Ich bin nicht Charlie«, in Anlehnung an die Formel der Solidarität mit den ermordeten Karikaturisten. Hinter dem Rücken des Jungen tauchen dann Szenarien des Horrors auf: Krieg, tote Frauen, hungernde Kinder. Dazu spricht der Junge: »Ich bin das besetzte Palästina. Ich bin das besetzte Gaza. Ich bin das abgeschlachtete, bombardierte Syrien. Ich bin das hungernde Afrika. Ich bin das besetzte Afghanistan. Ich bin das eroberte Tschetschenien. Ich bin die Unterdrückung Ägyptens. Ich bin der mit Uran bombardierte Irak. Ich bin das zersplitterte Libyen. Ich bin das belagerte Flüchtlingslager. Ich bin das gefolterte und vergessene Guantánamo. Ich bin die über 1,5 Millionen toten Muslime, die in den letzten 15 Jahren durch die blutigen Hände der Westmächte getötet worden sind. Ich bin die toten Muslime.«

Hunderttausende von Jugendlichen konsumieren solche Botschaften. Sie fragen sich dann: Ist es nicht überzeugend, was der

Junge erzählt? Warum muss man sich da noch über ein paar Karikaturisten ohne Respekt vor Allah aufregen! Ein weiteres beliebtes Video aus den Wochen unmittelbar nach den Anschlägen in Paris im Januar 2015 kommt in Gestalt eines kurzen Sketches daher, wie man ihn aus Comedy-Shows kennt. Deutschstämmige Darsteller sind die Protagonisten, ein junger Mann, der Kunststudent sein soll, auf der einen, sein Dozent auf der anderen Seite eines Schreibtischs. Der Student zeigt dem Professor seine Zeichnungen. Es sind Karikaturen. Zuerst sieht man einen dunkelhäutigen Mann in Tiergestalt. Der Professor ist empört. Das sei Rassismus. »David, wie konnten Sie auf so eine Idee kommen?!« (Nicht zufällig ist der Name David gewählt.)

Der Professor gibt das Bild zurück. Der Student versucht zu erklären, dass es sich um eine humorvolle Zeichnung handele. Sein Gegenüber missbilligt diesen Humor. Das nächste Bild des Studenten zeigt einen orthodoxen Juden, der in der einen Hand die Weltkugel, in der anderen bündelweise Geldscheine trägt. Das schockierte Urteil des Lehrers: »Antisemitisch!« Er kann nicht fassen, was er da sieht. Verunsichert will der Student das dritte Bild lieber in seiner Mappe lassen. Er windet sich, holt es dann doch hervor. Der Professor betrachtet das Bild, bricht in schallendes Gelächter aus, muss sich die Lachtränen aus den Augen wischen. »Absolut genial!« Erst dann zeigt die Kamera, worüber er sich so amüsiert: Der Prophet Mohammed, dargestellt als Bombe. Jetzt ist der Student vollends durcheinander. Ob das nicht rassistisch sei, fragt er seinen Professor, der sich gar nicht beruhigen will. Erstaunt erklärt der Professor: Nein, damit werde doch keine Rasse beleidigt. Dieses Bild sei der Ausdruck von Kunst und Meinungsfreiheit. Längst haben Betrachter die Botschaft verstanden: Doppelte Standards und Heuchelei. Zur Sicherheit spricht aus dem Off noch eine Stimme: »Wenn Schwarze beleidigt werden, nennt man es Rassismus. Wenn Juden beleidigt werden, nennt man es Antisemitismus. Wenn Muslime beleidigt werden, nennt man es Meinungsfreiheit.« Kein Wort davon, dass Karikaturen im Westen, auch bei Charlie Hebdo, schon sämtliche Religionen aufs Korn genommen haben.

Solche Clips zirkulieren zu Tausenden unter Jugendlichen. Die Botschaft ist immer gleich: Muslime sind Opfer, die vom Westen unterdrückt und verunglimpft werden. Andere Videos verbreiten zuhauf Verschwörungstheorien, eine regelrechte Plage im Internet. Bei Jugendlichen besitzen sie Kultstatus. Angebliche Freimaurer oder Illuminati produzieren diese Dinge, die jungen Rezipienten haben keine Ahnung, was und wer dahintersteckt. Sie konsumieren dabei vor allem die irre, alte antisemitische These, dass Juden die Weltwirtschaft beherrschen und die Medienkonzerne steuern.

Mit der Ideologie, die durch diese Filme massen- und jugendkompatibel gemacht wird, wächst der Drang, sich selber aufzuwerten und Andersdenkende zu degradieren, etwa Leute, die einen anderen Glauben haben oder Alkohol trinken, Schweinefleisch essen. Mit dem Bewusstsein, im Opferstatus aufzuwachsen, entwickelt sich regelrechter Hass gegen vermeintliche Feinde und das Bedürfnis, aus der Opferrolle auszubrechen, die Feinde zu bekämpfen, sei es im Irak oder in Syrien oder hier in Europa. Der IS-Dschihad bietet da die ideale Möglichkeit.

Schulen bzw. Lehrer begegnen dieser Propagandaflut meist hilflos. Entweder kennen sie das Material gar nicht, oder ihnen fehlen Strategien der Argumentation gegen das grobe Weltbild, das rhetorisch geschickt und emotional bezwingend transportiert wird. Als Mehrheitsgesellschaft sind wir nicht darauf vorbereitet, solchem Material etwas Wirksames entgegenzuhalten. Hier fehlen an entscheidender Stelle die Antworten auf dringende Fragen. Aber Salafisten haben eine Antwort parat. Eine klare, plakative. Sie sagen: Hier sind die Guten, dort die Bösen. Sie können an die weitverbreiteten Opferkonzepte anknüpfen, junge Leute da abholen, wo diese mit ihren Fragen stehen, und da hinbringen, wo sie sie haben wollen. Salafisten brauchen nur zu verschärfen, was ohnehin *en masse* vorhanden ist – Feindbilder wie Opfermythen. »Wehrt euch, kämpft, mordet« – da steckt es schon implizit drin.

Jugendkultur

Zweifellos bedient sich der islamistische Radikalismus bei Elementen der Jugendkultur. Aber er ist nicht als Jugendkultur entstanden. Salafistische Jugendliche haben nicht nur mal ein paar Videospiele zu viel gespielt, sondern sind tief von einer politischen Ideologie durchdrungen.

Schon an der Kleidung erkennt man sich, an gemeinsamen Symbolen, Gesten, Ausdrücken kann man auf der Straße ablesen, wer zu welcher Gruppe gehört. Gerade diese Symbolsprache weist eine wirkmächtige Mischung aus ideologischen Inhalten und einer Jugendästhetik auf, die Streetcredibility demonstriert und vordergründig nicht primär ideologisch, sondern witzig und cool wirken soll. Kleine Icons gegen das Alkoholtrinken etwa. Sehe ich jemanden, der so einen Aufnäher oder Aufkleber hat, weiß ich: Der ist auch Muslim. Der nimmt das auch ernst. Das ist einer wie ich. Das Icon zeigt eine betende Figur und eine, die nach vorn gekippt ist in ähnlicher Haltung. Beim genaueren Hinsehen erkennt man: Der eine kniet nieder und betet, der andere ist vornübergefallen, weil er sich übergeben muss. Dazu in Abwandlung der Mediamarkt-Werbung mit dem Slogan »Ich bin doch nicht blöd« steht hier: »Ich bin doch nicht kaffir.« Was bedeutet: Ich bin doch nicht ungläubig. Cool, finden viele muslimische Jugendliche. Beliebt ist auch eine Variation auf das Adidas-Logo. Unter den schwarzen Querbalken liest man in gleicher Typographie: »alqaida«.

Mit dieser Erwachsenen oft verschlossen bleibenden Zeichensprache können sich Jugendliche problemlos identifizieren, perfekt ist das in ihre Ästhetik und Mode angepasst und schafft zudem Zugehörigkeiten, Gruppengefühle. Spezielle Kleidung, ein besonderes Verhalten oder eine besondere Sprache schaffen Disktinktionsmerkmale und Zusammenhalt als Insignien einer Gruppenkultur. Dazu gehört meist das Moment der Rebellion, das offensive Zurschaustellen seiner Religionszugehörigkeit im Protest gegen die Mehrheitsgesellschaft. Ein Aufbegehren gegen Eltern oder Schule kann darin liegen, für viele Jugendliche ist das reizvoll. So war es bei mir damals mit dem Gang zur Koranschule. Durch die Verehrung meines Imams konnte ich mich gegen meinen Vater positionieren: War ich nicht der bessere Muslim? All das spielt auch eine Rolle bei der Radikalisierung.

Doch hinter dieser scheinbaren »Jugendkultur« steckt eine fatale Ideologie, die den Boden der Demokratie nach und nach aufweichen kann. Wird der ideologische Aspekt übersehen, wird auch ausgeblendet, dass man es hier nicht nur mit Opfern zu tun hat. Nicht nur mit Kindern, die instabile Biographien aufweisen, mit Unschuldigen, die ein wenig in die Irre laufen. Wenn sie sich der radikalen Ideologie verschreiben und diese in die Praxis umsetzen, werden sie zur echten und akuten Gefahr für die Demokratie. Und dann werden sie auch zu Tätern.

Da'wa und Missionierung

Jugendliche brauchen Aufgaben. Dadurch fühlen sie sich geschätzt und gebraucht, anerkannt und wichtig. Und ihr Tag wird dadurch strukturiert. Islamisten bieten ihnen beides. Jugendliche, die aufgrund ihres Alters noch nirgends in der Gesellschaft fest angekommen sind, wissen endlich etwas Sinnvolles mit sich anzufangen - glauben sie. Aufgaben stehen deshalb bei den radikalen Menschenfischern beim Rekrutieren und Missionieren ganz oben auf der Agenda. Gerade wer selber eben erst überzeugt wurde und noch nicht abgeklärt, enttäuscht ist, soll andere an Bord holen, möglichst viele. Dass man jetzt ausgerechnet diejenigen missionieren darf, von denen man zuvor ausgegrenzt wurde, die Ungläubigen, die Leute der Mehrheitsgesellschaft, macht die Aufgabe umso attraktiver. Wenn Jugendliche etwa in einer Einkaufszone den Koran verteilen, dann tragen sie, die einstigen Opfer, zur Rettung der Ungläubigen bei, die doch eigentlich Macht über sie hatten. Wie viel toller kann man werden? Dass sie glauben, einer guten Sache zu dienen, sich wichtig und stolz dabei fühlen, macht es noch komplizierter, sie von der Gefährlichkeit ihres Handelns zu überzeugen.

Auch haben viele solcher Jugendlichen vielleicht zum ersten Mal das Gefühl, in einer Gemeinschaft von Gleichaltrigen zu sein, wo sie zugleich aufgehoben sind, Anerkennung finden und sich selbstbewusst zeigen können: Aus Halbstarken wurden wie durch ein Wunder ganz Starke. Und nicht nur mit den anderen Jugendlichen, mit denen sie gemeinsam essen, beten oder den Koran verteilen, bilden sie eine Gemeinschaft. Sie gehören jetzt zur globalen Gemeinschaft von Muslimen, der Umma.

Waren etwa die eigenen Eltern Flüchtlinge oder bescheiden

lebende »Gastarbeiter«, können die Jugendlichen noch einmal mehr Genugtuung aus ihrer neuen Position der Stärke ziehen – als dürften sie ihre Eltern rächen. Nicht zuletzt diese Dynamik wird ihren Teil dazu beitragen, dass der Höhenflug ihres Egos und ihr Missionierungsgeist sich gegenseitig immer weiter beflügeln. Auf einmal glauben sie daran, dass sie ganz Europa missionieren können, überall die Scharia einführen, alles erobern. Es steht doch genau so im Hadith: »Gott hat uns den Sieg versprochen!«

Ein junger Mensch, der vorher kaum Anerkennung erfahren hat, findet sich nun in sicheren Strukturen wieder, in denen ihm Achtung und ein Versprechen von Macht eingeflüstert werden. Zu diesem Zeitpunkt ist der Prozess seiner Radikalisierung nur noch schwer aufzuhalten. Permanent wird er jetzt mit Propaganda gefüttert, immer überzeugter davon, er handle im Sinne Allahs und der Gerechtigkeit, im Sinn einer Teleologie, also einer Doktrin, die einen idealen Endzustand des Weltgeschehens voraussagt und anstrebt.

Die Verantwortung der Muslime

Beim Thema Islamismus blenden muslimische Verbände und deutsche Politik meistens die Rolle aus, die das Mainstream-Islamverständnis dabei spielt. Das ist eine Fehleinschätzung, die uns alle teuer zu stehen kommt. Viele Aspekte der islamistischen Ideologien knüpfen an Grundlagen an, die ein verbreitetes, wenn auch nicht als radikal auffälliges Verständnis des Islam bereits geschaffen hat. Daher bietet auch dieses Mainstream-Islamverständnis dem Radikalismus, teils unwissentlich und ungewollt, eine Basis. Er trägt jedenfalls eine Mitverantwortung.

Im ersten Kapitel habe ich bereits darauf hingewiesen und sage es noch einmal ausdrücklich, damit es nicht zu Missverständnissen kommt: Ich kritisiere nicht die Religion als solche, nicht das Islamverständnis meiner Mutter und zahlloser anderer, mir bekannter Muslime, die den Glauben als ihre Privatsache verstehen und ihn für ihren Trost und ihre spirituelle Stärkung friedlich und menschlich nutzen. Meine Mutter, die als Beispiel für so viele Muslime stehen mag, glaubt an die Barmherzigkeit Gottes und nicht daran, Angst vor Hölle oder Gewalt zu verbreiten. Worum es mir und anderen reformistisch denkenden Muslimen geht, das sind tradierte Inhalte, ein veraltetes Islamverständnis, das mit der Welt der Gegenwart nicht vereinbar ist. Da aber dieses unaufgeklärte Islamverständnis noch immer sehr verbreitet ist, müssen wir Muslime über diese Inhalte endlich offen sprechen. Eine Religion, die auf Allah den Barmherzigen, den Mitfühlenden baut, braucht keine Erkenntnisse zu fürchten, die dieses Erbarmen und Mitgefühl nur stärken können.

Buchstabenglaube

Der Buchstabenglaube ist im Islam sehr verbreitet. Er besagt, dass die Texte von Koran oder Sunna wie in Stein gemeißelt seien, von Gott diktiert. Fragen dürfe man an sie nicht richten, sie auch nicht auslegen, ihren historischen Kontext nicht in Betracht ziehen. Was dort stehe, müsse buchstabengetreu geglaubt und befolgt werden. (Was übrigens in keiner Epoche je geschehen ist.)

Ein Zitat des deutschstämmigen Salafistenpredigers Pierre Vogel, das auf Foren und bei sozialen Medien im Internet häufig geteilt wird, zeugt von diesem Buchstabenglauben: »Der Islam ist die Wahrheit, und wenn es die Wahrheit ist, dann ist es egal, ob dir diese Wahrheit gefällt oder nicht. Dann musst du der Wahrheit folgen.«

Solche Sätze wirken gerade auf Jugendliche anziehend, weil sie entlastend sind. Es ist so und Punkt. Da muss ich nicht grübeln, zweifeln, selber denken – das hat schon einer für mich gemacht. Wenn im Koran die Wahrheit steht, dann muss man sich nur daran halten und ist davon befreit, selbst Entscheidungen zu treffen, sich Gedanken zu machen, sich ein Urteil zu bilden oder eine Meinung. So kann der Buchstabenglaube eine regelrechte Utopie sein, etwas Reines, dem sich zu verschreiben lohnend ist. Doch damit stiehlt man sich selber die Denkfähigkeit, das Gehirn, das Gott oder die Natur einem gegeben hat. Was Mündigkeit ausmacht, geht verloren, das Fragen, das Entscheiden darüber, was mit eigenen moralischen Vorstellungen vereinbar ist.

Ein Buchstabengläubiger sagt: Schweinefleisch ist ein Speisetabu. Fertig. Er fragt nicht, warum, weshalb. Ob das Verbot vielleicht damit zusammenhängen könnte, dass es im Mittelalter keine Kühlschränke gab und Fleisch – vom Schwein eher als das vom Rind oder Schaf – deshalb sehr schnell verdarb. Wer so fragt, zweifelt in den Augen des Buchstabengläubigen bereits unzulässig an seiner Religion.

Wenn Kinder aus dem traditionellen Milieu typische Kinderfragen stellen – »Wo lebt Allah eigentlich? Wie sieht Allah aus?« –, setzt es Schläge vom Imam oder von den Eltern. Kinder lernen, dass es schlimm ist, zu fragen, dass Phantasie und Neugier bestraft werden. Durch solchen Buchstabenglauben, der in so vielen muslimischen Familien den Kindern mitgegeben wird, finden Radikale eine perfekte Basis für ihre Ideologie. Muslimische Familien, die buchstabengläubig sind, leben in der Überzeugung, dass alles, was im Koran geschrieben steht, wortwörtlich so stattgefunden hat. Die Möglichkeit einer Deutung oder einer metaphorischen Übertragung besteht für sie schlichtweg nicht. Wenn die Himmelfahrt des Propheten beschrieben wird, muss es so geschehen sein. Sie verstehen es nicht als Bild für eine spirituelle Reise.

Wo das Verbot des Zweifelns und Fragens herrscht, treffen Salafisten auf autoritäre Muster, an die sie anknüpfen können. Sie brauchen nichts weiter zu tun, als das Prinzip des Gehorsams vollkommen absolut zu machen. Buchstabenglaube, schärfen sie ihren Anhängern ein, heißt blind zu folgen, bis in den Tod. Rigoros patriarchalische Familienstrukturen begünstigen die Denkblockaden und Denkverbote der Sektierer.

Fundamentalisten nutzen dieses Prinzip zur Kontrolle nahezu aller Lebensbereiche. Mohammed hat diese Kleidung getragen, wenn du ihn als Propheten akzeptierst, musst du dieselbe Kleidung tragen. Jeans gab es damals nicht, sie sind verboten. Deine Zahnbürste musst du wegschmeißen, um dir fortan mit einem Miswak-Zweig die Zähne zu putzen, so wie Mohammed vor 1500 Jahren. Auch wenn manche Jugendliche die Vorschriften lächerlich finden, viele sehen gerade darin eine Erleichterung, die aus dem Dilemma einer Welt voller Entscheidungsdruck und Verantwortung befreit. So ist der Buchstabenglaube auch für die attraktiv, die ohne ihn aufgewachsen sind. Als Anker ergreifen ihn die Unstabilen, zur Provokation nutzen ihn jene, die es lässig finden, sich entgegen dem libertären Zeitgeist einem Prinzip der Gefolgschaft unterzuordnen. Dass Jugendliche, die den Salafisten willig folgen, eine Gefahr für die Demokratie sind, gilt für sämtliche Fälle. Erst wer das Zweifeln gelernt oder wieder neu erlernt hat, erst wer fähig ist zum Dialog, kann sich gegen den Rigorismus solcher Sektiererei immunisieren.

Die Ablehnung der Erneuerung des Islam

Muslime, die dem Buchstabenglauben verhaftet sind, lehnen folgerichtig auch jede Reform und Erneuerung des Islam ab. Andere Muslime, die ihre Religion nur privat und spirituell leben, sind ihnen ein Graus, »Anhänger eines Euro-Islam!« – unter Radikalen ein Schimpfwort. Die Fundamentalisten verurteilen moderate Formen des Islam. Damit lässt sich keine Sekte basteln, weil sich Muslime im »Euro-Islam« nicht sichtbar, bedrohlich und provokativ von der Mehrheitsgesellschaft abgrenzen. Die können nachdenken, zweifeln, lachen und sind selbstbewusst, sie interessieren sich nicht für ein absolutistisches, religiöses Denksystem.

Anhängern des Euro-Islam geht es aus Sicht der Radikalen einzig darum, sich anzupassen. Dass etwa in Deutschland Frauen als Imame ausgebildet werden können, ist aus radikaler Perspektive absolut inakzeptabel. Wer die Barmherzigkeit Gottes betont und den Koran als spirituelles Werk liest, wird so verachtet wie die Euro-Muslime, die Demokratie und Menschenrechte als mit ihrer Religion gut vereinbar begreifen.

Abwertung anderer Religionen

Die Abwertung anderer Religionen und Glaubensrichtungen innerhalb einer Religion muss nicht zum Repertoire einer Konfession gehören. Ist jemand überzeugt, den einzig wahren Glauben zu besitzen, folgt daraus nicht unausweichlich das Verurteilen anderer religiöser Praktiken, erst recht nicht zu Beginn des 21. Jahrhunderts in Europa. Doch immer noch vermitteln manche muslimische Eltern ihren Kindern subtil diese Art des einseitigen und ausschließenden Denkens mit alltäglichen Kommentaren über die »unreinen« anderen. Sie verursachen auf diese Weise, dass ihre Kinder in Konflikte mit der Mehrheitsgesellschaft geraten, in der sie aber doch leben, in innerliche Konflikte oder aber auch, im schlimmeren Fall, in unmittelbare, konkrete Konflikte.

Ich bin fest davon überzeugt, dass sich die Neugier von Kindern auch auf andere Religionen erstreckt. Unter günstigen, toleranten Umständen führt das Wissen über andere Konfessionen zu Aufgeschlossenheit und Interesse. Kinder stellen Fragen. Sie wollen wissen: »Warum essen die Nachbarn Fleisch vom Schwein und wir nicht?« »Warum sind Hunde unreine Tiere?« Mit den Antworten darauf stellen muslimische Erwachsene die Weichen dafür, wie ein Kind künftig mit Unterschieden umgeht, mit Eigenheiten anderer. Man kann erklären, dass verschiedene Religionen verschiedene Rituale und Regeln haben – oder aber abwertend über die »Schweinefleischfresser« herziehen. Solche leider oft noch typischen Aussagen verbauen den Zugang zur Akzeptanz. Früh prägt sich ihnen ein: »Das Schwein ist ein schmutziges Tier und wer davon isst, wird selber schmutzig.« Oder: »Wenn du Schwein isst, bist du ein Schwein«, oder: »Leute, die so was essen, haben die falsche Religion.« Was wird das Kind von sieben, acht, zehn Jahren empfinden, wenn Schulkameraden auf dem Pausenhof ein Salamibrot essen? Wie soll es in der Lage sein, diese »schmutzigen« anderen zu akzeptieren, zu respektieren?

Solche Art der Verdammung betrifft viele Bereiche des Lebens. Wozu das im Extremfall führen kann, zeigen Ehrenmorde wie der an der 23-jährigen Berlinerin Hatun Sürücü. Vermutet wird, dass die Familie die Tat legitimierte und in Auftrag gab. Ihr wegen der Tat verurteilter Bruder erklärte rechtfertigend vor Gericht: »Ich bin mit ihrem Lebensstil nicht klargekommen.« In der Familie hieß es, Hatun habe sich »wie eine Deutsche« benommen. Die alleinerziehende Mutter hatte Unabhängigkeit gesucht, Freiheit vom Druck der Familie, des Clans. Sie trug kein Kopftuch und wählte sich ihren Freundeskreis selber. »Wie eine Deutsche« steht als Synonym für das Verachtete, das bekämpft werden musste. Der Bruder wurde nicht als Mörder geboren, seine Auffassung von Familienehre ist ihm über Jahre eingeimpft worden. So etwas sickert ein, durch die Familie, die Moscheen. Allzu oft werden dort Stereotypen tradiert, Vorurteile geschürt – gegen Christen, Juden, Atheisten, aber auch gegen Schiiten, Sunniten oder Alewiten. Solange diese habituelle Diskriminierung fortbesteht, werden Teile der Communities mit der Demokratie kaum kompatibel sein, rekrutieren Radikale weiterhin mit Leichtigkeit Anhänger.

Über Sexualität

Natürlich spielen Sexualität, Eros und Liebe besonders für Jugendliche, deren Sexualität sich gerade entwickelt, eine wichtige Rolle. Für eine große Zahl muslimischer Jugendlicher ist dieser gesamte Lebensbereich mit Tabus, Ängsten und Straferwartungen belegt. Mit dem Tabu – »darüber redet man nicht, dazu fragt man nichts« – beginnt die religiös begründete Ungleichheit zwischen Mann und Frau. Neugier, Begehren, Zuneigung zwischen den Geschlechtern gilt als gefährlich, ehrlos, skandalös. So können Heranwachsende weder ein gesundes Verhältnis zum eigenen Körper noch zum anderen Geschlecht ausbilden.

Die Tabuisierung des Sexuellen beginnt schon im frühesten Kindesalter. Viele Szenen kommen mir bei dem Thema in den Sinn. Eltern herrschen eine Zweijährige an, weil sie auf ihrem Kinderstuhl die Knie nicht geschlossen hält, das sei unzüchtig. Bei dem kleinen Mädchen kommt nur die Botschaft an, dass »da unten« etwas nicht gut sei. In einem Sommer in Israel ermahnt ein Imam einen Freund von mir, seine Tochter sittsamer zu kleiden. Die Dreijährige lief in der Hitze in einem luftigen Sommerkleid herum. Bald müsse sie sich aber an eine richtige Kleiderordnung gewöhnen, wie es ihre Pflicht sei, schimpft der Imam.

»Sexualität«: Ein Wort, das es in traditionell geprägten muslimischen Gesellschaften und Gruppen eigentlich gar nicht gibt. In diesem patriarchalen Verständnis gehört sexuelle Aktivität allein zur Ehe. Alles andere ist Sünde, *haram*, es beschädigt die Ehre der Familie und bringt Schande, vor allem den Frauen. Dass Sexualität weit mehr bedeutet als Geschlechtsverkehr, dass es dabei um Lebenslust, Selbstbestimmung, Kommunikation geht, wird in diesem Milieu geleugnet. Sexualität berührt die Beziehung zu unserem Körper, zum eigenen und zum anderen Geschlecht, zur Welt. Sexualität, frei und verantwortlich erlebt, hat damit zu tun, wie Menschen Partnerschaften gestalten, ihre Emotionen erfahren, genussfähig und liebesfähig sind. Von alledem wollen die traditionellen Milieus nichts wissen. Es bedroht sie.

Aber auch moderne, nichtreligiöse, sogar liberale Eltern, die aus der Türkei oder aus der arabischen Welt stammen und ihre Töchter und Söhne aufgeklärt erziehen wollen, kommen ins Stocken, wenn es um Sexualität geht. Dominant ist noch häufig ein über Generationen weitergegebenes Schamgefühl. Viele Jugendliche erzählen, es wird sofort das Fernsehprogramm umgeschaltet, wenn sich auch nur eine Kussszene anbahnte. So ist das, trotz mancher Liberalisierungen, in manchen muslimischen Familien noch immer üblich.

Bekanntlich verändert sich in der Pubertät die angeborene, zuvor latent existierende Sexualität. Junge Menschen fangen an, ihre Identität als Mann oder Frau zu finden, sie entwickeln ein intensiveres Gefühl für ihren Körper, sie wollen anderen erotisch gefallen. Die Neugier auf Nähe wächst. All das ist begleitet von der Suche nach einem eigenen Weg im Leben, nach Interessen und Stärken, nach der Ablösung vom Elternhaus, nach Unabhängigkeit. Hierin unterscheiden sich muslimische Jugendliche, Mädchen wie Jungen, kein bisschen von allen anderen jungen Menschen auf allen Kontinenten. Doch viele von ihnen sind von den repressiven Vorstellungen einer kollektivistischen, religiösen Gesellschaft umgeben, die all das zu verhindern oder zu blockieren trachtet. Sexualität soll gewissermaßen eingesperrt werden im Käfig der Tradition. In agrarischen Gesellschaften hatte das unter anderem den Sinn, das Ausbrechen der Frauen aus dem Clan zu unterbinden. So wurde etwa eine Tochter dem Sohn des Nachbarbauern versprochen, um dadurch den Landbesitz zu vergrößern. Nur wenn sie bei der Hochzeit noch Jungfrau wäre und ausschließlich ihrem Ehemann »gehörte«, galt die Abkunft der Erben als gesichert. Bedrohlich würde es, wenn junge Leute stattdessen »nach Lust und Laune« einander liebten.

Im familiären Gespräch wie in der Öffentlichkeit wird Sexualität noch immer und fast überall komplett tabuisiert. Der Einzelne erfährt den Erwartungsdruck, seine Sexualität möglichst zu unterdrücken, da sie nur im sozial normierten Kontext Platz haben soll. Nun kann jedoch eine angeborene, libidinöse Lebensenergie weder vollends unterdrückt noch ausgelöscht werden. Erweckt wird aber der Anschein, das Unmögliche sei möglich – erwirkt durch Kontrolle, Gruppendruck, Angsterzeugung. Kinder werden gehindert, ihren eigenen Körper zu entdecken, sie werden nicht aufgeklärt, einige Eltern untersagen sogar die Teilnahme am schulischen Sexualkundeunterricht. Selbstbefriedigung wird, wie früher auch in Europa und der übrigen westlichen Welt, mit irrationalen Argumenten verteufelt und verboten. Der Umgang mit dem eigenen Körper wie mit dem anderen Geschlecht wird bereits ab einem frühen Lebensalter streng kontrolliert.

Auch kleine, alltägliche Zärtlichkeiten zwischen Eheleuten werden aufs Schlafzimmer begrenzt, Eltern umarmen einander nicht in Anwesenheit von Kindern. Am besten sollen sie »gar nichts wissen« von alledem, ihre Sexualität würde dann »verschwinden«. Diese Strategie der Verdrängung geht jedoch nicht auf. Stattdessen entwickeln Heranwachsende oft einen umso stärkeren, aber verdrehten Bezug zu ihrer Libido. Aus Angst und Unsicherheit entstehen einerseits Schamgefühle, auf der anderen Seite bricht sich ein stark sexualisiertes Verhalten in Phantasie und Sprache Bahn, zu hören etwa in den *explicit lyrics* der urbanen migrantischen Rapper. Typischerweise löst die Mischung aus Angst und Tabu eher pornographisierte Neugier aus und führt zum gespaltenen Frauenbild: Hure und Schlampe gegen reine, unerreichbare Frau.

Schon Kinder und erst recht junge Erwachsene leiden schwer unter dieser Verdrängung, dürfen das jedoch vor sich und anderen nicht zugeben. Diese körperlichen und seelischen Belastungen führen oft dazu, dass sich Jugendliche ständig unterschwellig mit dem Thema Sexualität beschäftigen, bis der Drang nach sexuellem Erleben sich, besonders bei den männlichen Jugendlichen, nur noch auf das Stillen des eigenen sexuellen Hungers beschränkt, zur Not mit Gewalt. So produziert diese Dynamik die in den betreffenden Milieus weitverbreitete Wahrnehmung von Frauen als Sexualobjekte. Frauen und Sexualität sind so tabu, dass alles um diesen »Schmutz« kreist, den es zu meiden gilt. Junge Männer setzen Frauen verbal herab, behandeln Mädchen kontrollierend oder verächtlich. Pornoseiten im Internet sind oft ihre einzige Informationsquelle über Sex. Dort finden sie ebenfalls ein verzerrtes Bild von körperlicher Liebe, Eros und Sexualität, das auf verquere Weise die Tabus bestätigt. Auch da werden Frauen reduziert auf von Männern benutzte Körper. Männer ihrerseits scheinen offenbar das Recht zu haben, sich dieser Körper zu bedienen – so wie es dem traditionellen Mann für die Zeit nach der Hochzeit verheißen wird.

Aber im Internet wird der weibliche Körper inzwischen auch mit religiöser Konnotation dargestellt. Beliebte Bilder illustrieren, dass der westlich gekleideten Frau nur der Weg zur Hölle offen steht, der vollverschleierten jedoch die Treppe zum Paradies. Hier wird visuell umgesetzt, was die Jungen und Männer als Kinder schon erfahren haben, in Form einer Bildsprache, mit der die muslimischen Jugendlichen sich identifizieren können.

Meine Beobachtungen legen nahe, dass die Unterdrückung von Sexualität einer der Schlüssel dafür ist, warum sich Menschen radikalisieren. Gesunder, annehmender Umgang mit Sexualität ist wichtig, um eine sichere Identität entwickeln zu können. Wer kann sich selbst und andere lieben und akzeptieren, wenn er keine gesunde Beziehung zum eigenen Körper haben darf? Wie soll sich Selbstwertgefühl entwickeln? In einer Schamkultur, die Schamhaftigkeit traditionell als etwas Positives ansieht, in der rigide Geschlechtertrennung und Tabuisierung von Sexualität herrschen, wird die freie Entwicklung des Einzelnen verhindert, bei beiden Geschlechtern. Das produziert Leid, Wut, Ängste, Zerrissenheit, Depressionen, Gewalt. Gerade bei jungen Männern erzeugt es ein beträchtliches und oft gefährliches Gewaltpotential.

Auch auf diese Psychodynamik können Salafisten zählen, wenn sie ihre Schafe sammeln. Ohnehin vorhandenen Abwehrekel müssen sie nur weiter schüren, Frauen noch drastischer als »unrein« darstellen, sie hinter Hausmauern verbannen, eine Hierarchie der Patriarchen und Söhne bestärken, in der sich die Frauen vollständig unterzuordnen haben. Salafisten versprechen, die bisher nicht gänzlich geglückte Kontrolle von Trieb und Weib zu vollenden, mit dem »Bruder« als Herrscher über die Frau. Indem Sexualität stetig mit Warnungen und Verboten belegt wird, ist sie ständig ein Thema, aber ein negativ verdrehtes. Verboten wird Männern selbst der Händedruck mit einer Frau, und Frauen sollen etwa außerhalb des Hauses weder Bananen essen noch an einem Eis lecken – indirekt wird so noch die harmloseste Geste sexuell aufgeladen. Ein schlichtes Kopftuch reicht da auch nicht mehr aus, um den Reiz zu bannen. Salafisten verlangen, dass Frauen die Burka oder den Niqab tragen.

Warum aber sind dreißig Prozent derjenigen, die sich salafistischen Bewegungen anschließen, junge Mädchen und Frauen? Was für ein Paradox! Freiwillig laufen sie einer frauenverachtenden Ideologie in die Arme – das scheint absurd. Auf den zweiten Blick erkennt man, wie und warum die salafistische Ideologie im Gegenteil von diesen Frauen als eine Art Befreiung wahrgenommen wird. Bisher mussten sie sich dem Vater, dem Bruder unterordnen. Wollte Abide oder Gülay abends nach sechs das Haus verlassen, hieß es: »Das darfst du nicht, weil du ein Mädchen bist, weil das unsere Tradition ist.« Nun aber kommen die Fundamentalisten und locken Frauen mit einer Form der Gleichberechtigung. »Sicher«, sagen sie, »du darfst als Mädchen nicht am Schwimmunterricht teilnehmen. Aber dein Bruder darf es auch nicht!« Und sie erklären: »Gewiss, du darfst keinen Sex vor der Ehe haben. Aber das Gleiche gilt auch für deine Brüder.« Und sie sagen: »Du musst dich nicht deinem Vater oder deinem Bruder unterordnen. Der Einzige, dem du dich unterordnen musst, ist Allah.« All das hört sich dann schon anders an als zu Hause beim grollenden Patriarchen. Hier bei den Salafisten geht es zwar noch erheblich strikter zu – aber das gilt für alle, und es kommt von einer höheren Macht. Auch zählt die Verlockung, endlich die pure, reine Frau werden zu können, die man den Mädchen immer als Vorbild vor die Nase gehalten hat: »Ich könnte am Ende eine bessere Muslima sein als meine Mutter!«

Ist das nicht Emanzipation? »Bisher durfte ich nicht mal abends allein vor die Tür, jetzt kann ich plötzlich bis nach Syrien reisen ohne jedes Gefühl von Schuld, nur im Dienst an Allah!« Salafisten weisen Frauen Aufgaben zu, bei denen sie sich aufgewertet fühlen. »Ihr Frauen erzieht die künftigen Kämpfer, ihr stärkt die Männer bei der Missionierung!« Im Islamischen Staat etwa gibt es Polizistinnen, es gibt Gerichte, an denen nur Frauen tätig sind. Auch was sexuelle Sünden betrifft, hat der Islamismus etwas zu bieten. War die Frau nach traditionellen Vorstellungen für immer »unehrenhaft befleckt«, wenn sie Sex vor der Ehe gehabt oder sich von ihren Eltern losgesagt hatte, macht ihr Übertritt zum Salafismus das wieder wett. Trägt sie fortan Vollschleier und unterwirft sich, ist alles vergeben: »Alle deine Sünden, alle Vergehen sind gelöscht!« Für Männer gilt dasselbe, wenn sie die neuen Regeln annehmen.

Da fast alle Männer und Frauen in ihrem bisherigen Leben »gesündigt« haben und in vielen noch die Angst vor Satan und der Hölle schlummert, ist das Angebot attraktiv. Kein Zufall ist deshalb, dass sich hinter mancher Burka Tattoos und andere Zeichen vergangener »Lasterleben« verbergen. Ihre Trägerinnen dürfen wieder bei null anfangen. Das zieht auch einige Frauen an, die nicht in patriarchalischen Strukturen aufgewachsen sind. Manchmal ist es das Verhältnis zu einem Salafisten, der sie zur Ideologie verführt, meist aber die Sehnsucht nach einer starken Vaterfigur, nach der Flucht aus Verantwortung und Überforderung im eigenen Leben.

Angstpädagogik

Islamistische Angstpädagogik beinhaltet, dass bereits kleinen Kindern systematisch Angst vor einem grausamen Los in der Hölle eingeimpft wird, wenn sie sich nicht an die Regeln »des Islam« halten. Diese Erzeugung von Angst soll Gehorsam erzwingen und hat ein für Außenstehende unvorstellbares, fast mittelalterliches Ausmaß. Auch andere Konfessionen, insbesondere die katholische Kirche, arbeiten mit solchen Ängsten. Aber hier hat in den vergangenen Jahrzehnten ein Prozess der Auseinandersetzung begonnen, der für den Islam noch aussteht.

Sehr viele muslimische religiöse Eltern, mit denen ich Gespräche führe, halten die Angstpädagogik für unverzichtbar und sind nicht bereit, sie aufzugeben. »Wie soll mein Kind ohne die Androhung von Strafe und Verdammnis ein frommer Mensch werden?«, fragen sie beunruhigt. Sie malen ihren Kindern einen zornigen Allah aus, der keine Zweifel zulässt und »Ungehorsam« wie Selbstentfaltung brutal sühnt. Eine sadistische Hölle erwartet den, der Gott zuwiderhandelt. Erbarmungslos und furchterregend hat dieser Allah mit dem Barmherzigen nichts gemein. Eltern argumentieren, auch die Polizei sehe doch Strafen vor; gäbe es sie nicht, würde auf den Straßen das Chaos ausbrechen, jeder würde machen, was ihm gerade in den Sinn käme. Wenn ich in der Stadt schneller als fünfzig Stundenkilometer fahre, weiß ich, dass ich mit einer Strafe rechnen muss. »Das ist doch normal!«, beharren die Eltern. Wenn also Allah einen Ordnungskatalog aufgestellt habe, sei es doch richtig, den zu bestrafen, der ihn missachte!

Ein plausibler Gedanke, auch wenn der Gott dieser Konstruktion als eine Art heiliger Bürokrat daherkommt. Doch er überzeugt nicht. Kindern wird mit Höllenängsten das schönste Geschenk verdorben, das ein freundlicher Allah ihnen gegeben hat: Die Freude am Lebendigsein. Angstpädagogik, Hand in Hand mit dem Buchstabenglauben, schränkt Verstand und Neugier ein, sie verhindert das Ausbilden einer eigenen, inneren moralischen Instanz, die Entwicklung einer autonomen Urteilskraft, die jeder Mensch braucht, der in einer komplexen und modernen Gesellschaft lebt.

Angstpädagogik traumatisiert Kinder durch Androhung eines fürchterlichen, ewigen Daseins in der Hölle nach dem Tod. Wieder und wieder begegnen mir in meiner Arbeit Mütter, die auf einmal weinen müssen, als sie durch unser Gespräch daran erinnert werden, wie sie als Kind nachts nicht einschlafen konnten, weil die Angst vor Tod und Hölle sie quälte. »Was wird mir passieren, weil ich ein schlimmes Wort gesagt habe? Bin ich jetzt verdammt?« So lag das kleine Mädchen lange wach. Ältere Kinder, Jugendliche fürchten: »Werde ich ewig in der Hölle gefoltert, weil ich einen Jungen geküsst habe, weil ich Händchen gehalten habe?« Ähnlich wie die verbotene und deshalb dauernd indirekt und negativ thematisierte Sexualität löst auch die »Hölle« massiv Phantasien aus. Etwas Faszinierendes geht davon aus, man bekommt die Horrorbilder kaum wieder aus dem Kopf.

Wenn sich Jugendliche über die Verbote hinwegsetzen, dann ist das mit enormen Schuldgefühlen verbunden. Wir alle werden irgendwann sterben, und keiner von uns weiß, was uns danach erwartet. Wächst man aber damit auf, dass das »Danach« bei all der Sünde – und Sünder sind wir immer – ein einziger Schrecken sein kann, schafft das Ängste, die Kinder schier nicht bewältigen können und Erwachsene auch nicht. Die Angst vor dem Tod ist eine der elementarsten aller Menschen und eine, die alle Religionen so oder so für sich instrumentalisieren – vom Paradies bis zur Hölle. Aber in aufgeklärten Gesellschaften hat es sich herumgesprochen, dass diese Vorstellungen von Menschen erfunden wurden und vor allem Bilder für Wünsche und Ängste darstellen.

Mit der Höllenangst bin auch ich groß geworden, und bis heute wirkt sie manchmal nach. Wenn ich ein Glas Wein trinke, wenn es auf einem Flug Turbulenzen gibt, dann tauchen manchmal die archaischen, in der Kindheit eingepflanzten Ängste wieder auf: Ist das jetzt Sünde? Ist das hier nun die Strafe? Was, wenn das alles doch stimmt? Dann bin ich verloren, einer von jenen, die auf Ewigkeit in der Hölle leiden müssen.

Einige Hadithe besagen, Allah bringe den Tod – und *schlachte* ihn. Der Tod existiert also nicht mehr, befindet man sich erst im Paradies oder in der Hölle. Es gibt dann keinen Ausweg mehr. Denjenigen, die im Himmel ankommen, im Paradies, sagt Gott: Genießt eure Ewigkeit, es gibt keinen Tod mehr. Denen, die in der Hölle sind: Genießt eure Ewigkeit, ihr werdet in der Hölle bleiben.

Die Beschreibungen der Höllenqualen sind so eindrücklich, so bildhaft, dass sie besonders den jungen Geist packen und entsetzen. Als junger Teenager las ich einmal »Berichte« von Autoren, die beschrieben, was Hölle bedeutet, was uns erwartet und welche Foltervielfalt dort herrscht. Solche Texte, die zur Angstpädagogik gehören, brennen sich ins Hirn ein. Da war die Rede von Haaren, die zu Schlangen wurden, Menschen, die auf glühenden Felsen stehen müssen, so heiß, dass ihre Köpfe kochen. Nirgends gibt es

Wasser zur Kühlung, überall erschallen Schmerzensschreie, alles ist voller Geheul und Wehklagen.

Heute kursieren zu diesen Horrorszenarien Tausende fundamentalistischer Videos im Netz, verstörend wie die Schilderungen in den Büchern. Mit wuchtigen Bildern, die sich an die Ästhetik von Hollywood-Weltuntergangsfilmen anlehnen und, mit voll orchestrierter Soundkulisse, albtraumgleiche Szenarien entwerfen, die in ihrer Emotionalität so packend sind, dass man sich ihnen schwerlich entziehen kann.

In anderen Videos sieht man Imame, die von Menschen erzählen, die in der Hölle leiden, um den vermeintlichen Beweis dann gleich vorzuführen. Tonaufnahmen von markerschütternden menschlichen Schreien. Dass das die Stimmen aus der Hölle seien, wird in solchen und ähnlichen Filmen versichert. Nicht wenige naive Muslime können nicht anders, als das zu glauben, besonders Kinder und Jugendliche nehmen das oft für bare Münze.

Wie tief die Angst vor dem Tod und der Hölle bei vielen Muslimen sitzt, zeigt etwa deren Reaktion auf Nachrichten zur Beschaffenheit des Erdinneren. Zeichnen Geologen Geräusche auf – etwa von Kollisionen der Erdplatten – löst das in fast allen arabischen Ländern nachgerade Panik aus. Geistliche nutzen das gern für ihre Zwecke und verbreiten die Mär, diese Erdgeräusche kämen von Menschen, die bereits im Grab seien und unten in der Hölle bestraft würden. Um das Thema Grab gibt es einige suggestive Geschichten, die in etwa so lauten: »Wenn du im Grab liegst, kommen Engel, die dich anbrüllen und fragen, wer dein Gott, wer dein Prophet ist. Bist du nicht gläubig, wirst du nicht antworten können. Schlangen werden in dein Grab kriechen, Schläge wirst du erhalten, die Wände deines Grabes werden immer dichter zusammenrücken, es wird stockdunkel sein und eng!«

Wie anders dagegen die Perspektive für die guten Muslime, die man so zusammenfassen kann: »Bist du gläubig, so wird dein Grab groß werden und hell, es wird ein Garten Eden sein, ein kleines Paradies, du wirst es dort gut haben, dich wohlfühlen, und die Zeit bis zur Auferstehung wird wie im Flug vergehen.« Diese schlichten, kindlichen Vorstellungen sitzen bei vielen Menschen so tief, dass sie sich nur mühsam in einem langen Prozess der Aufklärung abschwächen und relativieren lassen. Vollends ausräumen wird man sie vermutlich nie können.

Den radikalen Islamisten bereitet diese verbreitete Höllenangst eine perfekte Ausgangslage. Gleich zu Beginn einer Radikalisierung konfrontieren sie Jugendliche verstärkt mit den grausamen Folgen der Sünde und rufen die Bilder in Erinnerung, die in der Kinderzeit so wirkmächtig waren. Wer dann Videos über die Hölle zu sehen bekommt, bei dem wird die alte, üble Impfung aufgefrischt. So wie mich der Imam damals, als ich auf dem Weg zum radikalen Jugendlichen war, gezwungen hat, Tote anzusehen und mich in ein leeres Grab zu legen. Solche Praktiken gehören zum Initiationsritus, der ein Leben gemäß einer radikalen Ideologie als Chance zur Erlösung von ewigem Leiden umso zwingender erscheinen lässt.

Kinder lernen in dieser Bilderwelt, dass es keine Alternative gibt, dass Erbarmen keinen Raum hat. Sicher, viele Jugendliche begreifen nach und nach, dass nicht alles, was Erwachsene sagen, wirklich wahr ist. Sie überschreiten Regeln, um zu testen, ob tatsächlich etwas Schlimmes passiert. Aber die rigorosen, frühen Bilder sind mächtig. Besonders in Krisen, wenn man glaubt, versagt zu haben, und es an Selbstwertgefühl fehlt, melden sie sich auf unerbittliche Weise und lassen die kindlichen Urängste wiederaufleben.

Taucht dann eine Gruppe »frommer« Leute auf und verspricht Rettung, den kurzen Weg ins Paradies, so ist das ein Riesenangebot. Doch es hat seinen Preis, und den fordern die Retter bald ein. »Solange du in Europa lebst«, lassen sie den Neuling wissen, »wirst du nicht lange den Verlockungen des Westens standhalten. Ja, du wirst fünfmal am Tag beten und hoffen, dass das vor Allah ausreicht. Aber irgendwann wird der Teufel über deine schwache Seele siegen.« So weit der übliche Weg. Nun aber das religiöse Sonderangebot: »Wenn du an unserer Seite kämpfst, du gar nach Syrien oder in den Irak gehst, kannst du als Märtyrer sterben. Dann wirst du direkt zu Allah geholt! Du musst nicht im Grab auf das Paradies warten. Sofort und für alle Zeiten bist du im Paradies.«

Glücklicherweise lassen sich noch nicht sehr viele Jugendliche auf diese perfiden Praktiken ein. Aber einige hundert sind es leider doch, und es werden in jüngster Zeit immer mehr.

Die phantastische (Gegen-)Welt

Zum Islam gehört eine phantastische, phantasievolle Welt, die mich immer fasziniert hat. Satan oder Dämonen können den Alltag entlasten, alles unmoralische Handeln, eigenes oder fremdes, kann man ihnen zuschreiben. »Nicht ich war´s – der Teufel war´s.« Kein Wunder, dass gerade unter verunsicherten Jugendlichen solche Fantasy-Welten im Kino, in Büchern, Videospielen oder Comics Konjunktur feiern. Der enorme Erfolg der Serie »Game of Thrones« etwa zeugt von dem Bedürfnis der Menschen nach einer phantastischen Gegenwelt, in der Gut und Böse klar erkennbar sind.

Phantastische Elemente aus der Vorstellung des traditionellen

Islam lassen sich mit solchen trivialkulturellen Elementen gut verbinden und faszinieren Jugendliche besonders. Dazu muss man keineswegs radikal sein. Märchenhafte Narrative der islamistischen Ideologie kommen bei Jugendlichen an, ohne dass ihnen bewusst wird, wie sie Schritt für Schritt auf den Salafismus zusteuern. Vieles von dessen Ideologie scheint ihnen im Alltag an allen Ecken bestätigt zu werden. Ein populärer Rapper wie Massiv hat einige Songs im Repertoire, in denen »der Teufel« auftaucht und Lebensläufe zerstört oder junge Leute zu Kriminellen macht. In seinem Song »Hassan und der Teufel« heißt es sinngemäß: »Der Teufel setzt uns Hörner auf, wir laufen mit verbundenen Augen durch die Welt, es ändert nichts an unserem Lebenslauf. Was aber hilft, ist der Glaube!«

Sein Glaube, behauptet der 1982 in Pirmasens geborene Rapper palästinensischer Abstammung, der auch schon mit dem Goethe-Institut auf Tournee war, mache ihn gefeit gegen Verführungen und Sünden der westlichen Welt. Er hat es ziemlich mit dem Teufel. Im Song »Massiv vs. Teufel« suggeriert er selber mit elektronisch verzerrter Stimme dessen Verlockungen und illustriert einen Zwist zwischen Es und Über-Ich:

»T: Zieh deinen Freund ab, bezahl ihm nicht das Pfund Gras.
M: Er ist mein Bruder, ich würde sterben, wenn ich ihn verrat.
T: Ach, scheißegal, geh über Leichen, wenn du Geld brauchst.
M: Ich fick das Geld, wie soll ich morgens in den Spiegel schauen.
T: Geh, knall deinen Schwanz in jede Votze und zerfick die Frauen.
M: Hab keine Kraft für das Gelaber oder HIV.

T: Verkauf mir deine Seele, ich helf dir aus allem raus.
M: Mein Glaube verleiht mir Flügel, ich schaff es aus allem raus.
T: Hey, lass mich in dir wohnen und dich lenken, kleiner Mann.
M: Eher würde ich sterben, ich lasse keinen rein in meinen Verstand.
T: Sei mir Hyäne, fick das Leben, diesen Geier tot.
M: Ich geize nicht mit Brot und teile mein Hab und Gut.
T: Geh, spiel Roulette, geh in den Puff und verkauf Mamas Schmuck.
M: Nie im Leben, ich geb Mama auf die Stirn 'nen Kuss. Eher jag ich mir 'ne Kugel in die eigene Brust.«

Ähnlich dichtet ein Rapper wie Haftbefehl, der sich ebenfalls großer Popularität erfreut. Als Kurde spricht er sich zwar öffentlich gegen den Salafismus aus, für seine Musik mobilisiert er allerdings unbewusst islamische Phantasmen, beschwört Dämonen, Sünde, den Pfad zum Paradies, zur Reinheit. »Heute wasche ich meine Seele rein«, versichert er in einem Song. Weiter geht es: »Der Gang zur Moschee befreit, heut hab' ich beim Gebet geweint.« Im Gebet sollen auch seine Zuhörer die Befreiung finden, so der implizite Appell. Das hat kaum noch etwas mit Spiritualität zu tun, hier wird im Ansatz bereits geworben für erlösende, erhabene Emotionen, die nicht wirklich weit von den Angeboten der Salafisten entfernt sind. Rapper wie Massiv oder Haftbefehl wissen, was sie da tun. Sie selber brauchen gar nicht hinter dem zu stehen, was sie auf die Bühne bringen. Sie orientieren sich am Zeitgeist eines jugendlichen Publikums, das ihre CDs kaufen, ihre Songs downloaden soll. Dafür eignen sich derzeit solche Inhalte.

Antisemitismus

Ein Großteil des Koran beschäftigt sich mit Juden und dem Judentum. Wenn wir den Koran heute lesen, dann ist es wichtig, diese Suren in ihrem historischen und damaligen regionalen Kontext zu begreifen. Andernfalls stützen sie unweigerlich antisemitische Klischees. Doch just das geschieht bei der Auslegung des Koran – unter anderem als Folge des Buchstabenglaubens – noch und immer wieder.

Wenig überraschend ist es darum, dass die Attentäter der Pariser Anschläge vom Januar 2015 Rache gegen »jüdische« Karikaturisten des Propheten Mohammed nehmen wollten, und es in den Tagen danach mehrmals Angriffe auf Synagogen oder jüdische Einrichtungen in Frankreich gab. Der Antisemitismus ist im islamistischen, aber leider auch im Milieu des islamischen Mainstreams tief verwurzelt. Juden gelten im Koran als diejenigen, die Gott getäuscht und den Propheten umgebracht haben. Ähnlich wie bei christlich geprägten Antisemiten Judas als der Verräter von Jesus galt.

Dem Antisemitismus begegne ich in islamischen Kontexten überall. Er ist Alltag, er scheint eine Selbstverständlichkeit zu sein. Man findet ihn unter Jugendlichen, in deren Familien, auf Schulhöfen, in den Klassenzimmern, in Predigten in Moscheen, auf Facebook-Seiten, in Chatrooms und Internet-Foren, auf arabischen, iranischen und türkischen Satellitensendern. Wo es zu tatsächlichen Übergriffen kommt, wird dieser Antisemitismus meist juristisch geahndet. Das alltägliche, verbale Phänomen wird aber bagatellisiert oder vertuscht, sowohl von Politikern als auch innerhalb muslimischer Communities.

Längst ist »du Jude!« unter muslimischen Jugendlichen ein

Schimpfwort. Verschwörungstheorien über die »Herrschaft der Juden« oder deren Rolle bei den Anschlägen am 11. September sind Gemeingut. Ohne Bedenken behaupten Jugendliche, »die Juden« steuerten die USA, »den Juden« würden sämtliche große Supermarktketten Deutschlands gehören, Juden würden in Deutschland keine Steuern zahlen und so fort. Stereotype Zuschreibungen zeichnen Juden als dreckig, betrügerisch, manipulativ, geldgierig, sie werden meist durch die Familie und durch arabische Medien verbreitet und verstärkt. Besonders schlimm ist dabei der Sender Al-Aqsa, betrieben von der Terrororganisation Hamas, sowie der libanesische Hisbollah-Sender El-Manar. Gerade unter türkischen Jugendlichen sind seit einigen Jahren verstärkt Verschwörungstheorien über die vermeintliche Herrschaft der Juden in der Finanz- und Weltpolitik im Umlauf. Juden im Allgemeinen und dem Staat Israel im Besonderen werden eine einflussreiche und negative Rolle bei innertürkischen Konflikten zugeschrieben, und antisemitische Filme wie »Das Tal der Wölfe« propagieren solche Narrative.

Für mich ist es wichtig klar zu betonen, dass Antisemitismus ein Herkunft übergreifendes Phänomen ist. Aber auf diese spezifische Problematik wissen Pädagogen und Bildungspolitiker in Deutschland noch kaum Antworten, vor allem, da das Thema weitgehend ausgeblendet wird. Dringend notwendig ist pädagogisches Umdenken, sind neue Konzepte. Nicht nur die neoosmanische Außenpolitik der Regierung Erdoğan und ihre verstärkte Hinwendung zu arabischen Staaten führen dazu, dass Türken und Araber den Staat Israel zunehmend als Feindbild erster Ordnung darstellen. Die offene Distanzierung der türkischen Regierung von Israel befördert den Israelhass muslimischer Jugendlicher auch hier in Deutschland.

Bei arabischen Jugendlichen wird der Antisemitismus im Kontext mit dem Nahostkonflikt verhandelt, so dass man hier von antizionistischem Antisemitismus sprechen kann. Die Stimmung gegenüber Juden ist oft sehr aggressiv, Klischees sind noch deutlicher ausgeprägt als bei türkischen Kindern und Jugendlichen.

Darüber hinaus ist ein islamistisch argumentierender Antisemitismus auf dem Vormarsch. Radikale islamistische Gruppierungen greifen den existierenden Antisemitismus auf und brandmarken Juden als »Feinde des Islam«. Anhänger extremistischer Strömungen wie die Salafisten berufen sich zur Legitimation ihrer antisemitischen Positionen auch auf religiöse Quellen. Neben dem Koran verbreiten sie fragwürdige Hadithe, in denen Allah angeblich die Juden verflucht oder von der »Armageddon-Schlacht« die Rede ist, dem letzten Gefecht, bei dem Muslime alle noch lebenden Juden ermorden werden. Zusätzlich wird die im Koran geschilderte Auseinandersetzung zwischen dem Propheten Mohammed und den jüdischen Stämmen, die auf dem Gebiet des heutigen Saudi-Arabien lebten, ahistorisch und polemisch auf die heute lebenden Juden übertragen. Muslimische Stimmen, die sich dazu kritisch äußern, fehlen so gut wie ganz. Und wo sie existieren, finden sie nur schwer Gehör in den Gemeinden.

Warum die Salafisten noch die besseren Sozialarbeiter sind

Wir haben gesehen, dass sich Jugendliche auch deshalb islamistisch radikalisieren lassen, weil sie auf eine Ideologie anspringen, deren Kernmerkmale ihnen explizit oder implizit schon von frühester Kindheit an mitgegeben wurden. Aber sie radikalisieren sich auch deshalb, weil die meisten Moscheeverbände in Deutschland verschlafen haben, sich auf eine neue Generation und deren Bedürfnisse einzustellen.

Bisher kannten diese Verbände ihr Publikum: die erste oder zweite Generation von Gastarbeitern. Sie kamen nach Deutschland, ohne die Sprache zu sprechen, ihr Leben und Denken war an den Traditionen der Herkunftsländer ausgerichtet. Noch immer wird in vielen Moscheen auf Türkisch oder Arabisch gepredigt, da man sich an den alten Zielgruppen orientiert.

Was aber passiert mit Jugendlichen der dritten Generation? Sie sind hier geboren, sprechen Deutsch, vielleicht nur noch wenig Türkisch oder Arabisch. Ihre Wünsche, Ängste, Vorstellungen sind geprägt durch Schule, Medien, das gegenwärtige gesellschaftliche und politische Geschehen, neue Weltkonflikte. Begleiten sie ihre Eltern in die Moschee, können sie nur gähnen. Das geht sie alles gar nichts an, oder sie verstehen kaum, was der Imam sagt. Imame wiederum, die hier predigen, leben häufig erst wenige Jahre in Deutschland. Sie beherrschen weder die deutsche Sprache, noch haben sie auch nur einen ungefähren Einblick in die Welten, in denen Jugendliche sich bewegen, in die

Probleme, die sie umtreiben. Wie können solche Prediger jüngere, deutsche Muslime erreichen? – Gar nicht.

So entstand eine regelrechte religiöse Marktlücke. Diese haben die Salafisten erkannt und mit großer Geschicklichkeit besetzt. Sie sprechen nicht nur Deutsch. Sie sprechen die Sprache der Jugendlichen. Sie sind, das muss man so sagen, die besseren Sozialarbeiter. Sie gehen dorthin, wo die Jugendlichen sind. In Jugendzentren, vor die Spielhallen, wo verzweifelte Kids gerade ihren letzten Euro verloren haben. Salafisten warten in den Parks und Grünanlagen, da, wo Jugendliche Alkohol trinken oder Drogen nehmen. Oder auf dem Bolzplatz, wo Jungs um Anerkennung kicken. Sie warten da, wo Jugendliche abhängen, sich langweilen, unzufrieden sind, mit ihrer Zeit nichts anzufangen wissen.

In Dönerläden begegnen sie den Jugendlichen, an der Bushaltestelle. Sie klingeln an der Haustür und fragen nett nach, warum man denn nicht beim Gebet sei, am Freitagabend. Nicht selten spricht ein Teenager auch auf einer Familienfeier zum ersten Mal mit einem Salafisten. Und die nehmen es sehr ernst mit dem Missionieren, sie betreiben ihr Projekt mit leidenschaftlichem Engangement.

Wenn von Salafisten die Rede ist, entsteht die Idee von Fremdkörpern, die man sofort als solche erkennen müsste. Aber das täuscht. Sie können ganz in der Nähe leben, ohne dass sie besonders auffallen würden. Wenn sie Jugendliche ansprechen, sagen sie nicht: »Kommt, werdet doch auch Salafisten.« Sie gehen geschickter vor, behutsamer. Sie stellen Bindung her, emotionale Nähe. »Wie geht´s dir so, wie läuft es mit Freunden? Wie war es beim Fußball? Was macht der Ärger mit den großen Brüdern? Willst du einen Job suchen, wenn du den Abschluss hast?« Klagen die Angesprochenen über negative Erlebnisse oder Ängste, bestätigen die Salafisten sie sofort oder gießen noch Öl ins Feuer: »Stimmt, das Land hier ist echt rassistisch. Was hast du erwartet? Du hast dunkle Haare, du bist Muslim, du wirst hier nie Arbeit finden, du wirst nie ankommen hier in der Gesellschaft.« Mit allen Gesten, Worten, Zeichen machen sie klar: Wir verstehen deine Probleme. Nach einer Weile offenbaren sie, dass sie dem Jungen oder Mädchen was zutrauen und dass sie etwas in petto haben. »Wenn du zu uns kommst, wenn du die Religion entdeckst, dann wirst du ankommen, dann wirst du aufgehoben sein.« Sie greifen das bestimmende Leitmotiv noch mal auf: »Schau dir diese Gesellschaft an: nur aufs Materielle ausgerichtet – wie krank ist das denn? Die Leute sind depressiv, sie ackern für nichts, sie können kaum leben vom Lohn. Im Islam ist alles heil, gesund. Es ist voller Licht!« Eine andere Welt sei also möglich. Niemals aufdringlich, aber stets beharrlich, unterbreiten sie den Jugendlichen ihr Angebot. Freundlich, nett, mitfühlend wird ab und zu eine kleine Bemerkung, ein kleiner Hinweis eingestreut über die Segnungen des Islam. Manche spielen schon mal cool eine Partie Fußball mit: »Wenn ihr gewinnt, schmeißen wir eine Runde Getränke. Wenn wir gewinnen, dann kommt ihr einmal mit in die Moschee und betet dort.«

Allerdings sehe ich oft auch Flugblätter, die vor den Schultoren verteilt werden und eine deutlichere Sprache sprechen, Ängste oder Hass schüren. Da wird etwa aus dem Koran zitiert: »›Was hat euch in die Hölle gebracht?‹ Sie sagen: ›Wir waren nicht unter denen, die beteten.‹« Die Wörter »Hölle«, »nicht« und »beteten« sind rot hervorgehobenen vor dem schwarzen Hintergrund des Flyers, auf dem unzählige düstere Drohszenarien gegen schlechte Muslime entworfen werden.

Sind dann die Jugendlichen tatsächlich, aus Neugier oder Langeweile, in die Moschee gegangen, haben sie ein- oder zweimal gebetet, dann sind sie vielleicht sogar ein bisschen stolz auf sich. Sie haben ja etwas Gutes getan. Beim zweiten Mal werden sie dann nicht nur zum Beten eingeladen, sondern zu einem Vortrag. Der muss nicht lang sein, vielleicht zehn, zwölf Minuten. Und da geht es schon mehr zur Sache.

Beim dritten Mal ist der Vortrag, zu dem sie mitgenommen werden, dann schon um einiges länger. Ihnen wird von einem Zeitalter erzählt, als Muslime eine große, prachtvolle Macht darstellten. Auch das Jenseits wird ihnen jetzt in leuchtenden Farben ausgemalt. Und plötzlich geht es dann auch um Themen, die Angst machen, vor allem um den Tod. Um die Frage des Danach: »Was passiert, wenn du stirbst, mit Alkohol im Blut? Was geschieht, wenn du stirbst, bevor du dich von deinen Sünden gereinigt hast? Was droht dir, wenn du vor der Ehe mit einem Mädchen geschlafen hast?« Mit gespitzten Ohren hören die jungen Leute zu.

Doch bald begegnen ihnen auch wieder die schönen, phantasievollen Geschichten aus dem Koran, über den guten Allah. Vor allem werden ihre Sehnsüchte angesprochen, eine romantisierende Atmosphäre wird aufgebaut, welcher Jugendliche sich nur allzu gern und mit Begeisterung hingeben. Und es werden Wünsche angefacht, etwa wenn von Mohammeds Liebe zu seinen Anhängern erzählt wird. So will man geliebt werden, total, mit Hingebung! Eine Liebe, die manche von Mutter und Vater nicht erfahren haben.

Nach und nach erscheint der Salafismus einigen der Jugendlichen als vielleicht letzter Ausweg aus der Bedrängnis ihrer aktuellen Lage. Er verspricht Heilung von Depression, Drogensucht, Alkohol, Erlösung von Langeweile oder Spielsucht, Loslösung vom Elternhaus. An all das wollen sie zu gern glauben. Es kommt vor, dass Salafisten sich vor Jugendvollzugsanstalten aufstellen und auf jugendliche Kriminelle warten, die eben ihre Entlassung in die Freiheit erleben. Ein Salafist spricht den Exhäftling an mit Worten wie: »Bruder, ich will dich an diesem Ort nie wieder sehen müssen. Komm zu uns, wir helfen dir, wir suchen dir einen Job. Wir kümmern uns. Nur hier, hier darfst du nicht wieder landen.« Dann bekommt der gerührte Jugendliche noch ein paar Traktate mit, Telefonnummern werden ausgetauscht. Nicht selten wird sich so ein Jugendlicher an eben denjenigen wenden, der ihn mit so offenen Armen nach seiner Entlassung empfangen und ihm Halt versprochen hat.

Sogar in der Mehrheitsgesellschaft kann es vorkommen, dass Salafisten zunächst als Helfende wahrgenommen werden, weil ihr wahres Ansinnen nicht erkennbar wird. In einem Großstadtbezirk mit hoher Kriminalitätsrate wurde 2014 eine Hinterhofmoschee eröffnet. Nach einiger Zeit merkte die Polizei, dass sich das gesamte Viertel beruhigte, die Kriminalitätsrate sank. Lokalpolitiker waren begeistert, sie unterstützten die Moschee finanziell. Erst als herauskam, dass Jugendliche, die eben diese Moschee besucht haben, nach Syrien ausgereist waren, nahm man das Ganze genauer unter die Lupe: Eine salafistische Gruppierung hatte die Moschee unter ihrer Kontrolle.

Radikale Ideologie im Internet

Die Radikalen sprechen nicht nur die Sprache der Jugendlichen, sie kennen auch deren Symbole, Ästhetik und Medien. Sie holen die Jugendlichen in doppeltem Sinne dort ab, wo sie sind. »Ihr braucht nicht unbedingt in die Moschee zu gehen«, erklären sie zum Beispiel, »auf Facebook könnt ihr genauso Unterricht bekommen.« Videos, Szenen und Bilder, die über YouTube oder soziale Plattformen wie Facebook verbreitet werden, sind wesentlicher Bestandteil der Strategie islamistischer Rekrutierung.

Gerade Filme entfalten eine starke Wirkungsmacht durch die Suggestivkraft der Bilder. Verbunden mit der eindringlichen Naschid, der islamisch-spirituellen Musik, erzeugen die Videos eine Emotionalität, die in ihren Bann zieht. Zur Strategie gehört es außerdem, Videos individuell für bestimmte Jugendliche zu empfehlen, zu verordnen. Einer reagiert vielleicht eher auf Filme, deren Ästhetik populären Kriegs- oder Kampfvideospielen gleicht. Nur dass diese Propagandafilme als Klangkulisse Naschids nutzen, und vermeintlich reale Bilder von westlichen Gräueltaten und deren Opfern oder Bilder von osmanischen Reitern mitliefern. Ein anderer Jugendlicher wird eventuell mehr angesprochen von Gebeten und Bildern vom Paradies. Wie alle Sektierer sind die Salafisten durchaus raffinierte Psychologen. Sie nehmen ihre Kandidaten unter die Lupe und basteln ein passendes Programm für den Einzelnen zurecht.

Wie die Exekutionsfilme des IS, die durch die Medien gingen, sprechen die Kriegsvideos vor allem Jugendliche an, die eine Affinität zur Gewalt haben. Da Gewalt in diesen Filmen heroisiert wird, kann man sich mit ihr gut identifizieren. Wer sich als Opfer fühlt, sieht sich angesprochen – er oder sie könnte der Held sein. IS-Islamisten und andere werden derart glorifiziert, dass man meint bei ihnen auf die Seite der Sieger zu wechseln. Auch real begangene Gewalttaten etwa des IS werden gefeiert, was die westliche Gesellschaft abschreckt und verängstigt. Cool fühlt es sich für viele an, mit solchen Mächtigen heimlich oder offen im Bunde zu sein.

Hoch im Kurs sind auch »Opfervideos«, bei denen Gewalt gegen Muslime in aller Welt im Mittelpunkt steht; Filme, die Mitleid, Hass und Wut auslösen und den Reflex, sofort etwas dagegen tun zu wollen, etwa als Teil einer vermeintlichen Hilfsorganisation nach Syrien zu reisen. Für Filme, die auf diesen Impuls zielen, werden vor allem Kinder instrumentalisiert. Weinende Kinder, verletzte Kinder, die vor den Ruinen ihrer Häuser sitzen, vor einer zerbombten Stadt, aus der noch immer das Geschützfeuer zu hören ist, während diese Kinder in die Kamera flehen, die Welt möge sie von ihrem Unglück erlösen. Auch hier wird die emotionale Aufladung der Bilder verstärkt durch den Klang der Naschid-Musik im Hintergrund, die auch schon den Ausweg weist aus diesem vom Westen geschaffenen Elend: den absoluten Islam.

Stehen die Kinder, die in diesen Videos gezeigt werden, nicht klagend da, sieht man sie oft auch in martialischen Kämpferposen und in Uniformen. Diese Bilder sollen rühren, belegen, wie der Krieg die Kindheit zerstört. Sie können wie ein Echo der traumatischen Erfahrungen wirken, die die eigenen Eltern der Jugendlichen im Libanon oder in Gaza durchgemacht haben. So können die Zuschauer sich erst recht mit ihnen identifizieren. Manchmal geben diese Kinder Auskunft über ihre Taten als Kämpfer, als sei das völlig normal und natürlich. Ein Kind klagt, dass niemand mehr da sei, um seine Familie oder die Stadt gegen den Westen, gegen Amerika oder Israel oder die Ungläubigen zu verteidigen: »Niemand außer dir!« So spricht das Kind den Betrachter an.

»Nein«, sagen die meisten, »ich habe keine Angst!« Und dann stemmt ein Erstklässler mit seinen dünnen Armen eine Kalaschnikow hoch. »Sogar kleine Kinder kämpfen«, denkt der Jugendliche vielleicht. »Da wäre es eine Schande, wenn ich nicht mitmache!« Dass die Filme oft von Kriegsschauplätzen kommen, an denen Muslime einander bekämpfen, wird bewusst nicht vermittelt. Der Kontext spielt keine Rolle. Entscheidend sind Furor und Pathos der Bilder, deren Wirkung man sich schwerlich entziehen kann, selbst wenn man die Inszeniertheit und die Einseitigkeit dieser Filme kennt. So wird Propaganda erzeugt, der Islamische Staat versteht das ebenso wie die Salafisten in deutschen Städten.

Meldet ein Betrachter Zweifel an, stellt er kritische Fragen, greift gleich der Mechanismus der Angstpädagogik: Wer sich der Umma, wer sich dem Kampf gegen die Ungläubigen nicht anschließe, werde ebenso wie diese in der Hölle leiden. Zitiert werden dabei der Koran und andere religiöse Autoritäten, etwa Umar ibn al-Chattāb, der zweite Kalif des Islam mit dem Beinamen al-Fārūq. Auf einem weitverbreiteten Flyer, den der notorische osmanische Reiter ziert, sind seine Sätze zu lesen: »Wir sind ein Volk, dem Allah mit dem Islam machtvolle Würde verliehen hat. Sobald wir anderswo suchen als im Islam, werden uns alle erniedrigen.« Die alte Angst vor Demütigungen, die noch seit der Kindheit in den Knochen steckt, wird geweckt. Überzeugungsrede, Verführung und Drohung gehen bei der radikalen Propaganda immer Hand in Hand.

Eine dritte Kategorie von Propagandavideos zeigt den Lohn der Anstrengungen: das scheinbar heile, harmonische Leben in islamisierten Regionen. Wochenmärkte, auf denen sich Obst und Gemüse auf den Ständen türmen, wo Frauen in Burkas munter miteinander plaudern, während eine Schar fröhlicher Kinder um sie herumtollt. Frischgestrichene Wohnhäuser, Kindergärten, in denen kleine Mädchen und Jungen singen. Muslimische Idylle pur, und vieles, was im Alltag in Deutschland vermisst wird. Junge Familien lassen sich durch solche Videos etwa davon überzeugen, dass sie und ihre Kinder in Syrien ein besseres Leben erwartet. Sie packen ihre Koffer in dem Glauben, dort ihr Glück zu finden. Die Bilder, die sie in den westlichen Medien aus den zerstörten Städten und Dörfern bisher gesehen haben, blenden sie aus oder erklären sie zu westlicher Propaganda, die sowieso nur darauf aus sei, Lügen über den Islam zu verbreiten.

Wo solche Videos mit der Missionierungsarbeit zusammenwirken und die Teenager, die jungen Frauen und Männer, noch dazu im alltäglichen Umgang eng an ihre radikalen Bezugspersonen gebunden sind, braucht es große Anstrengungen, sie davor zu bewahren, sich vollends auf diese Ideologie einzulassen, um eventuell Mörder in Syrien oder im Irak zu werden oder Attentäter in Europa. Das Konzept der Salafisten ist äußerst wirkungsvoll. Sie wenden sich konkret Themen zu, die Jugendliche beschäftigen, sie bieten ihre Religion als Ausweg. Diese wird nicht nur zur Möglichkeit, sich eine neue, scheinbar gefestigtere Identität zuzulegen, sondern auch zur Option, sich mächtig zu fühlen. Denen gegenüber, von denen man bisher diskriminiert wurde, und denen gegenüber, die als anpassungswillige Anhänger des Euro-Islam verschrien sind.

Der radikale Islam erlaubt es, gegen das vermeintliche Unrecht der Weltpolitik endlich Stellung beziehen zu können. Auf einmal zeichnet sich ein klarer Weg ab, auf dem andere einem die Entscheidungen abnehmen. Warum erscheint das so erlösend? In patriarchalischen Strukturen funktioniert Familie als Pyramide. Ganz unten stehen die Kinder, ganz oben das Familienoberhaupt, der Vater, der die Macht über die Familie hat und sämtliche Entscheidungen für alle trifft. Diese Väter haben, wie oben beschrieben, vor dem Hintergrund ihrer Einwanderungsgeschichte oft viel von ihrer Macht eingebüßt. In der Familie ist eine Leerstelle entstanden, die Spitze der Pyramide fehlt oder ist beschädigt. Jugendliche erleben diesen Wegfall nicht nur als Befreiung, sondern häufig als Überforderung. Sie sind froh, wenn sie die gute alte Pyramidenspitze woanders wiederfinden, etwa in einem Gott, der nicht mit sich diskutieren lässt. So wird das vertraute System einer unverrückbaren Hierarchie wiederhergestellt.

In diesem Punkt ähneln die Jugendlichen aus patriarchalischen Einwandererfamilien den Konvertiten. Meine Erfahrung zeigt, dass auch sie oft eine Vaterfigur vermissen, meist, weil der Vater die Familie verlassen hat, manchmal, weil er in seiner Rolle als Vater nicht präsent ist. Auf der Suche nach einer klassischen Vaterfigur landen sie beim charismatischen Imam als Stellvertreter eines mächtigen, strafenden Gottes. Der kompensiert unter Umständen auch ihr schlechtes Gewissen dafür, dass sie ohne den Vater eventuell auch Gefühle neuer Freiheit fanden.

Ich habe mich schon oft gefragt, wer eigentlich zuerst da war: der strafende Vater oder der strafende Gott. Mittlerweile bin ich überzeugt, dass der strafende Vater den strafenden Gott erfunden hat. Er hilft ihm, seine Autorität zu behaupten. Soll Angstpädagogik als eine der wesentlichen Ursachen des Radikalismus bekämpft werden, muss man bei der Rolle des Vaters ansetzen. Kinder, die in Angst vor einem patriarchalischen Gott aufwachsen und mit einem Vaterbild, das diesem Gott entspricht, sind in demokratischen Strukturen oft schlicht überfordert, verloren und orientierungslos. Das macht sie zur leichten Beute für Radikalisierung, für Verschwörungstheorien und Gewalt.

Die beiden libanesischen Forscherinnen Maya und Nancy Yamout haben eine sehr aufschlussreiche Studie zu dieser Problematik erarbeitet. Über mehrere Monate besuchten sie zwanzig Dschihadisten, IS-Kämpfer und andere Islamisten im Roumieh-

Gefängnis von Beirut. Sie trafen auf die unterschiedlichsten Biographien: Männer, die in Armut oder Reichtum aufgewachsen waren, Männer aus bildungsfernen ebenso wie aus gebildeten Milieus. Auch die einzelnen Charaktere variierten stark. Eines aber war allen Inhaftierten gemein: Sie hatten einen gewalttätigen Vater, von dem sie geschlagen und gedemütigt worden waren, oder sie sind ohne einen Vater aufgewachsen. In ihrer Phantasie von »Allah« versuchten sie, einer solch brutalen Vaterfigur zu gefallen und ihr nachzueifern, oder sie suchten überhaupt einen Vater, und sei es ein strenger. So fielen sie den Islamisten in die Hände. Nur eine gänzlich neue Definition des Vaterbildes im Islam kann dazu führen, dass der Buchstabenglaube überwunden wird, dass kritisches Denken sich überhaupt ausbilden kann ebenso wie ein Selbstbewusstsein, das nicht mehr auf Gewalt angewiesen ist, um sich zu behaupten.

Haben sich Jugendliche erst einmal in die Hände von Radikalen begeben, werden sie fast zu willenlosen Marionetten, sei es aus Überzeugung, sei es aus Angst vor Strafe. Darum ist es so wichtig, auf die gefährdeten Jugendlichen zuzugehen, bevor Islamisten sich ihrer bemächtigen. Pädagogen, Sozialarbeiter, Familie und soziales Umfeld müssen die Sicherheit und Geborgenheit bieten, um stabile Persönlichkeiten zu werden.

Nach meiner Erfahrung kann man von einer Spanne von etwa zwei Jahren ausgehen, innerhalb deren Heranwachsende extrem anfällig für die radikale Indoktrination sind. Das Lebensalter für den Eintritt variiert, in der Regel liegt es zwischen dem 13. und dem 26. Lebensjahr.

T_0 nenne ich den Zeitpunkt, an dem ein Jugendlicher besonders empfänglich und anfällig für Radikalisierungen ist. T_0 bezeichnet jenen Zeitpunkt, an dem die Stressfaktoren, die sein Leben bestimmen – Probleme in der Familie, in der Schule, psychische Disposition, die fehlende Vaterfigur, einschneidende, krisenhafte Erlebnisse –, ein kritisches Maß erreicht haben. Eine solche gesteigerte Verletzlichkeit, der keine Bewältigungsfähigkeit entgegensteht, führt zu einer seelischen Verfassung, die Jugendliche besonders empfänglich für radikale Anwerbungen macht.

Ausgelöst und begleitet wird diese Phase in der Regel durch ein umfassendes Gefühl von Entfremdung, das der Jugendliche verspürt. Es muss sich nicht um eine Erfahrung von rassistischer, ethnischer oder religiöser Diskriminierung handeln. Vielmehr meint Entfremdung in diesem Zusammenhang einen psychischen Zustand. Depressive Tendenzen sind bei den Betroffenen keine Seltenheit. Bedingt werden diese durch das Fehlen eines gesicherten sozialen Umfelds, durch das Empfinden, in der Gesellschaft nicht angekommen, nicht in diese integriert zu sein. Das kann genauso auf Menschen ohne Migrationshintergrund zutreffen, die keine stabile Persönlichkeit ausgebildet haben, weil beispielsweise eine positive Vaterfigur fehlt.

Als typischer begleitender psychosozialer Faktor ist bei den betroffenen Jugendlichen häufig eine starke innere Zerrissenheit festzustellen. Die Werte, Motive und Standards der Gesellschaft, in der sie leben, aber in die sie sich nicht integriert fühlen, scheinen ihnen unklar, mitunter widersprüchlich. Die eigene Rolle innerhalb dieser Gesellschaft erscheint diffus, nicht klar definiert. Ihre eigenen Fähigkeiten und Eigenschaften erfahren von Familie und Gesellschaft keine Anerkennung – zumindest keine, die für diese Jugendlichen spürbar wird. Daraus erwächst ein grundlegendes Gefühl von Bedrohung, Angst vor dem Unkontrollierbaren. Selbst das eigene soziale Umfeld scheint auf eine als bedrohlich empfundene Weise nicht souverän beherrschbar zu sein. Besonders bei Frauen wird das Risiko, in eine solche psychische Verfasstheit zu geraten, größer, je mehr Unterdrückung sie in ihrem bisherigen Leben erfahren haben.

Wenn die Phase T_0 einsetzt, dann öffnet sich meiner Erfahrung nach das besagte Zeitfenster von zwei Jahren, in denen ein Jugendlicher äußerst empfänglich dafür ist, von Radikalen angesprochen zu werden und sich von ihnen zum radikalen Denken verführen zu lassen. Nach diesen zwei Jahren tritt ein, was ich als T_1 bezeichne. T_1 ist der Zeitpunkt, an dem sich dieses Fenster wieder schließt. Ist dieser erreicht, dann ist die kritische Phase vorbei, die innere Verunsicherung ist überwunden, oder ihr kann mit Strategien der Bewältigung begegnet werden. Nach Erreichen von T_1 sinkt die Wahrscheinlichkeit, dass Jugendliche sich radikalisieren, erheblich. Unser zentrales Anliegen als Pädagogen, Psychologen und Sozialarbeiter – aber auch als ganze Gesellschaft – muss deshalb zweierlei sein: Zunächst müssen wir, schneller als die gefährlichen Sektierer, diese Zeitfenster erkennen. Wir müssen darauf vorbereitet sein, den Jugendlichen attraktive, ehrliche und umfassende Angebote in Schule und Freizeit zu machen, die ihre Bedürfnisse auf andere, sinnvolle Weise befriedigen. Das ist das eine. Aber die Arbeit muss schon vorher ansetzen. Das ist der zweite wesentliche Punkt, an dem Politik genauso wie Schulen und Eltern gefordert sind. So früh wie möglich müssen Kinder eine klare Wertebasis erhalten, an der sie sich orientieren können. Es ist nicht hinnehmbar, dass immer wieder Fälle auftreten – etwa bei der Frage, ob muslimische Schülerinnen am Schwimmunterricht teilnehmen müssen –, bei denen Schule und Gesellschaft Unsicherheit statt Klarheit zeigen. Solange uns als Gesellschaft in solchen Fragen die klaren Kriterien fehlen, werden Entscheidungen lediglich als Willkür erscheinen.

Nicht jeder Radikale landet in Syrien. Drei Fälle extremistischer Jugendlicher

Dem Islam zu einer Stimme verhelfen

Abid aus Offenbach

Abid ist 23 Jahre alt. Er ist ein sogenanntes Sandwich-Kind. Genau wie seine vier Geschwister ist er in Deutschland geboren. Seine Eltern stammen aus dem Libanon, den sie auf der Flucht vor dem Bürgerkrieg schweren Herzens verlassen hatten. Für ihre Fahrkarten in den Frieden verkauften sie ihr gesamtes Hab und Gut, ließen Familie und Freunde zurück und begaben sich in die Hände einer Schlepperbande. Gemeinsam mit anderen Flüchtlingen führte sie ihr Weg auf harten Ladeflächen rostiger Lastwagen und im Bauch alter Holzkähne zunächst nach Griechenland und von dort weiter über den Balkan nach Deutschland, ihrem Sehnsuchtsziel, das für die Hoffnung auf ein besseres Leben stand.

Dass seine Eltern Kriege erlebt haben, ist in Abids Kindheit und Jugend beständig zu spüren. In den Kommentaren der Eltern, wenn sie Nachrichten schauen etwa oder wenn sie mit Freunden oder Verwandten aus ihrer Heimat telefonieren. Sie sind dann voller Anspannung, manchmal hören die Kinder sie weinen oder sogar aufschreien vor Schmerz. Aber weder Vater noch Mutter reden über das, was ihnen im Libanon widerfahren ist und was ihnen der Krieg angetan hat. Was sie aber häufig und bei den verschiedensten Gelegenheiten zum Ausdruck bringen, ist ihr Hass gegen Israel, ihre Verachtung gegenüber Juden und all jenen, die die Palästinenser in Konflikten angeblich nicht unterstützten.

Die Traumatisierung der Familie begann bereits bei Abids Großeltern. 1948 waren sie aus dem Norden Israels geflohen und schließlich in einem Flüchtlingslager in der Nähe von Beirut gelandet. Bis 1983 mussten sie dort bleiben – staatenlos, ohne Beruf, ohne sozialen Halt. Immer hatten sie den Traum, irgendwann nach Palästina zurückzukehren, und mit diesem Traum sind sie gestorben, als Abid zwölf Jahre alt war.

Den Traum der Großeltern aber haben Abids Eltern bewahrt und wiederum an die eigenen Kinder, an Abid und seine Geschwister, weitergegeben. Sogar den Schlüssel des Hauses der Großeltern haben sie mit nach Deutschland genommen in der Hoffnung, dass sie irgendwann einmal wieder dessen Türen damit öffnen könnten.

Während des Bürgerkriegs im Libanon, den die Eltern erlebt haben, kämpften zuerst Christen gegen Muslime, später Sunniten gegen Schiiten, schließlich alle gegen das israelische Militär. Die Eltern haben Massaker erlebt, sie haben mitangesehen, wie Nachbarn einander ermordeten. Jahrelang waren sie dem Hunger und den Zerstörungen der Bomben ausgeliefert. Aber über all das, was sie gesehen haben, schweigen sie heute.

Besonders religiös sind Abids Eltern nicht. Erst seit sein Großvater gestorben ist, trägt Abids Mutter ein Kopftuch und betet hin und wieder. Im Ramadan fastet sie, und im Koran liest sie, wenn sie in Krisensituationen Angst bekommt, weil ihre Kinder krank sind, zum Beispiel, oder wenn sie sich aus einem anderen Grund um diese sorgt. Manchmal auch, wenn sie sich einsam fühlt.

Abids Vater verbringt viel Zeit in Cafés, er raucht Kette, mitunter trinkt er Alkohol. Und wenn er nach langen Stunden im Café wieder zu Hause auftaucht, fängt er unmittelbar einen Streit mit seiner Frau oder mit den Kindern an.

Jahrelang bekommt er keine Arbeitserlaubnis in Deutschland, die Cafés sind der einzige Ort, wo er ein wenig Zerstreuung findet und andere Männer trifft, mit denen er reden kann. Zur deutschen Mehrheitsgesellschaft hat er keinen Kontakt. Er will ihn auch gar nicht haben. Die zehrenden, jahrelangen Kämpfe mit der Ausländerbehörde um das Bleiberecht haben einen ungeheuren Hass in ihm geschürt. Und so spricht Abids Vater auch nach 30 Jahren in Deutschland die Sprache allenfalls gebrochen.

Auslöser für die Gereiztheit des Vaters ist häufig der emotionale Druck, den der Teil der Familie auf ihn ausübt, der noch im Libanon lebt. Die Verwandten fordern Geld und Unterstützung, denn schließlich sei er in Deutschland, wo das Geld auf Bäumen wachse, während sie ihr Dasein in Flüchtlingslagern fristen müssten. Dass sein Arbeitslosengeld häufig kaum bis zum Ende des Monats reicht, erzählt Abids Vater seinen Verwandten nicht. Aus Scham verweigert er ihnen lieber die Unterstützung, ohne eine Erklärung dafür zu geben. Die Frustrationen aufgrund der regelmäßigen Auseinandersetzungen lässt er zumeist an Frau und Kindern aus. Auch Abids Mutter ist oft überfordert und leidet unter dem Druck der Verwandten und dem Gefühl, ihre alte Heimat verloren und keine neue gefunden zu haben.

Worin beide Elternteile von Abid sich gleichen: Wenn sie das Gefühl haben, dass ihnen die Dinge entgleiten, wenn sie selbst gerade nicht genau wissen, welche Entscheidung in der Erziehung die richtige ist, erheben sie die Hand gegen ihre Kinder. Abids Mutter beschimpft ihn und seine Geschwister dann auch oft: »Du Hund! Ich wünschte, du wärest nie geboren worden!« Manchmal wünscht sie ihnen sogar den Tod. Wenn der Vater die Kinder schlägt, dann rechtfertigt er das vor sich selbst damit, dass er sie zu Kindern machen muss, die gehorchen, und dass er Männer aus ihnen machen will.

Vor allem sind es Angst und Unsicherheit, die das Handeln von Abids Vater bestimmen. Angst davor, dass seine Kinder in Deutschland ihren Platz nicht finden, dass sie verlorengehen – natürlich ein Gefühl, in dem sich in erster Linie sein eigenes Befinden spiegelt. Kraft seiner Autorität will er die Kinder vor einer noch immer als bedrohlich empfundenen Gesellschaft schützen, will ihnen möglichst viel von seiner eigenen Identität mitgeben. Deshalb beharrt er beispielsweise immerzu darauf, dass sie doch eigentlich keine Deutschen seien. »Ihr seid Palästinenser! Vergesst das nie!«

Das Fatale aber ist: Der Vater spricht nicht über die Vergangenheit. Und dadurch erfahren die Kinder allenfalls Bruchstücke aus dem Leben der Eltern im Libanon. Das Einzige, was sie aus ihrem verlorenen Leben in Palästina bewahrt haben, ist der Schlüssel für das Haus ihres Großvaters. Wofür dieser Schlüssel steht, wissen die Kinder allerdings nicht. Und über dem Fernseher im Wohnzimmer hängt ein Bild des Felsendoms von Jerusalem. Um eine Identität wirklich vermittelt zu bekommen, reichen diese Bruchstücke aus der Vergangenheit bei weitem nicht aus.

Mittlerweile haben alle in der Familie einen deutschen Pass. Lange Jahre aber befanden sie sich nur im Status der sogenannten Kettenduldung, in dem ihre Freiheiten äußerst beschränkt waren. Reisen etwa waren nicht möglich. Sie durften kein Konto eröffnen, keine Ausbildung machen, nicht studieren, nicht mal die Region verlassen, ohne dies vorher zu beantragen. Ständig musste die Familie damals mit einer Abschiebung rechnen. Sobald die Mutter in dieser Zeit einen Polizeiwagen auch nur sah, wurde sie von Angst ergriffen. Diese beständige Unsicherheit und Unruhe der Eltern sind Gefühle, die in Abids Kindheit omnipräsent waren und die er heute noch damit verbindet.

Ein paar Mal kam es vor, dass abends ein Polizeiwagen in der Straße gehalten hat, mal mit Blaulicht, mal ohne. Abid hat nie vergessen, wie seiner Mutter in diesen Momenten der Atem schneller ging, wie sie die Kinder aufforderte, sich still zu verhalten, wie die Mutter den Fernseher ausschaltete und wie sie von einem Zimmer ins nächste huschte, um die Vorhänge zuzuziehen. Verborgen hinter einem dieser Vorgänge stand sie dann und beobachtete voller Furcht die Straße, bis der Polizeiwagen wieder abfuhr.

In diesen Minuten, die Abid und seinen Geschwistern wie Stunden vorkamen, stand das Leben in der Wohnung still. Erst wenn die Polizei nicht mehr zu sehen war, wurden die Vorhänge wieder aufgezogen, das Licht wieder angeschaltet. Aber Abid kam es immer so vor, als ob seine Mutter an diesen Abenden, wenn die Kinder schon längst wieder tobten, immer noch wie gelähmt war vor Schreck.

Die andere wesentliche Erfahrung aus Abids Kindheit ist sein ständiger Außenseiterstatus. In den Augen mancher Lehrer und auch einiger Mitschüler ist er derjenige, der vielleicht im nächsten Jahr, vielleicht sogar schon im kommenden Monat nicht mehr da sein wird, weil man davon ausgeht, dass er selbstverständlich in den Libanon zurückkehrt, wenn der Krieg dort einmal vorbei sein sollte. Obwohl Abid sich immer wieder sagt, dass das nicht böse gemeint ist, sind es die kleinen Stigmatisierungen, die ihn verletzen.

Wenn eine Klassenfahrt geplant ist etwa, kann häufig nur mit Mühe die Erlaubnis erwirkt werden, dass er überhaupt mitfahren darf. Das Problem ist nicht, dass seine Eltern oder die Schule etwas dagegen haben, dass er mitfährt. Solange sie nichts dafür bezahlen müssen, geben die Eltern ihm die Erlaubnis ohne Umstände. Das Problem ist Abids Aufenthaltsgenehmigung. Diese ist, wie die vom Rest der Familie, allein auf den Großraum Berlin beschränkt.

Abgesehen von diesen Erlebnissen ist er in der Schule durchaus erfolgreich. In seinem Abiturjahrgang gehört er zu den Besten. Und auch in der Klassengemeinschaft ist er gut integriert, mit einigen seiner Mitschüler ist er seit Jahren gut befreundet.

Als Abid die Schule beendet, entscheidet er, statt eines Zivildienstes den Grundwehrdienst bei der Bundeswehr zu absolvieren. So intensiv wie in diesen Monaten ist er noch nie mit der deutschen Gesellschaft in Berührung gekommen. Und dabei trifft er auch auf eine hässliche Seite dieser Gesellschaft, eine in Teilen rechtsradikale, eine, die ihn noch aggressiver als zuvor ausgrenzt, die ihn herabwürdigt. Ständig wird er – angeblich aus Spaß – gefragt, ob er nicht eigentlich Terrorist sei. Er solle endlich zugeben, auf welcher Seite er tatsächlich kämpfen würde, wenn er nach Afghanistan müsste. Vielleicht nicht doch lieber aufseiten der Taliban? Manche seiner Kameraden feiern ganz offen Hitlers Geburtstag.

Hier und bei anderen Gelegenheiten wird bis zur Bewusstlosigkeit getrunken. Abid kann an solchen Abenden nur fassungslos und angewidert den Raum verlassen. Wie er sich überhaupt immer mehr von den andern abkapselt.

Während der Zeit bei der Bundeswehr beginnt Abid damit, sich intensiv mit der Frage nach seiner Identität auseinanderzusetzen.

Er fragt sich: »Wer bin ich? Wo komme ich her? Was will und soll ich?« Das Erste, was ihm durch die Konfrontation mit seinem neuen Umfeld klarwird, ist, was und wie er nicht sein möchte. Noch viel mehr als zuvor in der Schule, wo er unter seiner partiellen Ausgrenzung litt, entwickelt er die Überzeugung, dass er zu dieser Gesellschaft auch gar nicht gehören will. Sein Blick auf die deutsche Gesellschaft verengt sich zusehends und wird immer einseitiger. An die Lehrer und Lehrerinnen, die ihn gefördert und unterstützt haben, denkt Abid nicht mehr. Die Nachbarin, die ihm bei den Hausaufgaben geholfen hat, findet in seinem Kopf keinen Platz mehr, genauso wenig wie all jene Menschen, die sich dafür eingesetzt haben, dass seine Familie nicht abgeschoben wird. Und er nimmt auch die sympathischen Kameraden bei der Bundeswehr nicht mehr wahr, die ebenso befremdet von den abseitigen Ritualen waren wie Abid und sich ihnen genauso verweigert haben.

Abid sucht mehr und mehr Bestätigung für seine neue Sicht auf die Gesellschaft. Je mehr Zeitungsberichte über Rassismus und Diskriminierung er liest, desto mehr will er endlich eine Rolle finden, mit der er sich identifizieren kann. Zunächst beschäftigt er sich eher sporadisch mit dem Islam. Bei einem Urlaub zu Hause trifft er zufällig in seiner Lieblingsshishabar einen Freund aus Schulzeiten wieder, der sehr religiös ist und spontan dazu einlädt, ihn in die Moschee zu begleiten. Beim ersten Mal schlägt Abid die Einladung aus. Aber als der Freund ihn bei anderer Gelegenheit erneut auffordert, doch einmal mitzukommen, willigt Abid ein und begleitet ihn zum Freitagsgebet.

Diesen Tag wird Abid lange nicht vergessen. Was ihn in der Moschee empfängt, ist eine angenehme Vertrautheit. Die Koranverse, die er hört, erinnern ihn an die Tage, an denen er als Kind krank gewesen ist. Wie schön es war, die Mutter nur für sich zu haben, wie sie an seinem Bett saß, ihn im Arm gehalten, ihn gestreichelt und ihm aus dem Koran vorgelesen hat. Und er erinnert sich daran, wie er einmal den Ramadan im Libanon bei Verwandten verbracht hat, als sie endlich reisen durften. Mit den Rufen des Muezzin im Hintergrund, den Koranversen, gelesen von hohen Imamen im Fernsehen, der ganzen Familie versammelt zum köstlichen Festessen.

Plötzlich ist das wohlige Gefühl wieder da, das er gehabt hat, während man gemeinsam gewartet hat, dass die Sonne unterging und der Muezzin rief. Plötzlich meint er an diesem ersten Freitag in der Moschee sogar das köstlich gebratene Lamm, das frische Tabouleh, das Hummus wieder auf der Zunge zu schmecken, das man nach einem langen Tag in großer Runde zu sich nahm. Wie anders waren diese Feierlichkeiten im Libanon gewesen als der Alltag in Deutschland, der so häufig von Streit oder Anspannung bestimmt gewesen war.

In der Moschee findet Abid genau das, wonach er sich so lange gesehnt hat. Seit diesem ersten Besuch geht Abid regelmäßig in die Moschee, nicht nur am Freitag. Fünfmal am Tag zu beten gehört bald zu seinem Tagesablauf. Sich an die religiösen Pflichten zu halten bereitet ihm Freude. Endlich hat er das Gefühl, glücklich und geborgen zu sein.

Je häufiger er sich vor Augen führt, was er im Gegensatz dazu in den vergangenen Jahren in Deutschland erlebt hat, umso mehr verachtet er diese Gesellschaft. Ihre Institutionen, ihre Bürokratie. Das Machtstreben jedes Einzelnen, das schon in der Schule beginnt. Am liebsten wären das doch alle kleine Adolf Hitlers, findet er. Das geben sie allerdings nur zu, wenn der Alkohol ihnen irgendwann die Zunge löst. Abid dagegen weiß, dass man nicht gern hört, was er jetzt denkt. Deshalb behält er es für sich. Er ist vorsichtiger als diese besoffenen Typen.

Von Monat zu Monat - so wie es sich damals auch bei mir in Israel abgespielt hat - findet diese Sehnsucht nach Aufgehobensein immer größeren Halt in einer leidenschaftlichen Ideologie. Abid lässt sich einen Bart wachsen, besucht den Islamunterricht bei Imamen, die Ressentiments gegen die Mehrheitsgesellschaft und deren Werte schüren. Nicht anders ist der Tenor der Internetseiten, auf denen Abid nun viel Zeit verbringt.

Immer kompromissloser beginnt er, in den Schwarz-Weiß-Schablonen zu denken, die hier vorgegeben werden. Es gibt die verdorbene Welt, das ist der Westen. Und es gibt den Islam, der die heile und gerechte Welt verkörpert und der die Lösung für alles Unheil sein kann, wenn er sich nur überall durchsetzen würde. Auch die Jugendlichen, mit denen er so demütigende Erfahrungen in seiner Kindheit und Jugend gemacht hat, würden gerettet werden. Sie müssten sich nicht länger ins Koma saufen, Drogen nehmen, sich durch ihre Spielsucht ruinieren oder durch ihre Homosexualität und sich aus Verzweiflung umbringen.

Abids Eltern sind erfreut über den Wandel, den sie an ihrem Sohn beobachten. Besonders der Vater ist gleichermaßen erleichtert und stolz. Erleichtert, weil er zu sehen glaubt, dass sein Sohn nicht verlorengehen wird, dass er endlich zurück zu den Seinen gefunden hat. Und stolz ist er, dass er einen Sohn erzogen hat, der so viel über den Islam weiß und der sich im Koran auskennt.

Seitdem sich Abids Vater eine zweite, jüngere Frau genommen hat, ist er sehr viel entspannter als früher. Abid, der zunächst skeptisch darauf geblickt hat, dass seiner Mutter nun eine Zweitfrau an die Seite gestellt wird, versteht sich mit seinem Vater besser als je zuvor. Oft sitzen sie abends beieinander, und sein Vater erzählt vom Libanon. Wie es seiner Mutter mit der neuen Situation geht, fragt Abid nicht.

Die Beziehung zum Vater hat Abids Mutter schon seit langem aufgegeben. Die tiefen Verletzungen und Wunden, die er ihr zugefügt hat, behält sie für sich. Sie ist nur noch für die Kinder da, und für diese Kinder will sie stark sein. Abid hat das Gefühl, dass auch seine Mutter gern sieht, dass er den Islam für sich entdeckt hat.

Nicht nur von seinen Eltern erhält Abid nun eine bisher nicht gekannte Anerkennung. Auch bei seinen Besuchen im Libanon schlägt ihm jetzt regelrecht Bewunderung aus dem Familien- und Bekanntenkreis entgegen: Schaut mal, unsere Kinder sind in einem muslimischen Dorf aufgewachsen, und sie wissen nicht halb so viel über den Islam wie der, der sein ganzes Leben im Westen verbracht hat! Und sie sind nicht halb so gute Muslime wie der, der immerzu alle möglichen sündhaften Verlockungen dicht vor der Nase hatte!

Als Abid Sozialarbeit zu studieren beginnt, fängt er aktiv an, sich für den Islam zu engagieren. Vor allem will er der Islamfeindlichkeit entgegentreten, die ihm allerorten begegnet. Gerade der islamistische Terror ist dabei immer wieder ein Thema. Abid lehnt diesen Terror ab, genauso wie er sich ganz entschieden vom Islamischen Staat abgrenzt. Das betont er immer wieder sehr deutlich. Wenn ihn jemand fragt, sagt er, dass er Deutscher ist, und das meint er tatsächlich so, wie er es sagt. Er sei doch sogar bei der Bundeswehr gewesen.

Nach und nach aber, durch das, was Abid auf bestimmten Internetseiten liest oder bei fragwürdigen Predigern hört, schleicht sich bei ihm der Glaube an Verschwörungstheorien und an eine weltweit lancierte Bedrohung des Islam ein. Und zunächst, beinahe unmerklich, wird etwas stärker, das Abid immer schon mehr oder weniger explizit durch seine Eltern vermittelt worden ist: Ein Antisemitismus, der im Deckmantel des Antizionismus daherkommt.

Der Gaza-Konflikt, der ihn immer mehr beschäftigt, lässt seinen Unwillen gegen den Westen und dessen Politik stärker werden. Bald verflucht und verachtet er die westliche »Doppelmoral«. Dass jüdische Kinder ein paar gute Wünsche auf die Raketen Richtung Gaza schreiben, dass amerikanische Kinder, angeblich nur zum Spaß an der Waffe ausgebildet werden, scheint bei denen offenbar zur Normalität zu gehören, denkt Abid. Aber sobald »der Westen« muslimische Kinder sieht, die grüne Hamas-Flaggen schwenkend und wilde Parolen skandierend durch die Straßen ziehen, ist das Entsetzen groß, und der Vorwurf wird laut: Die Muslime instrumentalisieren ihre Kinder. So sieht Abid die Situation.

Warum stellt sich der Westen so vorbehaltlos auf die Seite Israels? Was ist mit den muslimischen, den palästinensischen Kindern, die ermordet werden, fragt er sich. Deren Leid interessiert doch hier keinen. Sie sind ganz offenbar in den Augen des Westens weniger wert. »Wäre das Blut der Kinder in Palästina Erdöl, so hätte man schon längst eingegriffen.« Als Abid diesen Satz auf der Facebook-Seite eines Freundes liest, denkt er bitter: Ja, genauso ist es.

Abids Hass gegen Israel, das er als Hauptschuldigen sieht, wächst von Tag zu Tag. Israel ist des Teufels! Aber es wird seine gerechte Strafe bekommen. Allah vergisst nicht, was man seinen Kindern antut. Man muss nur sehen, was mit Ariel Sharon geschehen ist. Jahrelang lag er im Koma, zwischen Leben und Tod, weil noch nicht einmal der Todesengel ihn haben wollte. Auch das hat er im Internet gelesen.

Nach und nach beginnt Abid, auch die deutsche Gesellschaft immer stärker zu verachten. Dass sie von Zionisten unterwandert wäre, glaubt er ohnehin längst. Den offenen Umgang mit Sexualität hält er nun für verwerflich. Bald setzt er sich nicht mehr nur für Toleranz gegenüber dem Islam ein, sondern erklärt offen, dass muslimische Frauen, die Kopftücher tragen, moralisch überlegen seien. In ihm hat sich die Überzeugung zementiert, dass nur die Frauen, die ihren Körper verhüllen, die guten und reinen Frauen sind.

Sündhaft und verurteilungswürdig hingegen sind in Abids Augen jetzt die westlichen Frauen geworden, die ihre Körper verkaufen – man müsse doch nur eines der Werbeplakate ansehen, die überall in der Stadt hängen, an die Pornoindustrie denken oder sich die Vergewaltigungsstatistik vor Augen führen.

Und etwa drei Monate später kommt der Tag, an dem Abid zu relativieren beginnt, wenn es um den Terror geht, den er bisher immer abgelehnt hat. Nun spricht er, sobald das Thema aufkommt, nur noch vom Terror Israels. Und vom Terror Amerikas. Noch immer ist er kein Befürworter des IS, aber die Idee von einem Islam, der sich in einem allmählichen Prozess mehr und mehr etabliert und an Macht gewinnt, erscheint ihm zunehmend erstrebenswerter.

Ehrenmorde bilanziert er mittlerweile unter der Rubrik »Familiendrama«. Wenn die Medien kritisch oder alarmiert über solche Vorfälle berichten, ist das für ihn nur wieder ein neuerlicher Beweis für eine heimliche Agenda, die im Auftrag steht, den Islam zu denunzieren. Für kritische Stimmen vonseiten der Muslime hat Abid keinerlei Verständnis mehr. Er nennt sie »Haussklaven« oder »Onkel-Tom-Soldaten«.

Abid kämpft nicht mit Waffen. Er kämpft an seiner Uni, er

schreibt Artikel für islamistische Blätter und Online-Magazine, er versucht auf der Basis von Religionsfreiheit mehr Rechte für sich und seine Interessen zu reklamieren. Kurz überlegt er sogar, sich in einer deutschen Partei zu engagieren.

Abid kämpft mit Worten, und er kämpft auf Hochdeutsch. Das ist in einer Demokratie nicht nur erlaubt, sondern sogar erwünscht. Dennoch hat seine Motivation einen undemokratischen Beigeschmack. Denn es geht ihm zwar um eine Form der Freiheit, aber um eine eingeschränkte Freiheit, so wie er sie definiert. Die Gleichberechtigung der Geschlechter findet in dieser Freiheitsvorstellung nicht statt. Abid kämpft nicht für eine demokratische Freiheit. Im Gegenteil: Er setzt sich für Werte ein, die mit der Demokratie in unserem Sinne nicht vereinbar sind.

Um ihre Machtstellung auszubauen, sollten die Muslime in Abids Augen nicht demonstrieren, auch keine Anschläge verüben. Stattdessen sollten sie studieren, gute Ausbildungen anstreben, so dass sie führende Positionen in der Gesellschaft übernehmen könnten. Dabei dürften sie aber nie vergessen, woher sie kommen und vor allem: wem sie dienen. Nicht dem Staat. Nicht der Demokratie. Sondern Allah, der Umma, der Gemeinschaft aller muslimischen Gläubigen.

Was man mit relativer Sicherheit sagen kann: Abid sieht Gewalt nicht als Mittel. Er wird niemanden töten, keine terroristischen Anschläge planen. Und deshalb wird er auch nicht ins Visier des Verfassungsschutzes geraten. Das soll er auch nicht. Aber er sollte unsere Aufmerksamkeit bekommen.

Junge Menschen wie Abid gibt es unzählige in Deutschland. Junge Menschen, die nicht durch Straftaten in Erscheinung treten, aber deren Wertvorstellungen der Demokratie zuwiderlaufen.

Abid ist ein typischer Vertreter der Generation Allah, und er ist der Typus, den die Debatten, die über Islamismus geführt werden, konsequent übersehen. Jugendliche, die wir aber nicht wahrnehmen und mit denen wir uns deshalb auch nicht auseinandersetzen. Jugendliche wie Abid sind es, die Leuten wie mir E-Mails schreiben und mit mir streiten wollen. Und das ist gut so, denn so kann eine Auseinandersetzung beginnen.

In den allermeisten Fällen aber werden diese Jugendlichen nicht von sich aus auf uns zukommen, sondern wir sind es, die versuchen müssen, sie zu erreichen. Dafür müssen wir sie aber überhaupt erst erkennen, und zwar bevor sie in die Fänge radikalerer Gruppierungen geraten. Besonders Lehrer, Erzieher, Sozialarbeiter müssen die Ersten sein, die das Gespräch mit ihnen suchen und ihnen Angebote zu Dialog und Teilhabe machen. Nur so haben sie eine Chance, sich den Vorstellungen der Gesellschaft, in der sie leben, die sie aber ablehnen, wieder anzunähern.

Meiner Überzeugung nach ist es fatal, dass Jugendliche wie Abid aus unseren öffentlichen Diskussionen ausgespart werden. Denn gerade, wo es um problematische Inhalte wie Angstpädagogik oder die Tabuisierung von Sexualität geht, werden junge Menschen wie Abid sich zunehmend für Werte stark machen, die mit unseren Vorstellungen von Demokratie nicht vereinbar sind.

Die Welt, wie Abid und andere Gleichgesinnte sie sich vorstellen, sieht so aus: Das Tragen des Kopftuchs soll nicht nur überall toleriert werden, sondern soll von Muslimen innerhalb der eigenen Familie durchgesetzt werden. Ebenso akzeptiert und befördert werden soll eine grundsätzliche Geschlechtertrennung. Gleiches gilt für arrangierte Ehen. In den Schulen soll der Sport-

und Schwimmunterricht nach Geschlechtern getrennt stattfinden. Angstpädagogik, Kindern Furcht einflößen vor der Hölle, vor Strafen und Schlägen, soll selbstverständlicher Bestandteil des Islamverständnisses werden. Über negative Verhaltensaspekte islamischer Politiker, Religionsführer, Länder soll in Zeitungen und anderen Medien nicht mehr kritisch berichtet werden. Sollten solche Berichte doch auftreten, müssen sie gezielt diffamiert werden. Die Meinungsfreiheit soll nicht mehr gelten in Fragen der Religion. Was derzeit als Antisemitismus gilt, soll fortan als legitime Kritik an Israel akzeptiert werden.

Vor kurzem habe ich Abid bei einer Veranstaltung getroffen, auf der ich über Islamismus gesprochen habe. Nach meinem Vortrag meldete er sich zu Wort und erklärte eindringlich, dass wir Muslime uns mit unserer öffentlichen Kritik an Muslimen zurückhalten sollten. Die erhitzte Stimmung, die dadurch gegen Muslime aufkäme, habe viele von ihnen bereits das Leben gekostet. Dass es bei meinem Vortrag um Islamismus und Radikalisierung ging, blendete er vollkommen aus. Alles was Abid gehört zu haben meinte, war eine Kritik am Islam.

Er warf mir vor, dass ich es doch sei, der sich gegen die Verfassung stelle, wenn ich das Kopftuch in Schulen ablehne. Wenn er hingegen die – so nannte er es – feministischen Wahnvorstellungen von Alice Schwarzer nicht hinnehmen wolle, dann würde er pauschal zu einem Macho erklärt und zu einem Muslim, der seine Frau unterdrücke. Bevor Abid am Ende seiner Ausführungen wütend den Raum verließ, sagte er noch, eigentlich rief er es mehr: Der Salafismus sei eine theologische Richtung. Man könne ihn nicht verurteilen, nur weil ein paar seiner Anhänger Gewalt ausübten. Umgekehrt würde man doch auch nicht alle Atheisten als Terroristen abstempeln, nachdem in North Carolina drei Muslime durch Atheisten getötet worden sind. Oder der Attentäter Anders Breivik. Über den schriebe doch auch keiner, dass er Christ sei! Dann fiel die Tür hinter ihm zu.

Vom Wunsch, Prinzessin zu sein

Helena aus Bremen

Helena ist 19 Jahre alt. Vor drei Generationen ist ihre Familie aus Griechenland nach Deutschland gekommen. Irgendwann bemerkte Helenas Mutter, dass ihr Mann sie mit einer anderen Frau betrog. Helena war gerade fünf, als ihre Eltern sich daraufhin scheiden ließen und ihre Mutter in eine tiefe Depression fiel. Anfangs bemühte Helenas Vater sich noch, den Kontakt zu seiner Tochter zu halten. Relativ bald nachdem er eine neue Freundin kennengelernt hatte, kam die Verbindung aber fast zum Erliegen.

Das bestimmende Gefühl aus Helenas Kindheit ist der Schmerz, im Stich gelassen zu werden. Umso größer ist deshalb ihr Wunsch nach Erlösung: Eine eigene Familie zu haben, möglichst mehrere Kinder, einen Mann, der sie liebt, dem sie sich anvertrauen, vielleicht sogar unterordnen kann. Einen Mann, der wie ein Vater für sie entscheidet, die Verantwortung für ihr Leben übernimmt und vor allem: der ihr treu ist. Einen Mann, der das Gegenteil von ihrem Vater ist, so dass sie vor dem bewahrt bleibt, was ihrer Mutter widerfahren ist.

Als Helena 16 Jahre alt ist, kommt sie durch eine neue Schulfreundin zum ersten Mal mit dem Islam in Kontakt. Was diese Freundin ihr erzählt und im Internet zeigt, macht Helena neugierig. Und je mehr YouTube-Videos Helena anschaut und je mehr sie liest, umso überzeugter wird sie von der Idee, dass sie im Islam genau das finden kann, was sie sich wünscht: Klare Regeln und die große Bedeutung, die der Familie entgegengebracht wird, die strikt im Glauben lebt und intakt ist. Dazu das Versprechen, dass die Frau in der Familie nachgerade als Schatz angesehen wird, als Perle, die man hüten und mit der man sorgfältig umgehen muss.

Als sie die Familie ihrer Freundin zum ersten Mal besucht, ist Helena vollkommen überwältigt von der Atmosphäre, die dort herrscht. Die ganze Wohnung ist voller Leben, voller Kinder, die fröhlich durch die Zimmer laufen, ein paar von ihnen haben sich unter dem Wohnzimmertisch eine Höhle gebaut. Auf dem großen Sofa sitzen die Frauen dicht beieinander, plaudern und lachen miteinander. So eine Wärme und Nähe hat Helena noch nie erlebt und dabei immer so schmerzlich vermisst. Was Helena ebenfalls beeindruckt, ist der Respekt, mit dem die Männer miteinander umgehen. Sogar die Hände der Älteren werden geküsst.

Als die Mutter ihrer Freundin ihr beim Abschied einen Gebetsteppich schenkt, ist Helena fast zu Tränen gerührt. Sie fühlt sich geehrt - und sie ist begeistert. Der Islam scheint das zu erfüllen, wovon sie seit ihrer Kindheit geträumt hat: schnell heiraten zu können, eine eigene, heile Welt aufzubauen, eine Welt, die rein und gut ist, die ganz anders ist als die Welt ihrer Eltern. Eine Welt, in der sie prinzessinnengleich im Kreis einer großen Familie wird leben können.

Viel intensiver als zuvor unterhält sie sich mit ihrer Freundin und erfährt so immer mehr über den Islam. Irgendwann kommt das Gespräch auch auf den Terrorismus. Die Freundin sieht Helena halb erstaunt, halb empört an. Ob sie wirklich meine, sie seien Terroristen? Sie müsse doch wissen, dass das nur die westlichen Medien seien, die sie verunglimpfen wollten. Helena sei doch bei ihnen gewesen, sie habe doch gesehen, wie sie lebten.

Natürlich würden Frauen nicht unterdrückt, die Männer passten nur auf sie auf. Und wenn die Männer darauf bestünden, eine Jungfrau zu heiraten, dann habe das auch seinen Grund. Wenn die Frauen nur einen Mann und die Männer nur eine Frau hätten, dann würde das diese beiden viel enger und unverbrüchlicher aneinanderbinden. Dass die Scheidung im Islam so schwer sei, liege doch nur daran, dass die Familie so wichtig sei. Gott selber habe im Koran offenbart, Scheidung sei das Schlimmste, was er gestattet habe. All das hört sich für Helena sehr überzeugend an.

Helena beginnt, ihre Freundin zum Islamunterricht zu begleiten. Und die guten Nachrichten nehmen gar kein Ende. Denn hier erfährt Helena unter anderem, wie schnell und unproblematisch man im Islam einen guten, frommen Mann heiraten kann. Helenas Entscheidung steht fest: Sie will zum Islam übertreten.

Als sie in der Moschee steht und alle ihr zujubeln, als sie die »Schahada«, das Glaubensbekenntnis der Muslime, ausruft, dass es keinen Gott außer Allah gebe und dass Mohammed sein Prophet sei, hat Helena das Gefühl, neu geboren zu werden. In diesem Moment, als sie sich endlich aufgehoben und geborgen fühlt, scheint die tiefe Wunde, die ihr Vater ihr zugefügt hat, von einer Sekunde zur anderen wie magisch geheilt. Zum ersten Mal hat Helena das Gefühl, im Mittelpunkt zu stehen und gleichzeitig vor allem Unbill der Welt geschützt zu sein. Und sie ist sicher: Nie wird ihr das zustoßen, was ihre Mutter hat erdulden müssen.

In der Moschee ist es auch, wo Helena eine ältere Frau kennenlernt, die sich ihrer gleich in sehr mütterlicher Weise annimmt. Ihr hat Helena ihre Geschichte erzählt, auch von ihrem Wunsch nach einer Familie. Was Helena dieser Frau außerdem weinend und voller Reue anvertraut, ist, dass sie schon einmal einen Freund gehabt hatte. Der allerdings hat sie nicht nur nach Strich und Faden belogen, sondern sie sitzenlassen, nachdem er sie überredet hatte, mit ihm zu schlafen.

Die Frau tröstet Helena und bestärkt sie zugleich. Sie sagt ihr, sie sei ein guter Mensch, eine schöne junge Frau, und sie verspricht, dass sie sich um sie kümmert, sie begleitet. Und dass sie einen Mann für sie finden wird, der sie nehmen wird, auch wenn sie keine Jungfrau mehr ist, der sie so akzeptiert, wie sie ist, und der sie islamisch heiraten und sich sein Leben lang um sie kümmern wird.

Tatsächlich dauert es nicht lange, und Helena lernt, vermittelt durch diese Frau, Ilhan, einen jungen Mann aus ihrer Gemeinde, kennen. Sie ist überglücklich, und sie ist, gerade in den ersten Monaten, sehr verliebt in ihn.

Es gefällt ihr, dass er von Anfang an deutlich macht, was er von ihr als seiner Ehefrau erwartet. Er wolle sie und die Ehre ihrer neuen Familie schützen, deshalb solle sie ihn bei ihren Aktivitäten außerhalb des Hauses um Erlaubnis bitten. Und wenn er »Nein« sage, dann meine er auch »Nein«. Und er möge es, wenn sie sich nur ihm zeigt. Schließich sei sie sehr hübsch und andere Männer könnten deshalb sicher schwer den Blick von ihr wenden, sagt er ihr. Deshalb solle sie eine Burka außerhalb der eigenen Wohnung tragen. Helena empfindet die Forderungen des Mannes keineswegs als Zumutungen, sondern sie fühlt sich, als nehme Ilhan ihr eine tonnenschwere Last ab. Indem sie sich ihm unterordnet, gibt sie die Verantwortung für ihr Leben ab, sie fühlt sich aufgehoben. Ihr Mann verspricht, für sie stark zu sein und immer für sie zu sorgen.

Innerhalb von zwei Monaten wird der Termin für eine islamische Hochzeit anberaumt. Ihre Mutter ist entsetzt. Sie fleht Helena an, die Schule zu Ende zu bringen, das Abitur zu machen.

Nur so könne sie selbständig werden, ihr eigenes Geld verdienen und sei gefeit davor, in dieselbe Situation zu geraten wie sie selber. Helena hat keinerlei Verständnis für die Bedenken ihrer Mutter. »Lächerlich« nennt sie diese ihr gegenüber, denn schließlich sei Ilhan anders als ihr eigener Vater. Er würde sie nie im Stich lassen, und weil sie nun das Leben einer rechtschaffenen Frau lebe, würde sie nie alleine dastehen. Helenas Mutter ist sehr gekränkt und vollkommen fassungslos über das, was sie da hört.

Helena erklärt ihrer Mutter außerdem, dass sie doch den Realschulabschluss schon in der Tasche habe. Das reiche allemal, um einen Beruf zu finden. Wenn sie denn irgendwann mal einen Job finden will. Die Situation eskaliert, schließlich ist Helena noch nicht volljährig.

Nach Helenas Übertritt zum Islam wird das Verhältnis zur ihrer Mutter immer problematischer. Bald sind gar keine Begegnungen mehr möglich. Helena verweigert das Essen, das ihre Mutter kocht, sie weigert sich, mit ihr Weihnachten zu feiern, sie beschimpft ihre Mutter sogar offen als »Feindin Allahs«. Die Mutter ist mit ihren Kräften am Ende.

Dennoch setzt sie alles in Bewegung, um die Hochzeit zu verhindern. Sogar die Polizei schaltet sie ein. Aber Helena lässt sich nicht aufhalten. Ihre Mutter verzweifelt, weil Helena auf jedes ihrer Argumente eine formelhafte Antwort parat hat. Den gesellschaftlichen Widerständen zum Trotz trägt sie stolz eine Burka und verteidigt dies folgendermaßen: »Wir leben in einer Gesellschaft, in der Frauen für ihre Verschleierung bezahlen müssen. Während andere für ihre Freizügigkeit bezahlt werden.« Sie wisse nun, auf welcher Seite sie stehe.

Weil der Konflikt mit ihrer Mutter sich nicht schlichten lassen will, zieht Helena nach der Hochzeit rasch aus und in die gemeinsame neue Wohnung mit ihrem Mann Ilhan. Das erste Jahr verläuft so, wie Helena es sich erhofft hat. Als ihr Mann ihr erzählt, dass sie in Deutschland niemals sicher werden leben können, hält Helena das zunächst für übertrieben. Aber je häufiger sie ihn warnen hört, desto überzeugender klingen seine Worte und desto realer erscheint die Bedrohung, dass sie in Deutschland, im »Westen«, immer unterdrückt, immer rassistischen Attacken ausgesetzt sein werden.

Und noch etwas anderes macht ihr Mann Helena mit aller Vehemenz klar: Dass der Islam eine Religion sei, die vom Menschen erwartet, dass er etwas für sie tue. Das Paradies sei teuer, und man könne nicht annehmen, dass man es erreiche, wenn man hier in Deutschland lebe, in dieser heilen Welt. Fünfmal am Tag zu beten reiche für den Weg ins Paradies nicht aus. Dass Gott ihnen das Leben gegeben habe, sagt Ilhan, und dass er erwarte, dass sie dieses Leben für Gott leben sollen. Dass sie Gott folgen und sich seinem Willen unterwerfen müssten.

Alles, was ihr zustößt oder was sie denkt, versteht Helena nun als eine göttliche Prüfung. Und natürlich will sie diese Prüfungen auf alle Fälle bestehen. Die Zweifel etwa, die sie anfangs mitunter beschlichen haben, versteht sie jetzt als Versuche des Satans, sie vom rechten Weg abzubringen. Und nichts anderes waren natürlich auch die Reaktionen ihrer Mutter oder die ihrer Freunde.

Die Mahnungen ihres Mannes führen dazu, dass Helena sich noch intensiver mit dem Islam auseinandersetzt als bisher. Sie liest nicht nur im Koran, bald kennt sie sich auch mit islamischem Recht aus, weiß alles über die muslimische Erziehung von Kindern.

Innerhalb von knapp drei Jahren ist Helena auf diese Weise nicht nur tief in eine fundamentalistische Variante des Islam eingetaucht, um sie herum hat sich auch ein abgeschlossenes Weltbild aufgebaut. Impulse von außerhalb können in diese Welt kaum noch eindringen. Mit ihrer Mutter telefoniert Helena sehr selten, der Vater spielt längst keine Rolle mehr in ihrem Leben, den Kontakt zu den alten Freunden hat sie nach ihrer Hochzeit ganz abgebrochen.

Das letzte Telefonat, das Helena mit ihrer Mutter führt, endet in einem großen Streit. Anlass für die Auseinandersetzung ist Helenas mittlerweile einjährige Tochter. Als ihre Mutter, beunruhigt durch verschiedene Zeitungsartikel, Helena fragt, ob ihre Enkeltochter schon geimpft sei, erklärt Helena der Mutter, dass sie ihr Kind selbstverständlich nicht impfen oder eher: vergiften lassen werden. Jeder wisse, dass die Impfstoffe von unreinen Tieren stammen oder dass den Kindern auf diesem Weg Gewebe von ungläubigen Menschen injiziert werde. Das sei streng verboten.

Helenas Mutter ist sehr besorgt, sie zählt die Gefahren auf, wenn sie ihr Kind nicht impfen lässt. Helena will das nicht hören. Als die Mutter ihr vorwirft, die Gesundheit ihrer Tochter für ihren Extremismus zu opfern, antwortet Helena ganz klar und ruhig, sie sei keine Extremistin, sie folge einfach ihrer Religion, die ihre Mutter wie auch der Rest der Gesellschaft zu verunglimpfen versuchten. Aber das würden sie nicht schaffen. Dann legt Helena auf und beschließt, nachdem sie und ihre Mutter sich in den Wochen zuvor wieder vorsichtig etwas angenähert hatten, den Kontakt vollends abzubrechen.

Ab jetzt umgibt sich Helena nur noch mit Menschen, die dieses geschlossene Weltbild teilen. Sie lebt in einer Welt voller Dämonen, voller Teufel, die es auszutreiben gilt. Sie weiß nun, welche Kräuter man dazu mischen muss und welche Koranverse gegen deren bösen Einfluss schützen. In eine Welt, in der die richtige

Hygiene des Körpers eine zentrale Frage ist, ebenso wie die Frage, wann sie beten und wann sie ihrem Mann gehorchen soll und wann womöglich auch einmal nicht. Ein Draußen außerhalb dieser Welt mit ihren Regeln und Fragen gibt es für Helena nicht mehr.

Helena fühlt sich wohl in dieser Welt. Sie fängt an, andere Mütter und Familien zu beraten, engagiert sich in den Frauengruppen der Moschee. Und sie lernt mit Feuereifer Arabisch. Helena ist keine Frau, die zu Hause sitzt, womöglich von ihrem Mann geschlagen wird. Ihr hat die radikale islamistische Ideologie ermöglicht, sich leidenschaftlich für etwas einzusetzen.

Sie richtet sich ein in ihrem Glauben an eine zweigeteilte Welt – gut und böse, hell und dunkel, erlaubt und verboten. In der einen Hälfte der Welt gehen die Männer fremd und verlassen ihre Frauen und Kinder. In der anderen Hälfte der Welt gibt es Männer, die für das Paradies kämpfen und ihre Familie beschützen. Zu ihrem großen Glück, so empfindet es Helena, lebt sie nun auf der guten Seite. Und wenn es auf dieser guten Seite dazugehört, dass es noch eine zweite Frau an der Seite ihres Mannes gibt, dann ist sie bereit, auch das zu akzeptieren. Sogar mitaussuchen würde sie diese zweite Frau. Sie weiß, dass Männer Triebe und Bedürfnisse haben. Und es ist für sie mittlerweile undenkbar, auch wenn es sie schmerzt, sich gegen ein Wort Gottes zu stellen. Denn sie weiß ja nun auch: Am Ende all dessen wird das Paradies auf sie warten. Was sind schon 60, 70, 80 irdische Jahre, wenn danach die selige Ewigkeit im Paradies wartet?

Die Welt soll sehen, wer er ist

Jens aus Berlin

Jens, der gerade 24 geworden ist, nennt sich heute Osama il Allmani – Osama, der aus Deutschland ist. Jens war in seiner Kindheit und Jugend ein sehr begabter Fußballer. Fußball war für ihn immer der Ausweg aus den Verhältnissen, in die er hineingeboren wurde: eine Sozialwohnung in Ostberlin, in der Jens die meiste Zeit allein mit seiner Mutter gelebt hat. Seinen Vater hat er nie kennengelernt.

Jens kommt als Frühgeburt zwei Monate vor dem eigentlichen Termin zur Welt. Er ist zu Beginn so schwach, dass für viele Tage nicht sicher ist, ob er überleben wird. Vermutlich liegt es nicht zuletzt daran, dass seine Mutter eine postnatale Depression bekommt. Monatelang kann sie sich nicht überwinden, ihr Baby anzufassen oder es auf den Arm zu nehmen, geschweige denn, ihm die Liebe zu geben, die es gebraucht hätte, um später ein gesundes Selbstwertgefühl entwickeln zu können. Eine Pflegefamilie springt ein und kümmert sich in dieser schweren Zeit rührend um den kleinen Jens.

Als die Mutter ihre Depression nach einem halben Jahr überwunden hat, stabilisiert sich die häusliche Situation. Unruhe entsteht jedoch durch die wechselnden Partner der Mutter. Manche von ihnen mag Jens, und er hätte sie als einen Vaterersatz akzeptieren können. Aber besonders lange halten diese Verhältnisse nie, und gerade in den Trennungsphasen erlebt Jens viele Streitigkeiten mit. Oft hört er nachts im Bett, wie seine Mutter am Telefon weint.

Manchmal, wenn Jens nach diesen Nächten besonders hilflos

und verzweifelt ist, sucht er sich einen Hund oder eine Katze im Viertel und malträtiert das Tier mit Tritten oder schmeißt Steine nach ihm. Zur Rede gestellt, hätte er vermutlich nicht genau erklären können, weshalb er das tut. Aber die Qualen weiterzugeben verschafft ihm etwas Befreiung. Später sitzt er einfach nur den ganzen Tag und die halbe Nacht am Computer und spielt Videospiele. Wenn seine Mutter ihn ermahnt, den Computer auszuschalten, zuckt er nur mit den Schultern. Meistens versucht sie es zwei oder drei Mal, ihn zum Aufhören zu bewegen, aber er weiß ohnehin, dass sie dann aufgibt. Seine Mutter ist nicht konsequent, kann sich nicht durchsetzen, und wenn sie es doch mal mit Strenge versucht und Jens deshalb einen Wutanfall bekommt, kann sie mit der Situation nicht umgehen.

Ohne viel dafür tun zu müssen, gehört Jens in der Grundschule zu den Besseren, er lernt schnell und ohne Mühe. Und irgendwann wird dort entdeckt, dass er außergewöhnlich gut Fußball spielen kann. Er wird an einer bekannten Fußballschule aufgenommen, und sein Lebensweg scheint von nun an klar: Er wird ein großer Fußballer werden.

Das Einzige, was ihm immer wieder Schwierigkeiten bereitet, ist, dass er sich schwer an Regeln halten kann. Die Struktur- und Regellosigkeit seiner Kindheit steckt tief in seiner Seele. Während der Spiele hagelt es gelbe, oft auch rote Karten. Und manchmal, wenn er eine Niederlage als besonders ungerecht empfindet, wird er sogar außerhalb des Platzes aggressiv gegenüber den Spielern der anderen Mannschaft. Immer wieder kommt es deshalb zu Wortgefechten und Streitigkeiten mit seinen Trainern.

Auch in der Schule nehmen bald die Probleme zu. Jens interessiert sich einfach nicht mehr dafür, trotzdem besteht er die Prüfungen, wenn auch knapp. Seine Mutter versucht ein paar Mal mit ihm zu sprechen, gibt es aber sofort auf, wenn sie seinen Ärger spürt.

Das Einzige, was ihn neben dem Fußball noch interessiert, sind Frauen. Sehr früh hat er viele wechselnde sexuelle Kontakte, nie aber eine harmonische Beziehung. Seine Beziehungen zu Frauen sind, bedingt durch das schwierige Verhältnis zu seiner Mutter, immer problematisch, haltbare Bindungen kann er nicht aufbauen.

Er macht bei verschiedenen Jugendgruppen mit, aber immer nur halbherzig, immer nur für kurze Zeit. Jedes Mal verliert er schnell das Interesse. Das Einzige, was er wirklich will, ist ein berühmter Fußballer zu werden. Die Welt sollte wissen, wer er ist. Die Welt soll, das verrät er seinem Trainer, ihm zujubeln. Er will den Triumph als Wiedergutmachung für die Entbehrungen der frühen Jahre.

Mit einem Schlag aber zerplatzt dieser Traum. Mit 16 erleidet Jens bei einem Spiel eine Verletzung, aufgrund deren er monatelang nicht trainieren kann. Und relativ bald wird klar, dass er nie wieder zu seiner alten Form zurückfinden wird. Er muss sich von einer Karriere als Fußballer verabschieden. Jetzt sitzt er fast nur noch am Computer und versucht die Zeit, in der er sonst trainiert hat, mit Videospielen totzuschlagen.

Er fällt in ein Loch, beginnt zu trinken und probiert zunächst mit Marihuana, später mit härteren Drogen den Schmerz zu betäuben.

Weil seine Mutter nun zum ersten Mal Konsequenz zeigt und sich weigert, noch länger alles für ihn zu bezahlen, muss Jens bei einer Umzugsfirma jobben. Um einen Ausbildungsplatz hat er sich noch nicht gekümmert, hat noch nicht einmal eine Idee, was er überhaupt machen könnte, wofür er sich interessiert, wovon er leben soll.

Einer seiner Kollegen bei der Umzugsfirma ist Marokkaner. Mittags geht dieser Mann nicht zum Imbiss wie die anderen, sondern er bringt sein Essen jeden Tag von zu Hause mit. Wie selbstverständlich bietet er Jens stets etwas davon an. Erst ist Jens skeptisch. Aber als er dann doch probiert, ist er hin und weg. Wenn seine Mutter kocht, bedeutet das in der Regel nur, dass sie irgendetwas aus dem Gefrierfach holt und in den Backofen oder in die Mikrowelle schiebt. Es dauert nicht lange, da fragt Jens seinen Kollegen schon morgens lachend, was es denn heute Mittag zu essen gäbe – Couscous, Tabouleh, Huhn, Lamm?

In den Pausen beobachtet Jens, wie sein Kollege sich einen ungestörten Platz sucht und betet. Er sieht dabei still und zufrieden aus und strahlt etwas ganz Besonderes aus, etwas Wunderbares – Jens kann es nicht erklären. Der Kollege ist Jens zwar auf gewisse Weise fremd, aber er mag ihn, und irgendetwas an ihm fasziniert ihn.

Nach Feierabend surft Jens ohnehin viel im Internet oder schaut Videos auf YouTube. Immer häufiger klickt er nun auch Filme an, die sich mit dem Islam beschäftigen. Als Jens dabei einmal auf einen Bericht über den IS stößt, ist er zunächst ziemlich schockiert von dem, was er dort über deren Verbrechen hört. Am nächsten Morgen spricht er zum ersten Mal seinen Kollegen direkt auf den Islam an. Und nach ein paar Sätzen rückt er auch mit dem heraus, was ihn eigentlich bewegt. »Was ist denn da los im Irak, in Syrien?«

Der Kollege bedeutet ihm, sich zu ihm zu setzen. Dann erklärt er Jens die weltweite Verschwörung, der der Islam ausgesetzt sei und die von den Medien mit allen Mitteln und unter Aufbietung aller erdenklichen Lügen weitergetrieben werde. Die Realität aber sei, dass im Islam Frieden herrsche, die Gewalt komme von außen. Es sei diese Gewalt, die den wahren Islam unterdrücke und ihm gleichzeitig Verbrechen andichten würde.

Das Video über den IS, sagt der Kollege, wundere ihn nicht. Es gäbe unendlich viel von dieser perfiden Propaganda, die den Islam diffamiere. Der Kollege sieht Jens lange und ernst an. Nur der Islam sei der Ausweg aus der Hölle, die alle Ungläubigen erwarte. Dann lacht er und stupst Jens an die Schulter. Wenn ihm sein Essen so gut schmecke, dann solle er doch am Wochenende mit in die Moschee kommen. Da sei Tag der offenen Tür, da gebe es Unmengen gutes Essen. Jens sei herzlich eingeladen.

Als Jens zum ersten Mal eine Predigt von einem der berühmten Imame hört und die Euphorie erlebt, die dem Mann entgegenschlägt, ist ihm sofort klar: Da oben will er einmal stehen. So will er mal alle begeistern.

Von da an setzt Jens seinen ganzen Ehrgeiz in die Verwirklichung dieses Ziels. Er fängt an, sich intensiv mit dem Islam zu beschäftigen. Für den Rest der Gesellschaft hat er nur mehr Verachtung übrig. Auch für sein bisheriges Leben. »Bruder, ich war im Dreck, ich habe Alkohol getrunken, jeden Tag mit einer anderen Frau geschlafen, ich habe sie behandelt wie Müll. Schon meine Mutter wurde von all den Männern nur wie Müll behandelt. Wir haben keine Hygiene, wissen noch nicht mal, wie man sich nach dem Scheißen den Arsch wäscht.« Das ist der Tenor, in dem Jens nun denkt und spricht.

Den Islam nimmt er auf einer Open-Air-Veranstaltung an, ein veritabler Popstar-Imam ist extra eingeflogen worden. Jens hat der Weg bis hierhin viel Kraft gekostet. Aber es hat sich gelohnt. Er ist geradezu berauscht, hat das Gefühl, sein gesamtes altes Leben, alle Niederlagen und Enttäuschungen hinter sich zu lassen. Und zum ersten Mal seit langer Zeit steht er endlich wieder im Mittelpunkt. Seit seine Fußballerkarriere gescheitert ist, hat er das nicht mehr erlebt.

Bei seinem Übertritt zum Islam hat man ihm gesagt: Nun bist du neu geboren. Von heute an hast du eine weiße Weste. Alles was vorher war, ist getilgt und vergessen. Es geht wieder bei null los. Auf deinen Schultern sitzen zwei Engel. Auf der rechten Seite sitzt ein Engel, der die guten Taten dokumentiert. Auf der linken Seite sitzt ein Engel, der alles Schlechte festhält. Solltest du ins Paradies kommen, dann bekommst du dort alles: Frauen soviel du willst, süßen Wein, Trauben, einfach alles, was du dir wünschst - und das für die Ewigkeit. Du wirst dort nicht älter werden, nicht krank, und du stirbst nicht. Dort kommst du aber nur hin, wenn die guten Taten, die der Engel notiert, die Aufzeichnungen über die schlechten überwiegen. Ist es andersrum, dann wirst du in der Hölle schmoren. Und das ebenfalls auf ewig.

Jens erkennt für sich: Der Islam ist die einzig existierende Wahrheit. Und er will diesem Pfad mit aller Konsequenz folgen. Er wird diejenigen verachten und bekämpfen, die vom wahren Weg nichts wissen wollen.

In Wirklichkeit ist Jens wieder in der Dynamik angelangt, in der er schon als Kind gesteckt hat: sich selber aufzuwerten, indem er andere abwertet. Nur dass es nun eine neue Ideologie gibt, die seine Ressentiments mit Inhalten füllt und stützt.

Es dauert nicht lange, und Jens zieht mit drei jungen Muslimen, die seine Einstellung teilen, in eine Wohngemeinschaft. Jens muss sich nun keine Gedanken mehr machen, welches Essen *halal* und welches *haram* ist. An seiner Zimmertür hängt ein Plakat. Schwarz auf gelbem Grund steht dort: »One god. One umma. One struggle. One state. One Khalifat.«

Nach ein paar Wochen kommt er auf die Idee, mit zwei Freunden einen kleinen Film zu drehen. Die Aufnahme ist relativ unspektakulär, Jens erzählt darin einfach nur, wie er zum Islam konvertiert ist. Dennoch fühlt er sich großartig, als er den Film ins Internet stellt. Alle Welt kann ihm jetzt zuhören. Er kann die ganze Nacht nicht schlafen, muss immer wieder aufstehen, um zu schauen, wie viele Leute sein Video schon angeschaut haben. Ungeduldig wartet er, dass die Zahl der Likes steigt. Und sie tut es.

Nur zwei Tage später dreht er den zweiten Film. Hier traut er sich schon, sehr viel extremere Ansichten zu formulieren. Und wieder wartet er fast atemlos auf die Reaktionen. Je größer die Aufmerksamkeit, umso zufriedener ist er und umso stärker fühlt er sich angespornt, noch ein wenig deutlicher, radikaler zu werden in seinen Aussagen. Im Hintergrund seines dritten Films hängt ein Plakat: brennende Kohlen, auf denen ein Mensch mit bloßen Füßen steht. Darunter steht zu lesen: »Der Gesandte Allahs Muhammed sagte: ›Die leichteste Strafe im Höllenfeuer am Tag der Auferstehung ist, dass der Betreffende unter die Fersen ein Stück glühender Kohle bekommt, wodurch sein Gehirn kocht.‹«

Seine westliche Kleidung, Jeans, bedruckte T-Shirts, hat Jens längst weggeworfen. Er trägt jetzt nur noch ein bodenlanges Gewand, darunter eine Leinenhose. Regelmäßig besucht er islamistische Demonstrationen, und immer häufiger traut er sich, arabische Worte zu benutzen, damit noch überzeugender zum Ausdruck kommt, dass er sich auskennt. Bei Missionierungsaktionen in Nachbarstädten ist er immer dabei, und immer ist er derjenige, der am meisten Menschen anspricht, sie am beharrlichsten zu überzeugen versucht. Noch immer ist ihm das Wichtigste: aufzufallen, in der ersten Reihe zu stehen, Erfolg zu haben. Sein Motto ist: »Es gibt Menschen, die Nachrichten lesen, und es gibt welche, die Nachrichten machen. Wir sind die, die Nachrichten machen.«

Als Jens merkt, dass seine Vorbilder aus den fundamentalistischen Kreisen entweder verhaftet werden oder Deutschland verlassen, entschließt auch er sich, nach Syrien zu reisen. Das Erste, was er machen will, ist ein Video aufzunehmen: er mit einer Kalaschnikow; er, der der Welt den Kampf ansagt; er, aus dem doch noch was geworden ist. Kein berühmter Fußballer vielleicht. Aber er ist jetzt jemand, der die Religion beschützen will. Er ist mächtig, das kann ihm keiner nehmen. Von seiner Mutter verabschiedet er sich nicht, sie weiß nichts von seinen Plänen.

Der einzige Abschied, der ihm schwerfällt, ist der von seiner kleinen Katze. Seit ein paar Wochen lebt sie bei ihm, darf sogar bei ihm im Bett schlafen. Er liebt es, wenn sie sich mit ihrem weichen Fell an ihn schmiegt. Mit der Katze zu schmusen und zu kuscheln ist der Ersatz für den Sex, den er nicht mehr haben darf. Kontakt zu Frauen ist ihm verboten, aber die Katze ist erlaubt. Und mehr noch: Wenn er sich mit seiner Katze fotografiert und die Bilder ins Netz stellt, dann wirkt er noch ein wenig religiöser und vor allem in den Augen von Mädchen und Frauen attraktiver, denn es gehört zum Bild eines coolen Dschihadisten, mit so einem kleinen Tier vor der Kamera zu posieren. Denn schon der Prophet und seine Gefährten mochten Katzen besonders gern.

Dass Jens früher Spaß daran gehabt hat, Tiere zu quälen, ist ein Teil seines alten Lebens, des schlechten, das er verachtet. Aber es ist klar: Die Katze kann nicht mit in den Dschihad, nach Syrien.

Zunächst fliegt Jens bis Istanbul. Von dort aus nimmt er den Bus bis Antakya, wo er einen Mann kontaktieren soll – dessen Nummer hat ihm ein Freund in Deutschland gegeben. Es dauert ein paar Tage, bis dieser Schleuser ihn abholt. Jens wartet ungeduldig. Der Mann nimmt Jens Ausweis und Handy ab und bringt ihn zu einem verlassenen Schulgebäude kurz hinter der syrischen

Grenze. Hier muss er vier Wochen bleiben. Jens wird befragt, immer wieder, warum er hier ist. Man will sichergehen, dass es sich bei ihm nicht um einen Spion handelt.

Jens ist nicht der einzige Europäer hier in dem Gebäude, der sich diesen Überprüfungen unterziehen muss. Immer wieder beobachtet er, wie andere sich voller Stolz in die Liste der Selbstmordattentäter eintragen. Jens tut das nicht. Was er will, ist kämpfen und triumphieren, nicht sterben. Nach vier Wochen kauft er sich eine Waffe und wird ins Trainingslager geschickt.

Als er einer Gruppe zugeordnet wird, merken die Islamisten, zu denen er stößt, sofort, dass sie mit Jens nicht nur jemanden haben, der charismatische Videos dreht. Sie erkennen, dass seine psychosozialen Probleme, um die sich nie jemand gekümmert hat, diese fast psychotischen Züge, ihn zum Kämpfer prädestinieren. Jemand, dessen Bindungsfähigkeit derart gestört ist und der gleichzeitig so narzisstisch ist wie Jens, handelt kompromisslos. Dafür haben die Dschihadisten eine geschulte Sensibilität.

Jens will die Religion, die nun sein Leben ausmacht, mit allen Mitteln verteidigen. Er wird sich nicht vom Verfassungsschutz einschüchtern lassen. Auch nicht von den Drohungen amerikanischer Militärs. Er lebt nur noch, um für Gott zu kämpfen. Aber geht es ihm tatsächlich um Gott oder doch nur um die Befriedigung seiner narzisstischen Bedürfnisse?

Jens hatte zuvor seiner Mutter nicht erzählt, dass er Berlin verlassen wird. Erst nachdem er die vierwöchige Überprüfung hinter sich hat, schreibt er ihr. Mama, schreibt er, ich bin in Syrien und kämpfe gegen die dreckigen Kuffar – die Ungläubigen. Ich wünschte, du würdest auch zum Islam übertreten und dich vor der Hölle retten.

Die Mutter ist schockiert und ratlos. Täglich schreibt sie Jens unter Tränen eine Mail, er möge zurückkommen. Immer wieder beteuert sie ihm, wie sehr sie ihn vermisse. Allenfalls sporadisch antwortet Jens ihr. Und eigentlich ist es immer nur dasselbe, was er ihr in seinen kurzen Nachrichten schreibt: dass sie endlich erkennen solle, dass der Islam die Rettung sei. Manchmal schickt er ein Bild von sich in Kämpferpose. Nach ein paar Monaten teilt er seiner Mutter mit, dass er geheiratet habe.

Inzwischen ist Jens seit zweieinhalb Jahren in Syrien. Vor kurzem hat seine Mutter eine WhatsApp-Nachricht mit einem Foto bekommen. Es zeigt Jens mit einer Kalaschnikow in der einen Hand, auf dem anderen Arm sitzt ein kleines Mädchen, das ernst in die Kamera schaut.

»Das ist meine Tochter, sie ist gerade ein Jahr alt geworden«, hat er unter das Foto geschrieben. Und: »Allah´hu akkbar«. Jens' Mutter betrachtet das Gesicht des Kindes länger als das ihres Sohnes. Sie hätte, sagt sie, das Kind auf mindestens drei Jahre geschätzt, vielleicht liegt es an seinem Blick, der zu reif scheint für das Alter. Ihre Enkelin, die sie noch nie gesehen hat – die Tochter eines Dschihadisten, die Tochter von Jens, ihrem Sohn, der ihr vollkommen fremd geworden ist.

3 PRÄVENTION UND DERADIKALISIERUNG – JETZT!

Versagen auf ganzer Linie

Ortstermin in einer Schule, irgendwo in Norddeutschland. Ein Kollege und ich sitzen in einem Lehrerzimmer, gemeinsam mit den fünfundzwanzig Lehrern und Lehrerinnen der Schule. Hier am Konferenztisch, neben Aktenordnern, Kaffeetassen und Bücherregalen, sollen wir Pädagogen fortbilden. Ich wurde zum Thema islamischer Radikalismus eingeladen und habe eine weitere erfahrene Kollegin dazugebeten. Es gibt einen konkreten Anlass für den Workshop, den sie bei uns angefragt haben: Vor kurzem ist ein siebzehnjähriger Schüler dieser Schule nach Syrien ausgereist, um als Dschihadist für den Islamischen Staat zu kämpfen. Auf Facebook postet der stolze Teenager nun regelmäßig Bilder von dort; endlich sei er »auf dem Boden der Ehre angekommen«, endlich könne er seine »Pflichten als Muslim« erfüllen.

Lehrerschaft und Schüler stehen merklich unter Schock. Keiner hatte eine Ahnung davon, was im Kopf des Jungen vorging. Niemand hatte die Signale seiner Radikalisierung erkannt. Überrumpelt wurden sie auch von den Reaktionen auf die Ausreise. Weil auf der Facebook-Seite des Schülers der Name seiner ehemaligen Schule zu lesen war, wurde sie tagelang von Journalisten belagert. Die Eltern der anderen Schüler waren nicht zuletzt durch die Berichterstattung äußerst alarmiert und bangten um ihre Kinder. Einige Eltern nahmen ihre Söhne und Töchter sofort von der Schule. Irgendwo in Norddeutschland sage ich nicht nur, um die Anonymität der Schule und der Schüler zu wahren, sondern auch, weil die Berufserfahrung mir zeigt, dass solche Fälle Schulen an allen Orten Deutschlands betreffen können – Hauptschulen, Realschulen, Oberstufenzentren, Berufsschulen und Gymnasien. Gerufen werde ich überall dahin, wo es akuten Bedarf, aktuelle Probleme gibt. Das schärft den Blick und lässt die Problematik deutlich erkennbar werden. Zugleich soll nicht der Eindruck entstehen, dass es bereits flächendeckend von radikalen Islamisten nur so wimmelt. Aber die Frequenz, mit der solche Einsätze vor Ort angefordert werden, nimmt zu. Also auch die Anzahl derer, die sich im jungen Alter anstecken lassen. Meine Arbeit hat das Ziel, die Ausbreitung des radikalen Virus zu bremsen und womöglich ganz zu verhindern. Darum geht es.

Auch an dieser Schule. Siebzig Prozent der Schüler stammen hier aus Familien von Einwanderern. Beim Lehrpersonal gibt es hingegen nicht eine einzige Person mit Migrationshintergrund. Jetzt sitzen uns die ratlosen Lehrer gegenüber, vollkommen verunsichert. Hätten sie bemerken können und müssen, dass sich der Junge radikalisiert? Und woran würden sie in Zukunft erkennen, dass einer ihrer Schüler abdriftet? Am liebsten bekämen sie von uns einen Katalog mit Merkmalen, anhand deren sie zweifelsfrei ablesen könnten, welche Haltung sich bei einem Schüler, einer Schülerin gerade herauskristallisiert. Wenn der Bart länger als fünf Zentimeter ist? Wenn jemand bestimmte Kleidung trägt, wenn einer Aufnäher oder Sticker mit bestimmter Symbolik verwendet?

So einfach ist es aber nicht. Vielmehr müssen Lehrer und Lehrerinnen eine Sensibilität dafür entwickeln, was sich etwa hinter der Rhetorik von Jugendlichen verbirgt. Sie müssen hellhörig werden, lernen, Argumentation und Verhalten der Schüler zu deuten. Wir wollen und können den Lehrern und Lehrerinnen nicht einfach eine Liste von Kriterien liefern, nach denen sie sich künftig zu richten haben. Deshalb leitet uns bei unserer Arbeit das Prinzip, Fragen zu stellen zum Alltag an der Schule, zum Erzählen zu animieren, so dass die Pädagogen von selber darauf kommen, welche Signale sie frühzeitig hätten erkennen können.

Nach und nach beginnen einzelne Lehrer und Lehrerinnen von ihren Erfahrungen zu berichten. Nicht alles muss auf einen Fall potentieller Radikalisierung hinweisen. Aber vieles zeigt, wie tief manche Werte oder Haltungen bereits bei einigen der Schüler verankert sind. So erzählt ein Lehrer, dass in seiner Klasse zunehmend mehr Schüler aus Familien mit Einwanderungsgeschichte darauf bestehen, als »Ausländer« bezeichnet zu werden und nicht als Deutsche – obwohl sie allesamt hier geboren wurden. Eine Lehrerin berichtet von Mädchen aus ihrer Klasse, die sich vom Schwimmunterricht fernhalten. Sie sind nicht offiziell davon befreit, aber Woche für Woche bekommen sie von ihren Eltern eine andere »Entschuldigung« mit. Auch auf Ausflügen oder Klassenfahrten fehlen diese Mädchen. Anfangs habe sie, die Lehrerin, das Gespräch mit den Eltern gesucht, doch als sie nur auf taube Ohren stieß, habe sie irgendwann aufgegeben.

Ein älterer Lehrer meldet sich zu Wort: Offen judenfeindliche Äußerungen und das Verteufeln von Amerika gehöre in seiner Klasse schlicht zur Normalität. Ein paar Mal habe er Schüler für solche Äußerungen mit Strafarbeiten bedacht. Doch danach seien die antisemitischen und antiamerikanischen Äußerungen nur noch lauter und häufiger geworden.

So und ähnlich sammeln wir Symptome, wobei den Lehrern allmählich etwas klarwird.

Es wird Abend und dämmrig im Lehrerzimmer, das Licht der Deckenlampe fällt auf eine Weltkarte, die sich über eine gesamte Wand des Lehrerzimmers erstreckt. Noch einmal gibt es frischen Kaffee. Da meldet sich eine junge Lehrerin zu Wort, die bisher schweigend dabeigesessen hatte. Sie wirkt mitgenommen von diesem Arbeitstag. »Ich glaube«, sagt sie, »dass ich heute zum ersten Mal verstanden habe, welche Zustände bei uns an der Schule herrschen.« Sie blickt in die Runde, ihre Kollegen und Kolleginnen nicken. Sie holt tief Luft: »Wir hätten viel eher reagieren müssen.«

Was an dieser Schule in Norddeutschland geschehen ist – und eben vor allem auch: was nicht geschehen ist –, ist im Kern das, was ich auf der gesamtgesellschaftlichen Ebene beobachte. Wenn ich in Hinblick auf unsere gegenwärtige gesellschaftliche Situation von einem Versagen auf ganzer Linie spreche, ist das nicht polemisch gemeint, sondern ganz realistisch. Es ist tatsächlich ein umfassender Befund, zusammengesetzt aus Hunderten von Erfahrungen und Diskussionen in der gesamten Republik. Täglich wird er mir in meiner Arbeit an Schulen und mit Jugendlichen, in der Auseinandersetzung mit Jugendämtern, Lehrern oder Sozialarbeitern aufs Neue bestätigt.

Seit Jahren verschärft sich das Problem der Radikalisierung von Jugendlichen, kontinuierlich steigt die Anzahl derer, die nach Syrien oder in den Irak ausreisen. Parallel dazu werden es immer mehr, die wir zur Generation Allah zählen müssen, während zunehmend das Konfliktpotential eines religiösen Fundamentalismus in die Gesellschaft, vor allem in die Schulen getragen wird. Wer hinschaut, der erkennt, wie sich die Lage zuspitzt, die Konflikte zwischen Muslimen und Nichtmuslimen zunehmen, die Reibereien innerhalb muslimischer Strömungen extremer werden, und etwa Alewiten häufig nicht mehr wagen, sich offen zu ihrer Religion zu bekennen. Gefürchtet werden Stigmatisierung, Ausgrenzung, Entsolidarisierung, Exklusion.

Einige Schüler geben sogar vor zu fasten, um Angriffen zu entgehen. Immer rigoroser, eindimensionaler werden Geschlechterrollen interpretiert und gelebt, der Druck auf Frauen und Mädchen, die kein Kopftuch tragen, nimmt zu. Und in vielen Fällen schlägt der Druck an Schulen und in Peergroups um in Mobbing. Das Wort »Jude« ist zu einem Schimpfwort auf Schulhöfen geworden, was gerade in Deutschland nur mit Entsetzen wahrgenommen werden kann.

Würden mehr Lehrer rechtzeitig Alarm schlagen und würde die Gesellschaft ihnen zuhören, dann wüsste sie, wie vielen Schülern und Schülerinnen inzwischen verboten wird, am Sexualkunde- und Schwimmunterricht, an Ausflügen und Klassenfahrten teilzunehmen. Auch wenn es verdeckt geschieht, weil betroffene Eltern ihre Kinder »krank« melden, fällt das auf. An einigen Schulen gehen Eltern und Kinder noch über die Forderung hinaus, Sportunterricht nach Geschlechtern zu trennen, und verlangen, dass Fenster von Turnhallen mit schwarzer Folie beklebt werden, damit keiner von außen ihre Töchter in Sportkleidung sieht. Wer sich ernsthaft mit diesen Phänomenen befasst, kann wissen, was das für die physische und psychische Entwicklung jedes dieser Mädchen bedeutet. Es sind Einzelfälle, immer mehr Einzelfälle, ganze Gruppen werden daraus – und eine Strömung innerhalb einer ganzen Generation.

Lehrer erklären, dass über den Nahostkonflikt kaum noch eine differenzierte Diskussion möglich ist, weil die Meinungen vieler Schüler so festgefahren sind und erbittert vertreten werden. Deutsche, europäische Medien gelten bei zahlreichen dieser Jugendlichen als »jüdisch unterlaufen« oder auf alle Fälle als »islamfeindlich«. Wer sich darauf einlässt, ihnen zuzuhören, kann begreifen, dass diese Jugendlichen ihre starren Ansichten immer kompromissloser vertreten, dass sie zum Dialog nicht mehr bereit sind und Meinungsfreiheit überall dort ablehnen, wo es um ihre Religion geht. Wer wachsam hinhört, kann erfassen, wie viele Jugendliche latent bis offen mit dem Salafismus sympathisieren, für wie viele von ihnen Demokratie etwas »Schmutziges« ist.

Unsere Gesellschaft könnte und müsste hier genau hinsehen. Doch der blinde Fleck wird geradezu kultiviert, ein Umdenken bleibt somit aus. Noch immer wird nicht daran gearbeitet, nachhaltige Konzepte zur Ausbildung von Lehrern und Lehrerinnen zu entwickeln, um auf die neuen Herausforderungen reagieren zu können. Schulen werden alleingelassen. Lehrer werden alleingelassen, Schulleiter werden alleingelassen.

Längst müsste die Kultusministerkonferenz, die als politische Institution die Bildungspolitik der Länder koordiniert, sich mit dem strukturellen und inhaltlichen Problem konsequent auseinandersetzen. Längst müssten Curricula dem aktuellen Bedarf angepasst werden, die Ausbildung von Pädagogen sich daran orientieren, dass hier neuen, alarmierenden Herausforderungen begegnet werden muss. Zu sehen ist stattdessen ein Flickenteppich temporärer, halbherziger Maßnahmen. Da und dort gibt es für einige Zeit ein paar Seminare, Workshops, Eltern-Lehrer-Gespräche, finanziert wird von Fall zu Fall etwas Stadtteilarbeit und Quartiersmanagement.

Es bleibt dem Zufall überlassen, wer in den Genuss solcher Maßnahmen kommt – und die Maßnahmen selber sind nicht nur meist unterfinanziert, sondern fußen oft auch auf derselben Blinder-Fleck-Mentalität, die auch in unserer Gesellschaft bestimmend ist. Solange Politiker das Problem der islamistisch radikalisierten Jugend – deutscher wie nichtdeutscher Herkunft – nicht zur Priorität erklären, wird sich am Flickenteppich nichts ändern.

Politiker scheuen die schonungslose Offenlegung der Problematik – sie scheuen die Ausgaben. Es ist überdeutlich, dass eine effektive Bildungskampagne zur Aufklärung teuer wird. Mindestens so klar ist es, dass die Folgekosten bei Ausbleiben einer solchen kaum zu beziffern sein würden. Bombenalarm an Schulen und bei öffentlichen Veranstaltungen hat es bereits gegeben. Junge Deutsche, die sich dem Dschihad des IS anschließen, gibt es auch schon zu Hunderten. Mehr und mehr zerbrochene Biographien und Gefahrenfaktoren und Kosten kämen auf die Gesellschaft zu, wenn das Umdenken ausbleibt – Anschläge, Fahndungen, Haftunterbringungskosten, Kosten an Leib und Leben der Opfer, Leid, zerstörte Karrieren, Familien und Nachbarschaften, gefährdete Institutionen. Zur Rettung bankrotter Banken werden Milliarden investiert – zur Rettung zahlreicher Jugendlicher sollte wenigstens ein Bruchteil davon investiert werden.

Es wird aber doch schon in Präventionsarbeit investiert! – Den Einwand höre ich oft. Aber in welche? Wo? Wie viel? Oft geht es dabei um das mediale Image einer Partei oder eines Staatsvertreters, selten bis nie um die Wurzeln der Probleme. Es ist ein riskantes Spiel, das die Politik hier treibt – vorbei an der Zukunft der Kinder, der Sicherheit des freiheitlichen demokratischen Wertesystems.

Vor nicht allzu langer Zeit erreichte uns eine Kooperationsanfrage von einem gemeinnützigen Verein, der für ein Jugendprojekt eine großzügige Förderung erhalten hatte: Jugendliche und deren Familien sollten langfristig von Sozialarbeitern begleitetet werden, um den Heranwachsenden berufliche Perspektiven zu eröffnen. Trotz des wohlklingenden Vorhabens hatten wir bald den Eindruck, dass etwas an dem Projekt merkwürdig war. Im Vorfeld erhielten wir zum Beispiel keinerlei Informationen über die jugendlichen Teilnehmer. Wir wollten der Sache aber eine Chance geben, erlebten dann jedoch eine wahre Farce.

Beim ersten Workshop packten wir unsere Materialien aus und warteten – drei Stunden. Kein einziger Jugendlicher erschien. Irgendwann tauchte der Projektleiter auf, den wir bis dahin nur einmal kurz zu Gesicht bekommen hatten – in seinem Büro mit den beiden Sekretärinnen. Wortreich entschuldigte er sich für die peinliche Situation. Offenbar sei etwas in der Kommunikation falsch gelaufen, ein Missverständnis. Trotz unserer Irritation erklärten wir uns bereit für einen zweiten Versuch. Schließlich wollten wir uns nicht von mangelndem Organisationsvermögen abschrecken lassen. Nächstes Mal, baten wir, möge es aber organisatorisch klappen. Das sei selbstverständlich, versicherte uns der Mann.

Ein neuer Termin wird anberaumt. Als wir eintreffen, erwartet uns neben dem Projektleiter sogar ein Fotograf mit professioneller Kamera, schon aufgebaut.

Und wer erscheint auch diesmal nicht? Die Jugendlichen, zu deren Wohl hier Gelder fließen. Ungehalten frage ich jetzt: »Wie kann es sein, dass Bericht um Bericht über dieses Projekt verfasst wird, dass Mittel beantragt und bewilligt werden, obwohl hier offensichtlich rein gar nichts passiert?« Er weicht aus, sagt etwas wie »Abwarten!«. Ich gehe nach draußen, um eine Zigarette zu rauchen. Was ich hier erlebe, macht mich komplett fassungslos. Offenbar sprechen hier Mitarbeiter ab und zu wahllos Jugendliche auf der Straße an, und überreden sie, in ihre Räume zu kommen, auf eine Stunde oder so. Gelockt werden sie mit Essen und Getränken, sie müssten sich nur neben den Mitarbeitern ablichten lassen. Irgendwann hatten sie an diesem Tag zehn Jugendliche beisammen, die sich mehr oder weniger lustlos für das Foto zusammenstellten. Die Hälfte war danach gleich wieder weg. Auch der Projektleiter hatte es plötzlich eilig. Ich bezweifle, dass an diesem Ort jemals irgendeine sinnvolle Arbeit stattgefunden hat. Und solche Fälle gibt es leider zuhauf.

Gerade weil ich engagierte Leute und Projekte, häufig auch kleinere, kenne, die wunderbare Arbeit leisten, machen mich solche Fälle wütend. Sie sind symptomatisch für eine von freien Trägern beherrschte Projektmafia, die äußerst verbreitet ist, die kaum Kontrollen unterworfen ist und der kein Riegel vorgeschoben wird. Ähnliches spielt sich im Kinder- und Jugendschutz ab, wie zwei Mediziner der Berliner Charité in ihrem Buch »Deutschland misshandelt seine Kinder« 2014 nachgewiesen haben. Millionen werden verpulvert an geschickte Nutzer des Trägersystems, die wissen, wie man Anträge überzeugend formuliert, Berichte wirkungsträchtig erscheinen lässt. Allzu häufig ist das bloßes Blendwerk.

Untereinander sind viele der Blender im Kampf gegen Radikalisierung glänzend vernetzt. Wird ihr Geld nicht bewilligt, rufen sie ihre Anlaufstellen in Behörden und Ministerien an, um ihre Förderungsansprüche durchzusetzen. Werde ihr Antrag nicht genehmigt, argumentieren sie erfolgreich, stünden die Entscheider unter Rassismusverdacht – dem will sich keiner aussetzen, schon gar nicht öffentlich. Entschieden wird dann nicht nach inhaltlichen Kriterien, sondern nach politischem Kalkül. Der Ertrag bleibt bei denen, die sich auf Antragsprosa verstehen oder aufs laute Trommeln, und häufig nutzen sie Arbeitsbeschaffungsmaßnahmen (ABM). Dort werden Millionen verbrannt, die an anderer Stelle fehlen, wo sie für Sinnvolles eingesetzt werden könnten.

Die Landschaft der Präventionsprojekte befindet sich ein wenig abgelegen vom Blick der Öffentlichkeit, sie ist schlecht überschaubar und voller kleiner Hügel, in denen es Verstecke, Höhlen, Nischen gibt, die jenseits der Erfolgskontrolle liegen. Hier wird munter dilettiert, gelogen, geschönt, herumprobiert. Das gute Best-Practice-Prinzip kann nicht greifen, wo nicht kontinuierlich und von außen ermittelt wird, was überhaupt funktioniert und was nicht. Das ist der erste, große Strukturfehler.

Wie oft sehe ich, wie die immer selben etablierten Organisationen Geld unter sich aufteilen. Ob das Geld die Jugendlichen in Form von sinnvollen Projekten tatsächlich erreicht, wird kaum jemals nachgeprüft. Und die Präventionsarbeit ist ein Markt konkurrierender Kurzstreckenläufer. Die Projekte laufen im Schnitt drei Jahre. Denn es kann ein Projekt noch so gut und sinnvoll konzipiert sein, nach drei Jahren läuft die Förderung aus, die Macher müssen das Rad neu erfinden, also ein neues Projekt mit anderem Konzept vorstellen, neue Gelder und Stellen beantragen. Weder inhaltlich noch personell gibt es Kontinuität. Finanziert wird eine Sisyphusarbeit, bei der Resultate selten zählen, auch wenn in jüngster Zeit eine graduelle Veränderung einsetzt.

Doch langfristige, flächendeckende Konzepte fehlen, um einem Generationenproblem wie unserem aktuellen beizukommen. Solange immer nur nach einem Anschlag oder einer Terrordrohung im Hauruckverfahren investiert wird, ist das umfassende Problem weder erkannt noch in Angriff genommen. Mediale Blasen und Schreibtischbeamte, die ohne Kenntnis der sozialen Realitäten entscheiden, sorgen weiter für das institutionalisierte Scheitern. Ich sage das als Psychologe, der Jahre in der Sozialarbeit in Deutschland Erfahrungen gesammelt hat, von der Einzelfallhilfe über die Gruppenarbeit bis zur strukturellen Konzeption.

Alle pädagogischen, sozialtherapeutischen und medialen Bemühungen müssen näher ran an das reale Geschehen an Schulen, in Jugendzentren, in Familien. Grundlegende Dynamiken, Denk- und Verhaltensweisen müssen erkannt und eingeordnet, die Probleme beim Namen genannt werden.

Oft sitze ich auf einer Konferenz und muss mir von irgendeinem Beamten oder einer Beamtin, der oder die noch nie eine Schule oder ein Jugendzentrum in einem Problembezirk besucht hat, anhören, ich solle doch bitte vorsichtig sein, wenn ich von ziellosem Aktionismus spreche oder von institutionellem Versagen. »Haben Sie denn nicht mitbekommen, dass das Ministerium X gerade wieder Millionen in Projekt X und Projekt Y investiert?« Doch, danke, habe ich mitbekommen. Aber ich frage jene Beamten, die in ihren arrivierten, ruhigen Vierteln leben: »Wissen Sie, was mit Ihren Millionen gemacht wird? Kennen Sie die Projekte? Waren Sie mal vor Ort und haben sich die Arbeit angeschaut?« Auch in der Politik gibt es zweifellos viele engagierte Menschen, die gegen genau solche Ignoranz ankämpfen. Aber oft sehe ich ebendiese auf nahezu verlorenem Posten.

Am wichtigsten ist den Ministerien, Trägern, Stiftungen, dass in den Projekten kein Aufruhr, keine Unruhe entsteht, dass sie gut aussehen und medial etwas hermachen. Honoriert werden Institutionen, die ein Thema wie Islamismus gar nicht erst ansprechen und stattdessen lieber über Themen reden, die konsensfähig sind und niemandem weh tun, »Respekt« zum Beispiel oder »Identität« oder »Diskriminierung«, die »Opferrolle von Jugendlichen«.

Fraglos sind auch das wichtige Themen. Aber die Schlüsselfragen der Generation Allah bleiben dort unberührt.

Entscheider, Geldgeber müssen generell Methoden finden, Kooperationspartner in Sachen Prävention klüger auszuwählen, auch und gerade mit Blick auf die muslimischen Organisationen und Institutionen. Häufig wird nicht hingesehen, mit wem man es zu tun hat, nämlich oft mit Institutionen, die reale Probleme kleinreden oder unter den Teppich kehren – selbst in der Islamkonferenz.

Während ich dort Mitglied war, wurde monatelang über den Begriff Islamismus diskutiert. Zahlreiche Verbände wollten den Begriff nicht einmal verwenden, da er »ein schlechtes Licht auf den Islam als solchen« werfe. Vertreter solcher Verbände erklärten auch rundweg, muslimischer Antisemitismus existiere gar nicht. Auf Begeisterung und Willen zu Engagement stieß allein das Thema Islamfeindlichkeit. Das greift zu kurz, das führt nicht weiter. Während sich Jugendliche radikalisieren, Juden, darunter ein Berliner Rabbiner, auf offener Straße körperlich attackiert werden und Judenhass – freilich auch unter Nicht-Muslimen – erschreckende Ausmaße annimmt, bleiben muslimische Verbände tatenlos und denken vor allem an das Prestige des Islam. Was für eine fatale Haltung! Und wie fatal zudem, dass der Staat genau auf diesen Kurs einschwenkt, autonom denkende Einzelpersonen von der Islamkonferenz ausschließt und einzig mit jenen Verbänden spricht, die sich der Demokratie gegenüber leidenschaftslos zeigen.

Als die Debatte um den Salafismus in den Medien präsenter wurde, als die Gefahren auf die politische Agenda rückten und Zahlen über radikale in Konfliktgebiete ausreisende Kämpfer zu lesen waren, da traten Verbände, die eben noch abgewunken oder sich quergestellt hatten, wenn es um Islamismus ging, mit einem Mal als Präventionsexperten auf. Sprachlos und zornig habe ich ihre Worte vernommen. Sicher hoffe auch ich, dass es dem einen oder anderen Imam, der einen oder anderen Gemeinde und Moschee gelingt, eine potentielle »menschliche Bombe« zu entschärfen. Dennoch bleibt das Islamverständnis dieser Verbände problematisch. Ihr Wirken fungiert nicht selten als Ausgangsbasis des Radikalismus.

Eine langfristige erfolgreiche Veränderung im Sinne einer Reform des Islam liegt kaum in ihrer Absicht. Wer wollte dort den strafenden Gott abschaffen? Wer die Geschlechtertrennung und die damit verbundene Tabuisierung von Sexualität? Den Buchstabenglauben? Die Rolle des diskriminierten Opfers? Wer traut sich dort, Kritik an der Politik von Staatspräsident Erdoğan zu üben? Wenige, zu wenige bisher.

Kurzsichtig setzen Politiker auf traditionelle, autoritär strukturierte muslimische Verbände als Partner. Doch nicht nur die individuelle »Bombe« ist gefährlich, sondern auch die antidemokratischen Auffassungen in vielen muslimisch geprägten Milieus, die demokratische Werte unterspülen. Es darf künftig nicht mehr möglich sein, dass etwa ein Imam, der sich wiederholt antisemitisch geäußert hat, an einer Schule ein Seminar zum Thema Antisemitismus anbietet, ein Religionsvertreter, der Inhalte vertritt, die hochproblematisch sind. So wird er offiziell legitimiert, Schülern seine fragwürdigen Inhalte zu vermitteln. Selbst wenn er der Klasse erklärt, »Gott will nicht, dass ihr antisemitisch seid«, löst er das Problem nicht, sondern erzieht zur Unmündigkeit – ohne Nachdenken, Einfühlen, Wissen. Wieder wäre nur mit den Mitteln der Angstpädagogik ein Verbot oder ein Gesetz verhängt, statt einen Prozess der Meinungsbildung und des wirklichen Verstehens in Gang zu bringen.

Hocken diese Jugendlichen eine Woche später in der Moschee, wird derselbe Mann ihnen womöglich etwas völlig Konträres erzählen. Die Gefahr besteht, dass dann der Respekt vor der Schule noch mehr sinkt: »Aha«, werden die Jugendlichen denken, »an der Schule muss der so reden, aber hier sagt er, was er wirklich meint.« Auf den Fall des zitierten Imams wurden Journalisten aufmerksam und berichteten darüber. Was tat die Schule? Der Besuch des Imams in der Schule geschah von da an ohne Pressevertreter. Was auch immer dort gesagt wurde – Hauptsache, das öffentliche Ansehen blieb intakt.

Politisch wird oft der Fehler begangen, bei diesem Thema nur an der Oberfläche zu prüfen, mit wem man es zu tun hat. Spricht sich eine muslimische Vereinigung etwa gegen Ehrenmorde oder Terrorismus aus, reicht das häufig, um sich als demokratiefähige Vereinigung auszuweisen. In die ambivalenten Graubereiche ihrer Presseerklärungen, in denen relativiert und ausgeblendet wird, schaut man dann nicht mehr so genau hin. »Immerhin sagen sie öffentlich das Richtige.«

Doch das reicht nicht aus. Bei der Betrachtung patriarchalischer Positionen, die zur Basis für Radikalismus gehören, gelten in unserer Gesellschaft leider überhaupt oft nur Extrempositionen als problematisch. Stimmt die Haltung oberflächlich mit landläufigen, alltäglichen Haltungen überein, wirkt das beruhigend. Dabei wird versäumt, eine Schicht darunter zu sehen, um zu erkennen, wie es im Inneren dieser Vorstellungswelt wirklich aussieht, wo sich durchaus Einstellungen verbergen, die demokratischem Denken widersprechen.

Am Beispiel der Geschlechtervorstellungen und der sexuellen Tabuisierung wird das besonders deutlich. Wer sich gegen Ehrenmord oder Terror verwahrt, der gilt als potentieller Partner in der

Arbeit gegen Extremismus. Aber auch alle Salafisten sprechen sich gegen Ehrenmorde aus. Wesentlicher ist, dass das Thema Ehrenmord nur die Spitze eines Eisberges ist, wenn man sich mit Vorstellungen und Überzeugungen von vielen beschäftigt. An der Spitze finden sich die extremsten Positionen, nach unten, in der Breite, werden die Vorstellungen dann zwar immer gemäßigter, haben aber ihren Ursprung in derselben Vorstellungswelt.

Gleich nach dem Thema Ehrenmord rangiert das Thema der Zwangsverheiratung, daran schließt sich die mildere Form, die »arrangierte Ehe« an. Sie bedeutet, dass künftige Ehepartner einander nur durch Vermittlung der Familie begegnen dürfen, sich aber immerhin kennenlernen. Vielleicht darf die Frau auch den ersten Heiratskandidaten, der ihr von ihrer Familie präsentiert wird, ablehnen. Beim zweiten Mal besteht bereits massiver Druck. Spätestens beim dritten Kandidaten bleibt ihr keine Wahl mehr.

Eine Stufe unter der arrangierten Ehe steht die psychische und physische Gewalt als legitimes Erziehungsmittel. Nicht nur Schläge zählen hierzu, sondern das Einsperren von Kindern, die Kontrolle ihrer Kommunikation, ihrer Freundschaften und Gewohnheiten. Vor allem Mädchen betrifft die umfassende Fremdbestimmtheit von Körper und Sexualität, Kleidervorschriften, ein ganzer Katalog von Normen, dem sich Kinder zu fügen haben.

Viele fromme Muslime werden die drastischen Formen der Gewalt ablehnen. Gräbt man aber etwas tiefer, stößt man bei einigen auf zustimmende Positionen gegenüber Inhalten, die nicht demokratiekonform sind, etwa dem Verhaltenskodex, der Frauen auferlegt wird. Wer so denkt, kommt für eine effektive Präventionsarbeit gegen Patriarchalismus nicht in Frage. Doch so genau prüfen das die wenigsten, die Partner für Präventionsarbeit suchen. Sie sind meist ganz einfach nicht vor Ort, um sich ein Bild machen zu können. Begegnet man diesen falschen Partnern persönlich, merkt man relativ bald, wie sie wirklich denken.

Auf einer Veranstaltung zum Thema Radikalismus hatten sich Kooperationspartner zusammengefunden, um Konzepte gegen den Islamismus zu entwickeln. Ich war dort als Vortragender eingeladen. In der Pause stehe ich mit dem Vorstand einer dieser Organisationen zusammen, wir trinken einen Kaffee. Plötzlich wechselt er vom Deutschen ins Arabische. Er sagt, es gäbe da doch nur ein paar verwirrte Jugendliche, die in den Islamischen Staat ausreisen, daraus mache man einen viel zu großen Skandal. Er schüttelt den Kopf. »Seien Sie doch vorsichtiger mit dem, was Sie Deutschen gegenüber zum Islam verbreiten!« Ich sei zu kritisch, das sei nicht gut, »das führt nur zu Missverständnissen«, belehrt er mich. »Wir als Muslime sollten, solange wir nicht unter uns sprechen, unsere Religion positiv darstellen.« Derselbe Mann war seit Jahren mit subventionierter Aufklärungsarbeit beauftragt.

Oder eine Szene bei der Ehrung des Initiators eines gemeinsamen Fastens von Muslimen und Juden. Eine Bürgermeisterin hält eine Lobrede, feiert die interkulturelle Kompetenz der Aktion: »Solche Initiativen sind so wichtig, um Vorurteile abzubauen!« Nach dem Festakt wird Essen gereicht. Der Gefeierte löffelt mit der einen Hand seine Suppe – mit der anderen postet er auf Facebook sinngemäß Folgendes: »Zionistische Kräfte vergiften die Welt, ich verbeuge mich vor den Palästinensern und den Freiheitskämpfern der Hamas!« Von alledem weiß die Bürgermeisterin nichts. Sie sieht vor sich den aufgeklärten Muslim. Lokale Politiker wollen von Zweifeln daran nichts hören: »Ach, der ist doch so offen und zugänglich.« Überhaupt, er trage doch sogar einen Anzug.

Dass ich auf die bedenklichen Positionen solcher Akteure hinweise, soll nicht mit der Aufforderung verwechselt werden, sie auszugrenzen. Im Gegenteil, es ist notwendig, mit ihnen im Gespräch zu bleiben. Nur – blind mit ihnen kooperieren sollte man nicht. Wer von Interkulturalität spricht, sich gegen Rassismus wendet, Salafismus ablehnt, ist nicht automatisch ein geeigneter Aufklärer, schon gar nicht für Jugendliche. Denn geht es um den Nahostkonflikt, Antisemitismus, religionskritische Karikaturen, werden manche dieser Leute ganz andere Register ziehen und damit potentiell dem Radikalismus die Tür öffnen.

Es scheint, dass Politiker sich im Moment in der verzweifelten Lage sehen, jeden vermeintlich Gutwilligen, der sich irgendwie anbietet, vorschnell glauben begrüßen zu müssen. Umso schockierender ist es dann, wenn – wie auch schon geschehen – muslimische Preisträger für Präventionsarbeit gegen Radikalisierung sich bei der Verleihung weigern, der Moderatorin die Hand zu geben, da sie fremde Frauen nicht berühren, und wenn sie dann als Erstes Allah und Mohammed danken. Verblüfft assistierte ein Minister bei einer solchen Szene und schwieg. Er war schlecht informiert worden. Meist klärt ja schon ein Blick auf die Internetseiten auf, ob sich jemand für Geschlechtertrennung stark macht, kleine Mädchen mit Kopftüchern als vorbildlich darstellt und der Angstpädagogik das Wort redet.

In diesem Sinne stellen Salafisten die einfacheren Gegner dar, da sie sich laut und explizit von Demokratie und Menschenrechten distanzieren. Von ihnen wird man sich nicht täuschen lassen. Wohl aber von jenen, die sich gemäßigt geben und eine verborgene Agenda haben, die mit demokratischen Werten unvereinbar ist. Sich mit Begriffen wie »Menschenrecht« oder »Grundgesetz« zu schmücken ist keine Kunst. Und es nützt dabei wenig, wenn die Akteure dem traditionellen Islamverständnis unkritisch gegenüberstehen. Ehe man sichs versieht, fangen einige, die so denken, auch an, den Islamismus zu relativieren.

Die Reform von Präventionsarbeit muss an zwei Punkten ansetzen: Erstens auf politischer Ebene, weil hier die Entscheidungen über die Konzepte getroffen werden, und damit über die Auswahl von Partnern, mit denen diese Ziele umgesetzt werden sollen. Zweitens muss die Ausbildung von Lehrern und Sozialarbeitern verändert werden. Sie sind unmittelbar mit den geschilderten Problemen konfrontiert und müssen reagieren können. Heute bietet ihnen ihr Studium dazu nicht annähernd genügend Instrumentarien. Hier und da findet sich ein Seminar zur interkulturellen Kompetenz, in der Regel ist der Besuch aber fakultativ. Da werden also Leute in die soziale Wirklichkeit geschickt, die unwissend in den akuten, brennenden Problemen herumtappen. Das ist mehr als fahrlässig. Es ist riskant.

Schluss mit der Ihr-wir-Debatte

Wer die Entwicklungen der Generation Allah verändern will, der muss sie als Teil der gesamten gesellschaftlichen Gemeinschaft begreifen. Es sind deutsche Jugendliche, es ist unser aller Nachwuchs. Erst mit diesem klaren Blick schwinden die Berührungsängste diesen Jugendlichen gegenüber.

Ende 2014 leitete ich ein Seminar an einer Fachhochschule zum Thema Präventionsarbeit bei Jugendlichen. Die Studierenden standen kurz davor, als Sozialarbeiter in Jugendzentren oder an Schulen zu gehen, in urbanen Brennpunkten oder ländlichen Regionen. Zum Abschluss des Seminars sollten sie ein Interview mit einem muslimischen Jugendlichen führen. Den Fragenkatalog konnten sie frei entwickeln, es ging um Schule, familiären Alltag, um mögliche Diskriminierungserfahrungen, Weltpolitik, die Rolle der Religion.

Ein Teil der Studenten meisterte die Aufgabe kenntnisreich und problemlos. Sie hatten in Praktika oder im Privatleben schon Erfahrungen gesammelt. Ein anderer Teil dagegen wirkte ahnungslos und überfordert. Zahlreiche spätere E-Mails machten mir klar: Einige der Studenten hatten regelrecht Angst vor solchen Gesprächen und Begegnungen. Mehrere Semester Studium haben sie nicht darauf vorbereitet. Sie befürchteten, unsensibel zu wirken, zu wenig zu wissen, abgelehnt zu werden.

Offenbar war weder ihnen noch ihren Professoren bewusst, wie wirklichkeitsfremd ihre Ausbildung verlief. Und ich fragte mich, wie diese Studenten in ihrer Arbeitspraxis bald reagieren würden, wenn an einer Schule ein muslimischer Junge den Umgang mit Mädchen in seiner Klasse verweigerte. Oder wenn ein Mädchen nie erschiene, wenn schulischer Schwimmunterricht anberaumt wäre, und es darum ginge, mit den Eltern zu sprechen. Wie würden sie mit Jugendlichen kritisch über das Thema Nahost oder Antisemitismus diskutieren können?

Ähnlich liegt ein anderer Fall. Beim Vorgespräch mit einer Lehrerin für einen Workshop mit ihrer Klasse berichtet die Lehrerin, die Lage sei »ziemlich schwierig« und werde immer schlimmer. Seit zwei Jahren unterrichte sie die Klasse, »von einunddreißig Schülern und Schülerinnen sind achtundzwanzig Türken«. »Türken?«, frage ich erstaunt. »Ach so …«, sie korrigiert sich: »Die sind türkischstämmig.« Daran hat sich die Pädagogin noch nicht gewöhnt: Sie unterrichtet deutsche Jugendliche mit familiärem Einwanderungshintergrund.

Im Workshop merke ich sofort, dass hier noch ein ganz anderes Missverständnis vorliegt. Ganze zwei türkischstämmige Schüler sind in der Klasse. Die übrigen haben einen libanesischen, palästinensischen, bosnischen und marokkanischen Hintergrund. Nicht ein einziges Mal war die Lehrerin auf den Gedanken gekommen, ihre Schüler nach deren Geschichten zu fragen. Ihr Interesse an ihren Schülern tendiert gegen null. Biographiearbeit ist ihr ein Fremdwort. Die Kinder pauschal als Türken oder Muslime zu verstehen ist purer Rassismus, pädagogisches und politisches Versagen nicht nur der Lehrerin, sondern auch der Schule.

Die Haltung dieser Lehrerin ist kein Einzelfall. Sie erkennt die Probleme der »schwierigen« Klasse als etwas Fremdes, nicht als ein gesellschaftliches Phänomen in Deutschland. Für sie sind es die Probleme »von denen«.

An einer anderen Schule suchte eine Lehrerin Rat, als sich in ihrer Klasse ein Schüler als Islamist zu erkennen gegeben habe. Er hatte am Ende des Ramadan die Teilnahme am Klassenfrühstück verweigert. »Der ist wahrscheinlich in einer radikalen Sekte.« Nach ein paar Minuten Gespräch mit dem Schüler war die Angelegenheit geklärt. Er hat einen ägyptischen Hintergrund, dort wird dieses Jahr einen Tag länger gefastet als in der Türkei, da sich das Ende des Ramadan nach dem Zyklus des Mondes richtet. Jedes Land entscheidet für sich, wann genau er endet. Statt alarmiert zu zittern, hätte jemand aus dem Kollegium das Gespräch mit dem Jungen suchen, etwas von seiner Biographie und Herkunft erfahren können.

Lehrer müssen nicht zu Islamexperten werden. Aber ein wenig Wissen, Interesse und Neugier helfen. Trotzdem begegnen uns etwa Lehrer wie jener in Berlin-Neukölln, der nicht weiß, wann Opfer- oder Zuckerfest gefeiert werden, obgleich an seiner Schule der Anteil von Jugendlichen mit muslimischem Hintergrund gegen 99 Prozent tendiert.

Transkulturelle Kompetenz ist das Zauberwort. Wo es um Geschäftsbeziehungen zu japanischen Unternehmen geht, wird mit aller Selbstverständlichkeit Geld investiert, damit Führungspersonal und Mitarbeiter die Gepflogenheiten des Umgangs miteinander lernen, um das Gegenüber nicht zu düpieren, besser einschätzen zu können. An Schulen passiert nichts dergleichen. Leute, die seit Generationen in Deutschland leben, die einen deutschen Pass oder eine unbefristete Aufenthaltsgenehmigung besitzen, werden bei Grenzkontrollen am Flughafen immer noch gern gefragt: »Wie lange wollen Sie denn in Deutschland bleiben?«

Auch solche kleinen Gesten und Sätze führen dazu, dass Menschen sich nicht zugehörig fühlen. Mir passiert es immer mal, dass ich sogar nach Stunden der Zusammenarbeit bei einem Workshop vom deutschen Veranstalter nicht als »Herr Mansour« sondern als »Herr Mohammed« angesprochen werde. Den Namen kennt er eben am besten ...

Ignoranz und die fehlende Bereitschaft, sie zu überwinden, erhalten den Wir-ihr-Graben in der Gesellschaft. Er verhindert die Lösung schwelender oder virulenter Konflikte. Es müssen gar nicht rassistische oder bewusst bösartige Äußerungen sein, die diese Kluft entstehen lassen. Gerade die kontinuierlichen Beiläufigkeiten machen ihn breiter und verstärken das Auseinanderdriften von Bevölkerungsgruppen. Etwa wenn ein Lehrer missbilligend das Gesicht verzieht, wenn Jugendliche über religiöse Praktiken oder vom kommenden Opferfest erzählen.

Bei einem Besuch in Schweden erzählte mir eine Sozialarbeiterin, wie sie dort versuchen zu verhindern, »dass schwedische Mädchen unterdrückt und Opfer von Ehrenmorden werden«. Ich stellte mir vor: Schwedische Mädchen, blond, blauäugig, müssen einen Ehrenmord fürchten? Für sie waren muslimische Mädchen mit familiärem Einwanderungshintergrund ganz selbstverständlich das, was sie waren: schwedische Staatsbürgerinnen. Denn sie sind in Schweden geboren, sie haben einen schwedischen Pass – so einfach ist das.

Deutschland kennt solche Selbstverständlichkeit kaum, selbst da, wo man sich für aufgeklärt und reflektiert hält. Aufgebracht rief mich eine Redakteurin einmal an, als ich den bestellten Artikel zum Thema Islamismus geschickt hatte. Die Rede war darin von »deutschen Zuständen«. Die Redakteurin verstand das als Affront. So könne man das auf keinen Fall sagen. – Auch sie ist kein Einzelfall.

Ausländer, Migrant, Gastarbeiterkind – Bezeichnungen, die

weder politisch korrekt noch zutreffend sind, werden immer noch verwendet. Selbst »Jugendlicher mit familiärer Einwanderungsgeschichte«, wie ich es zur Differenzierung benutze, ist in dieser Hinsicht natürlich immer noch teilweise problematisch.

Solche Kinder werden mit dem Vermerk »NDH« in ihrer Schulakte eingeschult – »nicht deutscher Herkunft«. Kriterien für diesen Vermerk gibt es nicht. Irgendeine Sekretärin, ein Beamter entscheidet. Wenn sich nichts ändert, wird auch bei meiner 2015 geborenen Tochter einmal ein solcher Vermerk in die Akte kommen. Obwohl sie in Deutschland geboren ist, meine Frau mit ihr deutsch spricht und ich mit ihr deutsch und arabisch spreche.

»NDH« mag als gutgemeinter Hinweis auf einen möglichen Bedarf an Sprachförderung gedacht gewesen sein. Doch was bewirkt das Kürzel bei Lehrern und Lehrerinnen? Vermerke wie diese grenzen aus, sie werden zu Stigmatisierungen. Über den wahren Bedarf an Förderung sagen sie nichts aus – er muss individuell für jedes Kind ermittelt werden, auch für jene, die »DH« sind, deutscher Herkunft – ein Kürzel, das natürlich nicht verwendet wird.

Vermittelt man aber jungen Leuten permanent das Gefühl, dass ihre Kultur, ihre Religion Fremdkörper in der Gesellschaft sind, ist es eine Frage der Zeit, bis sie sich aktiv einen anderen identitätsstiftenden Halt suchen. Und der wird uns als Mehrheitsgesellschaft vermutlich nicht gefallen.

Im Gespräch mit Lehrern und Lehrerinnen über diese Dynamik höre ich häufig das Argument, es seien doch die Schüler und Schülerinnen selbst, die sich als »Ausländer« bezeichnen, sogar darauf bestünden. Zweifellos ist das so. Diese Entfremdung ist aber das Resultat ihrer Erfahrungen, nicht deren Ursache. Es ist ein Versuch, Ausgrenzung in Stärke zu verwandeln, oft auch, weil ihnen von der Familie oder in Peergroups die Vorstellung mitgegeben wird, sie seien nicht »deutsch« – was mitunter schon als Schimpfwort gilt. Deutsch, das ist emotionale Kälte, deutsch, das ist die »Kartoffel«, ein Schimpfwort für Deutsche. Deutsch will man nicht sein, ist man nicht.

In der Konsequenz ist diese Art der Abgrenzung genauso sinnlos und wenig durchdacht wie die der Rassisten. Diese gesamte Dynamik gilt es aufzulösen. Diese Jugendlichen müssen von Lehrern, Nachbarn oder in Medien erfahren, dass sie selbstverständlich akzeptierte Bürger dieses Landes sind. Nur so können sie für Verfassung und Werte gewonnen werden – wenn es auch ihre eigenen sind. Jeder kann einen Beitrag zu dieser gesamtgesellschaftlichen Angelegenheit leisten. Erst dann kann wirklich und wahrhaftig ein Wir-Gefühl entstehen.

Die psychologischen Mechanismen, die zur Aufspaltung in »wir« und »ihr« führen, sind einfach nachzuvollziehen. Häufig beginne ich Workshops oder Veranstaltungen an Schulen damit, dass ich den Jugendlichen diese Mechanismen aufzuzeigen versuche. Fragt man sie, welche positiven Aspekte sie spontan mit der muslimischen, türkischen oder arabischen Kultur assoziieren, heißt es: Zusammenhalt, Respekt vor Älteren, soziale Wärme, starke soziale Bindungen an die Familie, Kinderfreundlichkeit. Plakative Aspekte, sicher. Aber in ihnen spiegelt sich das Milieu ihrer Wertegemeinschaft. Fragt man dann nach positiven Aspekten der westlichen Kultur, heißt es etwa: Individualität, Freiheit, Vielfalt, Raum zur Selbstentfaltung, freie Entscheidungsmöglichkeit.

Dann frage ich die Schüler: »Was kommt wohl dabei heraus, wenn man die positiven Aspekte so weit überspitzt, dass sie ins Negative kippen?« Auch da fallen die Antworten relativ einhellig aus. Die muslimische Kultur betreffend lauten sie: Kontrolle, Zwänge, Kollektivismus, Gehorsamkeit, Gewalt und Hierarchie.

Über den Westen heißt es entsprechend: Depression, Grenzenlosigkeit, Einsamkeit, Egoismus, Alkoholismus. Am »anderen« werden leider häufig zunächst die negativen Aspekte wahrgenommen, damit hat die Aufspaltung in »wir« und »ihr« schon begonnen. So entstehen Angst und Distanz, Kränkung und Beleidigtsein.

Mehrheitsgesellschaft und muslimische Milieus in Deutschland verstehen sich beide auf diese Dynamik. Wer ein negatives Bild von der westlichen Gesellschaft hat, wird sein Kind davor schützen und die positiven Werte der eigenen Kultur vermitteln wollen. Das kann dann, besonders in der Diaspora, so forciert und so übertrieben werden, dass das Positive ins Negative kippt. Wer erlebt, dass über ihn Vorurteile kursieren, wird alles daransetzen, sich und seine Kultur zu verteidigen. Auch so entsteht Überspitzung, Verschärfung. So kann es passieren, dass etwa Eltern mit Lehrern nicht mehr offen über Probleme der Kinder, der Familie reden. Lehrer gehören zu »den anderen«, ihnen gegenüber geht man in Abwehrhaltung.

Jugendliche, die in der Lage wären, die positiven Aspekte aus beiden Kulturkreisen in sich zu vereinen, die offen für unterschiedliche Kulturen sind und sich von einer in die andere mühelos bewegen können, wären die Elite unseres Landes. In einer globalisierten Welt sind solche Jugendlichen einen großen Schritt voraus. Dafür muss das neue Wir-Gefühl verinnerlicht werden, der politische Wille muss da sein, es zu erzeugen und gedeihen zu lassen. Deutschland ist mehr als Bayern und Ostbrandenburg, Jens und Charlotte. Zu Deutschland gehören auch Abdul und Yasemin. Deutschland, so wäre das Resultat, das bedeutet Vielfalt, und gerade diese Vielfalt schätzen wir. Alle gewaltfreien Traditionen sind dann eine Bereicherung.

So würden auch die Werte unseres Landes vermittelt. Und diese Werte heißen nicht allein Pünktlichkeit oder Zuverlässigkeit. Deutschsein bedeutet nicht, Kartoffeln zu essen oder Weihnachten zu feiern. Staatsbürger der Bundesrepublik Deutschland zu sein bedeutet, das Grundgesetz zu akzeptieren, dankbar zu sein für das Gelten der Menschenrechte, für die Freiheit und Rechtssicherheit der Demokratie. Es bedeutet, die Geschichte Deutschlands und Europas zu kennen, sich kritisch mit ihrer Gegenwart und Vergangenheit auseinanderzusetzen.

Angehörigen älterer Generationen, die ihr Leben lang in anderen Kategorien gedacht haben, wird die neue Vorstellung von Staatsbürgerschaft nicht ganz leichtfallen, und bis sich ein inkludierendes Wir-Klima entwickelt hat, wird es dauern. Es ist vor allem Aufgabe der jüngeren Generationen – und die Schulen sind der Ort, wo damit begonnen werden muss. Soll die Spaltung und Spannung zwischen »ihr« und »wir« aufgelöst werden, wird die gesamte Gesellschaft vielfältige religiöse und kulturelle Erscheinungen akzeptieren müssen, als selbstverständliche Normalität, wie es in den Vereinigten Staaten geschieht. Kinder und Enkel chinesischer oder türkischer Einwanderer etwa gehören dort zu den Eliten, sie werden nicht mit »Problemen« assoziiert und sind stolz auf beides: auf ihre Herkunft, und darauf, Amerikaner zu sein. Der aktuelle Präsident der USA ist ein Schwarzer. Wäre in Deutschland eine Kanzlerin mit türkischen Wurzeln denkbar? Sicher noch nicht.

Wenn ich Lehrer auf ihre fehlende Neugier anspreche, höre ich oft, sie würden nach der Herkunft nicht fragen, um Schüler nicht zu diskriminieren. Dieser Vorbehalt ist grundfalsch. Ohne Herkunft keine Zukunft. Wir müssen wissen, woher wir kommen, um herauszufinden, wohin wir gehen, jeder von uns. Ohne Kenntnisse und ohne wirkliches Kennenlernen gibt es weder Akzeptanz noch konstruktive Kritik. Lehrer können lernen zu fragen, ohne dabei zu diskriminieren.

Schule anders gestalten: neue Sozialarbeit und neue Pädagogik

Wesentlicher Teil der Präventionsarbeit gegen Radikalisierung ist eine konsequente Umgestaltung des Lehrplans an unseren Schulen. Wir müssen einen Lehrplan entwickeln, der auf die neuen sozialen Herausforderungen reagiert. Einer vollkommen veränderten Situationen, wie wir sie heute in unserer Gesellschaft und damit auch an Schulen haben, kann man nicht mit alten Konzepten beikommen. Vielmehr muss man die Situation mit all ihren Herausforderungen erkennen und auf diese reagieren. Nicht nur, was die Ausbildung von Lehrern und Lehrerinnen angeht, sondern ganz unmittelbar auch damit, was wir als Inhalte und Lernziele in den Lehrplänen verankern. Die wesentlichen Aspekte eines solchen neuen pädagogischen Konzepts sollen im Folgenden vorgestellt werden.

Biographiearbeit als notwendiger Teil des Lehrplans

Unerlässlich und zugleich eine denkbar einfache Maßnahme wäre es, in Schulen eine intensive Biographiearbeit zum festen Bestandteil des Lehrplans zu machen. Im vorherigen Kapitel habe ich das ja bereits angesprochen. Für die Pädagogen ist das problemlos lernbar, die Kosten wären minimal, der Nutzen ist groß. Derzeit verlassen Jugendliche häufig die Schule, ohne dass jemals ein Jota Interesse an ihrer »Herkunft« gezeigt, nach der Geschichte ihrer Eltern und Großeltern gefragt worden wäre. Dabei wäre das für alle Kinder, aber besonders für Kinder zwischen den Kulturen, besonders wichtig, um sich ihrer selbst zu vergewissern, sich geachtet zu fühlen und Vertrauen zu fassen. So fiele es auch deutlich leichter, Probleme anzusprechen. Wenn mich ein Lehrer kennt und schätzt, kann ich mich ihm leichter anvertrauen, kann Kritik besser annehmen und falle nicht auf falsche Autoritäten mit fatalen Versprechungen herein.

Sage ich Schülern nur, dass mir ihre Ansichten zum Nahostkonflikt nicht passen, lassen sie sich nicht auf eine Diskussion ein. Signalisiere ich: Erzählt mir doch die Geschichte eurer Familie aus dem Libanon, aus Gaza oder Pakistan, erfahre ich mehr über sie – und sie fühlen sich ernst genommen. Nach einer Weile werden sie auch offen dafür, sich meine Haltung anzuhören. Sie müssen mir gar nicht zustimmen. Aber vielleicht überdenken sie ihre Positionen.

Heute wird über die oft traumatischen Biographien der Familien von Kindern und Jugendlichen hinweggegangen, oder sie werden abgewertet und diffamiert. Oft erzählen mir Schüler mit palästinensischem Hintergrund, dass Lehrer beispielsweise zu ihnen sagen: »Beim Thema Antisemitismus, das wir heute behandeln, solltest du dich zurückhalten, deine judenfeindlichen Sprüche kennen wir ja.« Gerade da wäre es besonders wichtig, diesen Schülern zuzuhören und sie in die Debatte zu integrieren. Doch manche Lehrer schließen Schüler mit palästinensischem Hintergrund gezielt von Ausflügen zu Holocaust-Gedenkstätten aus, weil sie unterstellen, dass die Schüler sich »sowieso unangemessen verhalten« würden. Grundfalsch – da sie diese Schüler in ihren Vorurteilen noch bestätigen und ihnen die Möglichkeit nehmen, Neues zu lernen. Gerade für sie wäre eine konstruktive Auseinandersetzung eminent wichtig.

Mit Konfrontation darf man freilich nicht beginnen, dann hat man schon verloren. Daher sollte der Lehrer etwas von der persönlichen Geschichte jedes einzelnen dieser Schüler wissen. Sind die Eltern Flüchtlinge aus dem Nahen oder Mittleren Osten, aus Bosnien, dem Kosovo, aus Afghanistan? Haben sie ihr Trauma – was fast immer geschieht – an die Kinder weitergegeben? Hat die Familie Angehörige verloren? Lebt ein junger Mensch vielleicht abgeschnitten von Teilen seiner Familie, die in Krisengebieten wohnen?

Erlebt ein Jugendlicher Interesse und Empathie, kann er mit meiner Meinung und Position freier umgehen. Denn nun wird der Jugendliche nicht mehr den Eindruck haben, dass das Leid, das er oder seine Eltern oder Großeltern erfahren haben, durch das Reden über Antisemitismus entwertet und ignoriert wird. Um Interesse zu beweisen, muss man fähig sein, erst einmal auszuhalten, was manche Schüler an krausen Ideen vorbringen, demokratiefeindliche, verschwörungstheoretische, menschenverachtende Aussagen. Das zunächst in Ruhe anzuhören ist Grundvoraussetzung für einen Dialog, der die Jugendlichen in einem Prozess von ihren problematischen Meinungen abbringen kann.

Eine exemplarische Situation an einer Schule: Es ist der Tag nach den Attentaten von Paris. Eine Lehrerin betritt mit der guten Absicht die Klasse, über die Geschehnisse des Vortages zu reden. Was sie dann von den Schülern erfährt, hält sie nicht aus. Nach einer halben Stunde bricht sie den Unterricht ab, entsetzt, schockiert eilt sie ins Lehrerzimmer – und ruft die Polizei an. Ihre Schüler zeigten sich nachgerade begeistert von den Attentaten. Sie bejubelten die Mörder: »Die haben den Propheten gerächt!«

Mädchen, die bekundeten, dass sie keinerlei Mitleid empfinden, wenn Juden umgebracht werden. Katastrophale Aussagen, bestürzend, eben kaum auszuhalten.

Leider aber müssen Pädagogen der Gegenwart Techniken kennen, um so etwas auszuhalten – ein bisschen wie sich ein Psychiater professionell Wahnvorstellungen anhören können muss. Wenn eine Lehrerin oder ein Lehrer an dieser Stelle die Polizei einschaltet, wird es das letzte Mal gewesen sein, dass diese Schüler etwas offen von sich preisgegeben haben. Das mag, oberflächlich betrachtet, für einen Lehrer vielleicht sogar erst einmal angenehmer sein. Es erspart ihm die Auseinandersetzung.

Aber es bedeutet, dass die Einstellungen der Jugendlichen im Verborgenen bleiben. Sobald sie annehmen, dass sie besser fahren, wenn sie ihre wahren Überzeugungen für sich behalten, nimmt man ihnen die Möglichkeit, an diesen Vorstellungen zu arbeiten. Beim nächsten Mal, wenn ein Lehrer ein Tabuthema anspricht, werden sie unmittelbar auf Abwehr schalten. »Was geht Sie das an, Herr Müller? Das ist meine Religion, das ist meine Tradition. Dazu können Sie gar nichts sagen.«

Doch Lehrer Müller könnte das sehr wohl. Genauso wie ich das kann, der es zwar als Muslim leichter hat, Vertrauen zu gewinnen. Aber auch Lehrer ohne Migrationshintergrund können sehr gut lernen, solche Themen anzugehen. Ausbildung oder Fortbildung kann sie dazu befähigen, auch zu diesen Jugendlichen eine vertrauensvolle Beziehung aufzubauen und eine Atmosphäre zu schaffen, in der die Schüler und Schülerinnen das sichere Gefühl haben, dass sie ihre Meinungen frei äußeren können, ohne dafür ausgegrenzt zu werden – obwohl sie wissen, dass der Lehrer anders denkt.

Auch ich muss mir auf Workshops etwa über Religion und

Identität oft anhören, wie Jugendliche mit Verve antisemitische Überzeugungen vertreten. Auch für mich ist es sehr schwer, diese Sätze auszuhalten. Aber ich ertrage sie mit dem Ziel, dass sie am Ende der Auseinandersetzung nicht mehr in den Köpfen dieser Jugendlichen spuken.

Es geht ganz und gar nicht darum, problematische Aussagen herunterzuspielen und zu verharmlosen. Im Gegenteil. Es geht darum, zu erkennen, wo sie existieren und wie man sie abbaut. Aber ich kann gegen diese Einstellungen nur etwas tun, wenn ich sie mir anhöre und sie nicht sofort und absolut verurteile und an die Behörden delegiere. Was nicht heißt, dass das in manchen Fällen nicht doch nötig wäre. Aber der Verfassungsschutz hätte viel zu tun, wenn er Hunderttausende antisemitischer Äußerungen einzelner Schüler im Blick haben wollte. Hier sind die Kollegien der Schulen gefragt.

Ein Schulbesuch dauert in Deutschland mindestens zehn Jahre. In der Zeit kann vieles geschehen. Schule spielt eine wesentliche Rolle in der Sozialisation junger Menschen. Dort kann der Staat, kann die Gesellschaft den größten und langfristigsten Einfluss auf Jugendliche nehmen, den Boden bereiten für das Heranwachsen von Demokraten, von mündigen Menschen. Dass das gelingt, ist gesellschaftlich weitaus wichtiger als das Vermitteln von Mathematik- oder Geographiekenntnissen. Diese Chance wird derzeit vertan. Schlimmer noch: Anstatt junge Leute an den Schulen für die Demokratie zu gewinnen, werden sie ihr dort oft entfremdet.

Soll Schule eine Institution werden, die mit Erfolg auf die gewandelten sozialen Herausforderungen einer Einwanderungsgesellschaft reagiert, muss sie mehr sein als eine Fabrik für Noten und Abschlüsse. Neue Prioritäten müssen gelten, eines der zentralen Anliegen von Schulen muss fortan die Förderung einer demokratischen Sozialstation sein. Es hilft nichts, wenn Medien und Politiker hundertmal schreiben, dass Schulen keine Elternhäuser ersetzen können. Einen bestimmten Teil der Erziehung müssen sie leisten: das Vermitteln von demokratischen Werten und von Zugehörigkeitsgefühl. Dazu muss die soziale und kulturelle Durchmischung an Schulen verbessert werden. Dass es heute in einigen Stadtbezirken Schulen mit einem fast hundertprozentigen Anteil von Jugendlichen mit muslimischem Hintergrund gibt, ist fatal. Ein sozial riskantes Desaster.

Lehrer und Lehrerinnen an solchen Schulen sind häufig kaum noch Herr der Lage – zu viele Konflikte, zu viel Armut, zu häufiges Schuleschwänzen. Sogar zum Abitur erscheinen manche Schüler zu spät, weil zu Hause irgendwelche dringenden Familienangelegenheiten verhandelt werden. Schülerinnen werden aus dem Unterricht nach Hause beordert: Verwandtenbesuch, sie sollten kochen. Die Eltern erklären dreist, es habe einen Notfall gegeben. All das sind kleine, alltägliche Episoden. Aber sie addieren sich zu einem dramatischen Befund: Diese Familien sind in der Gesellschaft nicht angekommen. Sie haben nicht einmal mehr Interesse daran.

Wissen über die politische Gegenwart vermitteln

Wie viele Lehrer sind heute in der Lage, aktuelle politische Themen in ihren Unterricht zu integrieren, aktuelle Geschehnisse zu diskutieren? Nur sehr wenige. Den besonders engagierten mag es gelingen. Aber selbst für sie wird es schwierig, aktuelle Fragen in den Lehrplan einzubinden. Irgendwie müssen sie es in ihre

Mathe- oder Deutschstunden schieben. Aber gerade die Wissensvermittlung und die Diskussion über aktuelle politische Themen dürfen nicht nur nebenbei gestreift werden. Es ist so eminent wichtig, den Jugendlichen auf diesem Gebiet Bildung zu vermitteln, dass ich es als unbedingt notwendig erachte, einen gesonderten Platz im Lehrplan dafür zu schaffen.

Zwei oder besser noch drei Stunden in der Woche sollten für die Diskussion über die Konflikte, Krisenherde und Ereignisse reserviert werden, die sich gerade auf der Welt zutragen. Denn diese Themen sind es, die Jugendliche beschäftigen, weil sie im Internet und in den Medien – oft auf türkischen oder arabischen Sendern per Satellitenschüssel empfangen – immer wieder Fragmente von diesen Ereignissen aufschnappen. Deshalb sollte man, gerade was diese aktuellen Themen angeht, den Schülern die Möglichkeit geben, mitzuentscheiden, welche Themen diskutiert werden, wie Unterricht gestaltet wird.

Die Erfahrung zeigt, dass ein Großteil der Schüler interessiert ist an dem, was in den Krisenregionen der Welt passiert, egal ob mit oder ohne Migrationshintergrund. Syrien, Irak, Afghanistan, Israel, Gaza – vielleicht kommen die Familien mancher Schüler von dort, mit Sicherheit kennen sie Menschen, die ihre Heimat verloren haben durch Krieg. Sie sehen Szenen von Schiffen voller Flüchtlinge auf dem Mittelmeer. Sie sind verstört, holen sich »Informationen«, Gerüchte, Deutungen aus dem Internet oder von arabischen Sendern wie Al Jaseera. Sie entwickeln einseitige Betrachtungen, ohne in der Lage zu sein, zu beurteilen, zu durchschauen, dass es sich um ideologisch gefärbte Aussagen handelt. Dass Wut geschürt wird, um politischen Profit daraus zu schlagen.

Ich kenne nicht wenige Jugendliche, die Rapper wie Deso Dogg als Idol haben, einen Mann, der Propaganda für den IS und den Dschihad verbreitet. Von ihm lassen sie sich von Syrien erzählen. In der Schule lernen sie die europäische, die deutsche Geschichte samt der unheilvollen Abgründe des 20. Jahrhunderts. Das ist gut und wichtig. Politische Bildung bedeutet heute aber auch Wissen über aktuelles weltpolitisches Geschehen. Auch das Thema Salafismus darf nicht ausgespart werden. Nicht zu vergessen ist, dass auch deutsche Boulevardblätter oft diffuse Vorurteile gegen »Ausländer« bedienen. Lesen Jugendliche das, verstärkt das noch ihr Gefühl von Diskriminierung und eine ideologisch gefärbte Deutung der Welt.

Fundiertes, ideologiefreies Wissen zu vermitteln gehört zur absolut notwendigen Aufgabe der Schule. Oft sagen mir Schüler, wie extrem wichtig ihnen der Nahostkonflikt ist, brennend gern möchten sie darüber diskutieren. Aus ihren Worten spricht allerdings erschütternde Ahnungslosigkeit. Ich höre Sätze wie diese: »Die Hamas regiert in Gaza, aber Israel will Gaza besitzen, deshalb kämpft die Hamas gegen Israel.« Oder: »Die Juden kamen 1948 von Europa nach Israel und haben die Araber vertrieben. Sie wollten das Land nicht teilen. Deshalb gibt es Kriege zwischen Arabern und Juden.«

Davon etwa, dass Israel damals zugestimmt hatte, dass dieses Territorium geteilt wird, und dass die arabischen Staaten dagegen waren, haben die Jugendlichen nie ein Wort gehört. Sie wissen nicht, dass zwischen 1948 und 1967 die Möglichkeit bestand, in den jetzigen palästinensischen Gebieten einen palästinensischen Staat zu gründen, dass Israel damit einverstanden war, während Staaten wie Jordanien und Ägypten dagegen opponierten.

Aber sie meinen sich mit diesem Thema auszukennen. Dass nicht nur Palästinensern unrecht getan wurde, als sie aus ihren

Häusern verjagt wurden, sondern dass auch Juden nach der Staatsgründung Israels aus ihren arabischen Heimatländern vertrieben wurden – aus Jordanien, dem Irak, Syrien, Jemen, Marokko –, hören viele Jugendliche von mir das erste Mal. Dass in Israel eine Million Araber leben und arbeiten, dass sie Teil des Landes sind, wenngleich natürlich nicht vollkommen gleichberechtigt, blenden viele der Jugendlichen aus. Oder sie wissen es tatsächlich nicht.

Oft höre ich in Workshops oder lese in E-Mails, einen arabischen Israeli – wie ich mich selbst bezeichne – könne es nicht geben. Entweder sei man Palästinenser oder Verräter seines Landes.

Im Mai 2015 hat Bundeskanzlerin Angela Merkel die Röntgen-Schule in Berlin-Neukölln besucht, um mit Schülern und Schülerinnen über Europa zu sprechen. Einige winkten sofort ab und hatten keinerlei Interesse am Dialog. Und denen, die sprechen wollten, ging es nicht um Europa. Die Kanzlerin merkte schnell: Ganz andere Themen treiben die Schüler um. Sie wollten wissen, warum die Bundesrepublik Israel unterstützt, warum sie Israel Waffen verkauft?! Merkel hatte gute Antworten, die loyale Solidarität Deutschlands mit der kleinen Demokratie Israel, gegründet von Überlebenden der Shoah, erklärte sie deutlich, aber zu kurz, zu politisch. Genauso wie viele Lehrer und Lehrerinnen war sie bei dem Thema überfordert.

Als es aber im weiteren Verlauf des Gesprächs um Rassismus im Alltag ging, bewegte auch sie sich auf unsicherem Terrain. »Wir wollen auch mal deutsche Freunde haben«, sagte einer. Sie könnten sich doch mit Schulen in Marzahn austauschen, schlug Merkel vor. »Oder geht doch einfach mal ins Kino nach Marzahn!« Skepsis bei den Schülern. »Wenn Fatima mit dem Kopftuch nach

Marzahn geht, wird sie sicher komisch angeguckt.« Merkels Replik: »Wenn ich nach Neukölln komme, gucken mich auch gleich alle so an.« Die Schüler mussten lachen, aber überzeugt schienen sie von den Antworten nicht. Auf solche Fragen müssen Politiker wie Lehrer klarere, konkretere Antworten finden.

Islam im Unterricht an deutschen Schulen

Islamunterricht, Religionsunterricht an sich, sollte konsequenter unter dem Aspekt der Wissensvermittlung stehen. Konfessionsorientierter Religionsunterricht ist im Jahr 2015 meiner Überzeugung nach fatal. Warum teilt man die Kinder auf, so dass Katholiken in Klasse A, Protestanten in Klasse B, Muslime in Klasse C gehen? Was für ein Bild bekommen die Gruppen voneinander? Eben: Die anderen sind anders. Und wer weiß, was die dort lernen!

Weitaus sinnvoller wäre es, das Fach Religion zu nutzen, um etwas über alle Religionen zu erfahren, Einblicke in das zu gewähren, was sonst meist fremd bleiben wird, wovon nur pauschale und oftmals vorurteilsbeladene Bilder bestehen.

Das Hamburger Modell bietet hier die mit Abstand beste Lösung. In der Hansestadt wird Religionsunterricht für alle Konfessionen gemeinsam angeboten, dort, ortsbedingt, koordiniert von evangelischer Hand. Es handelt sich zwar um bekenntnisgebundenen Religionsunterricht nach Artikel 7 des Grundgesetzes. Aber: Er richtet sich an alle Schülerinnen und Schüler, egal welchen Glaubens. Bei diesem interreligiösen Ansatz werden Kinder nicht voneinander separiert, sondern in ihre Altersgruppe integriert. Sie erfahren voneinander, übereinander und erleben die Vielfalt des Glaubens direkt. Ist es nicht ohnehin Wahnsinn, Schüler nach Konfessionen zu trennen? Was soll das bewirken in einer modernen, offenen und globalen Gesellschaft? Das ist unsäglich, es gehört ins 19. Jahrhundert!

Interreligiöser Unterricht bietet auch die Möglichkeit, den Islam – wie alle Religionen – in der historischen Entwicklung zu sehen. Jenseits patriarchaler und totalitärer Autorität kann das Fragen und Diskutieren erprobt und gelernt werden, und damit das individuelle, kritische Denken, die Verantwortung des Einzelnen für seine eigene Meinung. Zweifeln, Fragen, Neugier, das Bilden einer eigenen Meinung gegenüber dem Exklusivitätsanspruch der Religionen: Darum muss es gehen.

Im Moment ist der Plan für dieses gesellschaftliche »Bau«-Projekt »Islam an den Schulen« unübersichtlich. Inhaltlich und theoretisch ist es nicht überzeugend, die Kontrolle fehlt. Soll der Islamunterricht ein Erfolgsprojekt werden, muss neu nachgedacht und neu geplant werden. Hamburg zeigt, wie das geht.

Nicht zu vergessen ist dabei ein wesentlicher Punkt: In der Arbeit mit Jugendlichen merkt man, wie sehr fundiertes Vorwissen über Religion die Anfälligkeit für Extremismus reduziert. Dazu muss ein auf Wissensvermittlung angelegter Religionsunterricht beitragen. Dringend notwendig ist also, dass das Fach Religion alle Jugendlichen gleichermaßen anspricht.

Kritisches Denken lehren

In Großbritannien, einem Land mit beeindruckender demokratischer Tradition, gehört Debattieren zum Schulstoff. Es werden Themen ausgegeben, auf die sich die Schüler und Schülerinnen vorbereiten, um Argumente dafür oder dagegen vorzutragen. Erst spricht ein Redner oder eine Gruppe für eine Causa, dann die anderen dagegen. Danach tauschen sie die Seiten. So können sie sich in beide Positionen empathisch und inhaltlich hineinfinden. Das schult Denken, Fairness, Dialogfähigkeit.

An deutschen Schulen kennt man diese Art von Unterricht fast gar nicht. Genau das aber brauchen Jugendliche heute mehr denn je: sich in andere Situationen hineinversetzen, vermeintlich unverrückbare Tatsachen hinterfragen, begreifen, dass sich Blickwinkel ändern oder verschieben können, um kompetent darin zu werden, Fragen zu stellen und Fragen zuzulassen.

Oft erlebe ich, wie leidenschaftlich Jugendliche diskutieren, wie engagiert sie versuchen, andere von ihrer Meinung zu überzeugen. Und wie froh und dankbar sie sind, wenn man ihnen Fragen stellt und sie auf diese Weise zum eigenständigen Denken anregt. Oft sind sie selber überrascht, was sie dabei an Neuem erfahren, ohne dass ihnen etwas aufgedrängt wurde.

»Begleitendes Entdecken« nennt man das in der Psychologie. Die Gesprächsweise bedeutet, dass ich keine Antworten vorgebe, dass ich nicht zeige, was richtig und falsch ist, und mich nicht in einer souveränen, autoritären Position präsentiere, sondern Fragen stelle, das Vermögen zur Reflexion wecke. Sie an erster Stelle bewahrt vor Radikalisierung – Reflexionsfähigkeit ist das Elixier jeder demokratischen Gesellschaft. Und sie entsteht nicht von allein.

Wie wir aber gesehen haben, ist es um das Ausbilden von Reflexionsfähigkeit in patriarchalisch strukturierten Familien nicht gut bestellt. Wer fragt, hört meistens: »Bei uns ist das eben so.« »Das war immer schon so.« Umso mehr muss die Schule der Ort werden, an dem das Fragen gelernt und trainiert wird, konsequent und intensiv.

Die Leiterin einer Schule mit vielen Kindern mit familiärer Einwanderungsgeschichte erklärte mir Anfang 2014 stolz, fast alle würden hier ihr Abitur mit links schaffen. Mathe, Physik, Sport – die können das. Nur wenn sie einen Aufsatz schreiben, selber Stellung beziehen, deuten, kommentieren und diskutieren sollen, dann versagen sie. Das hat man ihnen zu Hause nicht erlaubt, in der Schule nicht beigebracht. Wie kann es sein, dass diese Kompetenz nicht zu den Fertigkeiten zählt, die man in Deutschland braucht, um das Abitur zu bestehen?

Wenn ich an die sechs Semester denke, in denen ich in Tel Aviv studiert habe, fallen mir die vielen Diskussionen ein. Immer war die Meinung von uns Studierenden gefragt, auch wenn man sich damit angreifbar machte. Ständig führten wir Streitgespräche mit Professoren, Dozenten und untereinander. Die Fortsetzung meines Studiums in Berlin lief vollkommen anders. Man bekam Scheine, wenn man eine Hausarbeit, eine Klausur oder ein Referat verfasst hatte; geprüft wurde, ob man Inhalte korrekt wiedergeben konnte. In den 1960er und 1970er Jahren soll es anders gewesen sein. Heute scheint die deutsche Uni verschult.

Dass Radikalisierung so ein akutes Konfliktfeld geworden ist, liegt nicht nur an autoritären Familien, sondern auch an Schulen und Universitäten, in denen das kritische Denken fehlt. Dabei ist die Fähigkeit, differenziert, variabel und entwicklungsfähig denken zu können, das Gegenmittel zu salafistischer und jeglicher anderen radikalen Propaganda. Aber selten erlebe ich Jugendliche, die zur Differenzierung in der Lage sind. Unzählige wütende E-Mails und Vorwürfe im Gespräch sind auf mich eingeprasselt, nachdem ich auf meine Website die Solidaritätsbekundung »Je suis Charlie« gestellt hatte. Stereotype, phantasielose Attacken vom Typ: »Mit so einer Solidaritätsbekundung stellst du dich gegen den Islam!« - Was für ein Unsinn! Meine Solidarität galt und gilt den Opfern, sie ist Kritik an einem Islamverständnis, das Gewalt legitimiert.

Gegennarrative im Internet schaffen

Wenn, wie ich es hier an verschiedenen Stellen schildere, radikalislamistische Propaganda in großem Maßstab im Internet stattfindet, muss das Internet, neben der Schule, zur primären Plattform der Aufklärer werden. Das Internet ist fraglos der wirkmächtigste Raum der salafistischen Ideologen. Und darin liegt auch eine Chance. Diese Sphäre darf nicht jenen überlassen bleiben, die Jugendliche fragwürdigen Inhalten und gefährlicher Propaganda aussetzen. Genauso können hier alternative Denkangebote eröffnet werden. Gegennarrative müssen verfügbar sein, das ist der zentrale Punkt bei der Sozialarbeit im Internet. Dazu braucht die Republik so bald als möglich eine Vielzahl gutgeschulter Sozialarbeiter. Nur so kann dieser Raum wirkungsvoll genutzt werden. Und dazu gehören auch und vor allem andere Vorbilder als Dschihadisten.

Vorbilder schaffen

Der Erfolg, den das Projekt HEROES hat, ist ein Musterbeispiel für die große Wirkung, die Vorbilder haben können. Der Erfolg besteht nicht allein darin, dass wir Hunderte Jugendliche zum Nachdenken gebracht und kognitive Veränderung bei ihnen bewirkt haben. Der Erfolg besteht auch darin, dass sie sich in der

Folge als positive Beispiele präsentieren und engagieren können. Und ihrerseits dann Abertausende Jugendliche erreichen.

Die von uns ausgebildeten »Helden« bringen in ihren Peergroups und sogar Familien Tabuthemen zur Sprache und stellen sich gegen die vorherrschenden Einstellungen, indem sie sagen: »Wir sind Männer, wir haben traditionell die Macht. Aber wir wollen diese Macht nicht. Wir wollen Gleichberechtigung schaffen. So verstehen wir jetzt unsere Ehre. Wir fassen sie anders auf als in den patriarchalischen Kulturen.«

Wenn diese männlichen Jugendlichen als Botschafter an Schulen gehen und dort ihre neue Einstellung vorstellen, sich für diese engagieren und sie gegen Angriffe und Gegenargumente verteidigen, dann erreichen sie regelmäßig die Schüler dort auf ganz erstaunliche Weise. Den »Wow-Effekt« haben wir genannt, worauf fast alle Lehrer gleichermaßen perplex und begeistert reagieren. Die sitzen dann in ihrer Klasse und verstehen die Welt nicht mehr, weil sie ihre Schüler noch nie so konzentriert und gleichzeitig so leidenschaftlich und in der Diskussion engagiert erlebt haben wie in dem Moment, als sie sich mit den Gedanken des HEROES-Projekts auseinandersetzen konnten.

Das Verblüffende ist für die Lehrer zudem, dass zwar über Tabuthemen geredet wurde und die Jugendlichen für ihre Meinung eingetreten sind, dass sie aber an keiner Stelle aggressiv geworden sind, sondern intensiv bei der Sache waren. Das kannten die Lehrer so bisher nicht.

Eigentlich ist die Erklärung dafür ganz einfach. Klar, es ist angenehmer und leichter für die Jugendlichen, wenn sie mit jemandem auf Augenhöhe sprechen, mit jemandem, der so alt ist wie sie. Mit jemandem, der vielleicht bis vor kurzem noch genauso gedacht hat wie sie. Mit einem von ihnen.

Was dabei für die Geschlechtergerechtigkeit, gegen falsche Ehrbegriffe und Antisemitismus erreicht wird, kann auch auf anderen Themenfeldern gelingen. Auch da lassen sich Vorbilder schaffen für Gewaltverzicht, gegen Radikalisierung.

Eines meiner Ziele ist, Projekte zu entwickeln, in denen Pädagogen so ausgebildet werden, dass sie wiederum in der Kooperation mit Jugendlichen solche Vorbildstrukturen schaffen können, aus der Einzelne immer wieder heraustreten und sagen können: »Ich bin Muslim. Aber meine Religion, das ist meine Privatsache. Ich werde nicht zu einem besseren Muslim, indem ich einen Bart trage oder andere Menschen als Ungläubige diffamiere. Ich bin Muslim, aber ich lehne ein Gottesbild ab, das bestraft und das mit der Hölle droht. Ich bin Muslim, aber ich sehe Mädchen und Frauen als gleichberechtigt. Ich bin Muslim und ich stehe zur Demokratie und zu den Menschenrechten.«

Muslime, die selber so von sich sprechen und öffentlich für ihre Einstellungen einstehen, kommen bei Heranwachsenden ganz anders an als Lehrer oder Erzieher, die ihnen ein anderes Denken »verordnen« wollen. Gute Vorbilder brauchen wir an Schulen wie im außerschulischen Bereichen, im Alltag, im Internet in den Medien. Wichtig sind dafür Jugendliche, die zu ihrer Religion stehen, aber dennoch kritisch sind, den Geist der Reform, Veränderungen begrüßen. Solche Vorbilder gibt es bisher kaum. Begegnen sie ihnen, ist es für Jugendliche oft das erste Mal, dass sie eine solche Einstellung von Muslimen hören. Zuerst können sie damit vielleicht wenig anfangen, sind verunsichert und irritiert. Aber auch dieser Effekt ist notwendig, um das Schwarzweißdenken aufzubrechen, Alternativen und Denkanstöße anzubieten.

Muslimischen Jugendlichen wird durch diese Vorbilder klar, dass es Muslime gibt, die Religion freundlicher, beweglicher auffassen und die dennoch »dazugehören«. Dass Vielfalt im Glauben durchaus Platz hat, dass Alternativen zu der eindimensionalen Vorstellung existieren, der zufolge es nur unverrückbare Glaubensauslegung gibt. Dann wird deutlich, dass nicht alles Abweichende als unislamisch gilt und abzulehnen ist.

Radikale beanspruchen, die Einzigen zu sein, die den »richtigen« Islam leben. Jede dieser radikalen Gruppierungen tut das in Abgrenzung gegen die anderen. »Wir sind der IS, wir vertreten den wahren Islam«, sagen sie, »Al Qaida ist eine Bedrohung, das sind Ungläubige! Die Hamas ebenso.« Oder es sind die Türken oder Erdoğan. Sektiererisches Schwarzweißdenken kennt nur *halal* und *haram*, rein und unrein, gut und böse, Muslim oder nicht Muslim. Ziel muss es sein, diese Blockmentalität aufzulösen, Denkmuster zu verfeinern, zu differenzieren. Auch dadurch, dass Jugendliche immer wieder mit Leuten an einen Tisch gesetzt werden, gegen die sie Vorurteile hegen. Sie lernen dabei, sich mit diesen »Feinden« auseinanderzusetzen, auf respektvolle Weise.

Solche Begegnungen, bei denen Jugendliche zunächst von Ablehnung und Vorurteilen geprägt sind, wandeln sich oft zur produktiven Diskussion und Annäherung. Anfangs sind etwa viele Schüler und Schülerinnen mit meinen Ansichten alles andere als einverstanden. Ihre Eltern haben ihnen etwas über meine angeblichen Einstellungen erzählt, vielleicht sind auch in der Moschee Vorbehalte geäußert worden. Stehe ich ihnen aber gegenüber, sehen sie nicht mehr nur die Vorurteile, sondern erleben, dass ich mit ihnen spreche, mich interessiere, zuhöre, diskutiere. Das geht so gut und direkt nur in der Begegnung, nicht durch Talkshows oder Radiosendungen. Man muss einander sehen, sprechen, im selben Raum sein.

Bei allen Differenzen – der Eindruck der persönlichen Begegnung bleibt, bei beiden Gesprächsparteien. Und so bleiben auch Inhalte zurück, die besprochen wurden, sie wirken nach, stärker, besser als jeder Text. Arbeit mit diesen Jugendlichen geschieht von Mensch zu Mensch. Sie ist intensiv. Doch keine einzige Stunde mit geschulten Fachleuten ist dabei verschwendet. Auch Politikern lege ich ans Herz, viel häufiger Schulen zu besuchen, und das, ohne Werbung für ein Parteiprogramm zu machen. Sondern mit Neugier, zuhörend, diskutierend mit der Generation Allah, die nicht verlorengehen darf. Politiker müssen sich ihr endlich stellen.

Mit Hochglanzbroschüren und Mahnwachen löst man die Probleme nicht

Was für die Gesellschaft als ganze gilt, muss für die Politik im Besonderen gelten: Politiker und Politikerinnen müssen überhaupt erst einmal sensibilisiert werden für die Existenz der Generation Allah. Wenn Politiker das direkte Gespräch mit Schülern, Lehrern und Sozialarbeitern suchen, anstatt sich von Lobbyisten und von geschönten Statistiken die Realität verzerren und schönreden zu lassen, dann erfahren sie, was diese Fragen betrifft, etwas über Deutschland.

Die aktuelle Situation ist noch kaum verlässlich erfasst. Vergeblich sucht man Statistiken dazu, wie viele Mädchen nicht am Schwimmunterricht teilnehmen. Es seien nur Einzelfälle, heißt es. Wer aber Tag für Tag an Schulen in der gesamten Republik unterwegs ist, merkt schnell: Die Zahlen gehen in die Tausende, wenn nicht mehr. Schulen schweigen oft. Sie wollen gut dastehen. Wenn sie öffentlich machen, welche problematischen Zustände tatsächlich bei ihnen herrschen, wenn sie Behörden um Hilfe ersuchen, gelten sie als Problemschulen. Auf der berühmten Berliner Rütli-Schule wurden die Zustände so untragbar, dass die gesamte Lehrerschaft aufgeben wollte – ihr Name wurde zum Synonym für die Erosion von Schulen in sogenannten Problembezirken, und immerhin ist sie inzwischen besser ausgestattet. Aber häufig kommt auch dann keine Hilfe, wenn danach gerufen wird. Potentiell heikle – teure! – Themen spart die Politik gerne aus.

Bei Themen wie Antisemitismus, No-go-Areas, Übergriffe von Jugendgangs ziehen Politiker rasch eine Kriminalstatistik hervor, die belegen soll, dass das Problem gar nicht so schlimm sei. Der Grund dafür ist oft eine geschönte und verschleiernde Statistik. Sprüht ein Junge mit arabischem Hintergrund ein Hakenkreuz auf eine Hauswand, wird das als rechtsradikale Straftat ohne Hinweis auf die Herkunft des Täters dokumentiert.

Werden Stolpersteine zerstört, die an von Nationalsozialisten ermordete jüdische Hausbewohner erinnern, taucht das in der Statistik unter Vandalismus auf, nicht unter Antisemitismus. Wenn ein Israeli in Berlin-Kreuzberg attackiert wird, listet die Kriminalstatistik die Straftat als Kommentar zum Nahostkonflikt auf. In der Statistik über Antisemitismus bleibt dieser Fall außen vor. Zu Ehrenmorden wird erst gar keine Statistik erstellt. Das scheint politisch nicht gewollt zu sein. Eine Korrektur dieser Praxis ist unbedingt notwendig, um eine bessere Datenbasis zu erhalten und tatsächliche Zustände zu erfassen und darauf basierend ein System der Früherkennung und Prävention zu entwickeln.

Komplexität erkennen, Konzepte entwickeln

Die Vielschichtigkeit der Problematik der Generation Allah wird weitgehend ignoriert. Bisher dominieren schnell- und kurzgedachte Antworten, die der Komplexität nicht annähernd gerecht werden. Auf der einen Seite ist gern von Abschiebung oder Verboten die Rede. Auf der anderen Seite dominiert die Verharmlosung. Das eigentliche Problem wird kleingeredet oder totgeschwiegen. Als Salafisten gelten nur »gewaltbereite« Leute oder diejenigen, die Gewalt anwenden, womit das Problem aus dem

Zuständigkeitsbereich der Politik verbannt und an Exekutive und Jurisdiktion delegiert wird. Allenfalls dann, wenn es um die Verschärfung von Sicherheitsgesetzgebung geht, scheint die Politik gewillt, Entscheidungen zu treffen.

Geht es aber darum, den tiefer sitzenden Ursachen des Problems auf den Grund zu gehen, versiegt das Interesse der Politik bestürzend schnell. Für fahrlässig halte ich es etwa, dass in Deutschland noch immer keine unabhängigen zuverlässigen Statistiken über Anhänger des Salafismus und die Verbreitung ihrer Ideologeme an Bildungseinrichtungen oder in muslimischen Institutionen oder allgemein in der Bevölkerung existieren.

Seit Jahren wächst die Gefährdungslage, doch das Einzige, was über deren Ausmaß bisher öffentlich vorliegt, sind Schätzungen des Verfassungsschutzes. Dieser legt allerdings – wie erläutert – vollkommen andere Maßstäbe bei Kategorisierung und Erfassung zugrunde, wodurch ein Großteil von Salafisten und islamistischen Radikalen in den Statistiken gar nicht erst auftaucht.

Hinzu kommt: Zahlen, die aus Berlin vorliegen, weichen stark von denen aus Bayern oder Baden-Württemberg ab. Woran kann das liegen? Doch nur daran, dass unterschiedliche Kriterien zugrundegelegt werden. Warum fehlen konkrete Statistiken und Studien zum Thema Antisemitismus unter Muslimen? Warum werden keine unabhängigen quantitativen Studien zur Verbreitung des Islamismus vorgenommen, sondern lediglich die Schätzungen der Verfassungsschützer veröffentlicht?

Zwar gibt es Institutionen und Universitäten, die zu diesem Thema gerne forschen würden, doch Gelder für konkrete empirische Studien gibt es nicht. Kann das einen anderen Grund haben als den, dass man das Ausmaß der Probleme lieber gar nicht wissen, nicht wahrhaben will? Konkrete Ergebnisse würden die Politik unter Handlungsdruck setzen. Sie würden erfordern, dass klar und deutlich Stellung bezogen wird. Als Resultat kämen latente Konflikte ans Licht, realistische Konfrontationen und reale Konsequenzen wären unausweichlich.

Doch Politikerinnen und Politiker scheuen davor zurück. Bei einer solchen strategischen und langfristigen Aufgabe wären keine schnellen Lorbeeren zu verdienen. Von rechts könnte falsche Zustimmung drohen, von links empörte Ablehnung. Auf die Auseinandersetzung mit beiden Sphären des politischen Feldes müsste die Politik allemal gefasst sein. Erst recht auf die Auseinandersetzung mit verschiedenen Lobbygruppen aus dem islamischen oder islamistischen Milieu.

Im Interesse der Politiker und Politikerinnen steht deshalb eher ein oberflächlicher Aktionismus, der mediale Aufmerksamkeit erzeugt. Hier gibt es ein paar tausend Euro für ein interkulturelles Projekt, dort eine Presseerklärung zur Verständigung zwischen den Kulturen – und so fort. Wenn dann das Fernsehen darüber berichtet, lehnt sich der Politiker in der Überzeugung zurück, fürs Erste genug geleistet zu haben.

Am beliebtesten sind derzeit Projekte unter dem Etikett »Ausstieg aus der Szene«, das gilt nachgerade als supersexy. Fast schon bemitleidenswert in ihrer Hilf- und Erfolglosigkeit ist das Hotline-Projekt »Hatef« für Ausstiegswillige, über Jahre betrieben vom Verfassungsschutz. Kaum eine Seele rief diese Hotline an. Sie wirkte schon durch ihre Betreiber bedrohlich und verdächtig. Nach den Anschlägen von Paris Anfang 2015, als wieder aktivistische Hektik ausbrach, startete Berlin ein ähnlich halbherziges Projekt. Für gerade einmal 100 000 Euro pro Jahr sollen sich mehrere Sozialarbeiter um radikale IS-Kriegsrückkehrer aus Syrien kümmern, die ihnen der Verfassungsschutz zuführt. Doch ob genuine Ausstiege auf diese Weise gelingen, ist äußerst fraglich!

Unsere Erfahrung zeigt: Wo es den Ausstieg gibt, braucht es viel Zeit und eine langfristige Begleitung. Es handelt sich dabei um sozialpsychologische polittherapeutische Prozesse, die vom Vertrauen des radikalen Jugendlichen in jene Personen leben, die ihm bei seinem Weg hinaus aus den radikalen Strukturen zur Seite stehen. Im besten Fall sind das Leute, die sich mit Lebenswelt, Sprache und Symbolstruktur der Jugendlichen auskennen.

Mut zur offenen Debatte

Dem grundlegenden Engagement der Politik steht auch die zuweilen recht aggressiv betriebene Lobbyarbeit muslimischer Verbände im Weg, die jedem begegnet, der sich öffentlich kritisch mit dem Thema Islam und Islamismus befasst. Viele Politiker fürchten, sie könnten sich durch entschiedene und explizite Auseinandersetzung mit dem Thema Radikalisierung selber schaden.

Oft war schon zu erleben, wie vehement Lobbyisten auftreten können, die der Ansicht sind, mit dem Abdämpfen der Kritik Muslime zu schützen. Sie bewirken das Gegenteil – denn sie verhindern den realistischen Dialog, den wir Muslime brauchen. Ohne Zweifel existiert Islamfeindlichkeit, zweifellos stellen Rassismus und Diskriminierung ernst zu nehmende Probleme dar, gegen die eingeschritten werden muss. Aber das darf und kann im Umkehrschluss nicht bedeuten, dass problematische Inhalte verschwiegen werden und nicht auf den Tisch kommen.

Ich würde im Gegenteil sogar sagen: Wer Muslimen oder Nichtmuslimen die Kritik am Islamismus verbieten will, da er sie für nicht zumutbar hält, da Muslime nicht kritikfähig seien usw., der ist ebenso ein Rassist wie derjenige, der die Ausgrenzung von Muslimen betreibt.

Muslime sind keine geschützte Tierart, sondern diskursfähige Bürgerinnen und Bürger mit Verstand, die ernst genommen werden müssen. Wem Muslime und deren Religionsfreiheit wahrhaft am Herzen liegen, der begreift sie als gleichberechtigte Bürger, und wird versuchen, mit ihnen gemeinsam differenzierte Lösungen und Präventionsstrategien zu erarbeiten. Das wird nicht überall leicht und kurzfristig umzusetzen sein, und für diese Arbeit wird man von verschiedenen Seiten angegriffen werden. Doch um genau diese »Arbeit mit offenen Augen« geht es.

Eine reale Datenbasis erheben und danach handeln

Häufig geht das Zaudern und Sträuben politischer Repräsentanten erschreckenderweise über das bloße Desinteresse hinaus. Tatsächlich war schon zu beobachten, dass Statistiken offensichtlich geschönt wurden, damit deren Auslegung nicht zum Handeln zwingt und man Problemen aus dem Weg gehen konnte.

Eine mir bekannte Behörde etwa wollte zum Thema Frauenrechte und Geschlechterrollen unter Muslimen forschen lassen. Mittel wurden bewilligt und an ein Institut geleitet, das die Studie durchführen sollte. Der Bericht, der dabei entstand, umfasst rund 200 Seiten. Für Leute mit Kenntnissen der konkreten Lage las er sich schockierend. Es schien wie der bewusste Versuch, ein möglichst »harmloses« Ergebnis zu erzielen. Fazit der Studie war: Es existieren kaum wesentliche Unterschiede in puncto Geschlechterrollen und Geschlechterbilder zwischen muslimischen und christlichen Männern in Deutschland. Schon der Ansatz, »muslimische« und »christliche« Familien zu vergleichen, war problematisch. Sinnvoller wäre der Vergleich zwischen patriarchalischen und aufgeklärt-modernen Familien gewesen. Haarsträubend waren die Fragen an die Probanden formuliert. Es ging etwa darum, wer zu Hause kocht, wer putzt, wer Einkäufe erledigt. Gefragt wurde zur Kindererziehung oder dazu, wer die Elternabende in Kindergarten und Schule besucht.

Zum entscheidenden Tabuthema muslimischer Communities, zur Sexualität, gab es nur sehr wenige Fragen. Kaum zu Sex vor der Ehe, Jungfräulichkeit, Ehrbegriffen oder der Entscheidungsbefugnis über den eigenen Körper. Und das bei einer Studie, in der es um Geschlechterrollen ging! Auf mehr als 200 Seiten wurde Sexualität als Marginalie abgehandelt. Ich konnte nichts anderes als eine Absicht hinter dieser Studie lesen, am Thema glatt vorbeizusteuern und keinerlei realistisches Bild zu erhalten.

Doch nichts ändert sich, solange Forschungsziele bewusst verfehlt, Zahlen geschönt und Statistiken glattgebügelt werden. Dass dies passiert, scheint Ausdruck eines fatalen Mangels an politischem Willen sowie fehlender politischer Courage zu sein.

Man muss nur einmal Schulen in den sogenannten Brennpunkten und Problembezirken besuchen. Sofort zeigt sich, wie viele Schülerinnen nicht an Klassenreisen oder am Schwimmunterricht teilnehmen, wie Jungen sich weigern, mit Mädchen auf die gleiche Stufe gestellt zu werden, und wie dieser Zustand inzwischen von Lehrern und Schulleitern oft achselzuckend einfach hingenommen wird.

Soziale Teilbereiche dürfen nicht aufgegeben werden

Wer die Augen nicht verschließt, wird erkennen, dass die Gesellschaft manche ihrer Teile, ganze Bezirke und Wohnviertel in Städten so gut wie aufgegeben hat. Wenn überhaupt, dann sind es dort nur einzelne Individuen, die sich engagieren, einzelne Schulleiterinnen und Schulleiter, Lehrerinnen und Lehrer, Sozialarbeiterinnen und Sozialarbeiter. Aber was können sie als Einzelne ausrichten, wenn ihnen der politische Wille nicht den Rücken stärkt, wenn das Geld in prestigeträchtigere, aber weitgehend wirkungslose Projekte fließt?

In manchen Jugendzentren ist man schon zufrieden, wenn Jugendliche Tischfußball spielen, Hiphop tanzen, etwas rappen, ein bisschen im Internet surfen und abends nach Hause gehen, ohne dass irgendetwas kaputt gemacht wurde oder es eine Schlägerei gab. Pädagogische, aufklärerische oder gar sozialtherapeutische Arbeit mit den oft stark belasteten Jugendlichen findet vielfach nicht einmal im Ansatz statt. Das bedeutet, dass die Erwachsenen die Jüngeren meist gar nicht nennenswert kennenlernen. Wie soll sich etwas an deren Leben ändern?

Ähnlich schaut es bei der Einzelfallhilfe aus. Sicher sehe ich viele Fälle, in denen hervorragende Arbeit geleistet wird. Aber genauso oft findet sich das Gegenteil. Der Sozialarbeiter besucht eine Familie, trinkt eine Tasse Kaffee, und geht wieder. Heikle Themen werden nicht angesprochen, um das Miteinander nicht zu gefährden, euphemistisch »Kooperation der Familie« genannt.

Schockierend ist es, zu hören und zu erleben, wie oft Jugendämter mit zweierlei Maß messen, je nachdem, ob sie es mit muslimischen Familien zu tun haben oder nicht. Nicht selten geben Mitarbeiter von Jugendämtern sogar offen zu, dass sie es anders bewerten, anders reagieren, wenn in einer muslimischen Familie ein Kind Gewalt erfährt. »Schläge gehören doch dort irgendwie zur Tradition«, meinen sie, einer Tradition, der gegenüber sie sich unsicher und daher hilflos fühlen. »Das ist eben Teil der Kultur«, sagen die Jugendamtsmitarbeiter. »Was sollen wir denn tun? Wir können nicht jeder muslimischen Familie, in der Gewalt zur Erziehung gehört, ihre Kinder wegnehmen!« Haben Familien einen anderen »kulturellen« Hintergrund, reagieren die Behörden durchaus im Sinne des Gesetzes, das Kindern das Recht auf gewaltfreie Erziehung garantiert.

Dieses Handeln und Werten der Jugendämter hat schlimme langfristige Konsequenzen für die junge Generation. Durch solche Unterlassungen aus dem Geist eines falschen Kulturrelativismus wächst eine Generation von Kindern heran, die in Deutschland geboren ist, perfekt deutsch spricht, einen deutschen Pass hat, die aber all jene Defizite in sich trägt, die ihr durch eine patriarchalische Erziehung aufgezwungen werden. Von dem Gesetz, das zum Schutz aller Kinder existiert, bekommen sie nichts Schützendes mit. (Bis vor wenigen Jahren hatten deutsche Gerichte auch Gewalt in der Ehe von Muslimen oder Ehrverbrechen als »kulturbedingt« eingestuft und geringer geahndet.)

Kein Mitarbeiter eines Jugendamtes ist für die Misere allein haftbar zu machen. Jeder von ihnen muss von Fall zu Fall entscheiden und steht oft allein auf weiter Flur, bedrückt von der Vielzahl der Fälle, von enormer Arbeitslast bei geringem Gehalt und von einer lavierenden, relativierenden Politik schmählich im Stich gelassen. Wie sollten Einzelne es wettmachen, dass ein System dysfunktional ist, dass es strukturell versagt?

In Elternarbeit investieren

Ein erheblicher Teil der Präventionsarbeit muss deshalb künftig in die Elternarbeit investiert werden. Derzeit wird dieser Bereich von der Politik allenfalls stiefmütterlich behandelt. Hierhin fließen die wenigsten Gelder, dabei kann gerade in der Arbeit mit Eltern Wesentliches verändert werden. Sie sind es schließlich, deren Einstellungen und Vorbilder am unmittelbarsten auf die Kinder und Jugendlichen einwirken.

Zeit und Geld müssen investiert werden, Eltern in klaren Worten und Erklärungen vor Augen zu halten, welche Folgen Angstpädagogik, Gewalt, falsche Tabus, das Bedrohen und Entwerten von Kindern für deren Seele haben. Zugleich müssen sie auch erfahren, was sie gut, was sie richtig machen. Eltern sollten sich nicht herabgewürdigt und ausgegrenzt fühlen, nicht ihrerseits abgewertet. Sie sollen nur die Chance zum Umdenken erhalten, zum Mitfühlen, mit ihren Kindern und sich selber.

Patriarchal geprägten Eltern muss man meist überhaupt erst einmal klarmachen, in welchen ihrer Handlungen Gewalt steckt. Da geht es nicht nur um physische, sondern auch um kontrollierende psychische Gewalt, etwa die Androhung, das Kind »in die Türkei« zu schicken, das Kontrollieren von Telefonkontakten und Freundeskreisen. Wenn den Eltern aufgeht, dass sie mit solchen Erziehungsmethoden ihre Kinder fast zwangsläufig zu gewalttätigem Handeln anleiten, können sie umdenken, Ursachen und Wirkungen erfassen lernen. Erkennen können sie dabei auch, welche Erziehungsmethoden den Boden bereiten für Radikalisierungstendenzen.

Eines ist klar: Wir haben es hier nicht mit bewusst bösartigen

Eltern zu tun. Wir haben es mit Eltern zu tun, die es nicht besser wissen und denen keiner jemals erklärt hat, was die Konsequenzen ihres Handelns sind und wie es anders gehen könnte. Sie leben mit einer Haltung des »das war schon immer so« – sie geben einfach nur weiter, wie andere Eltern in anderen Zeitaltern und Weltregionen das taten und noch tun.

Meine Erfahrung ist, dass man die Eltern gewinnen kann, wenn man auf Augenhöhe mit ihnen spricht und dennoch ohne falsche Scheu die Probleme beim Namen nennt.

In Workshops mit Eltern höre ich am Anfang oft: »Aber es ist doch richtig, ein ungezogenes Kind zu schlagen! Wir wollen, dass unsere Kinder gottesfürchtig sind, dazu gehören Schläge!« Eltern wollen, dass ihre Tochter fleißig lernt und zu Hause hilft, dass sie keinen Freund hat, dass sie sittsam ist. »Wir wollen nicht, dass sie alleine wohnt oder studiert!« Und: »Selbstverständlich sind wir dafür zuständig, einen Mann für unsere Tochter auszusuchen.«

Eine Weile lang frage ich nach, und dann erkläre ich ihnen aus der Sicht der Psychologie, der Wissenschaft, wie die alten Erziehungsmethoden auf die Seele von Kindern wirken, welche Ängste und Schuldkomplexe sie verursachen. Die Eltern fühlen sich davon oft unmittelbar getroffen. In manchen Fällen fühlen sie sich ertappt. Manchmal müssen sie lachen, wenn ich etwa – was ich immer wieder mache – das Beispiel erzähle, wie man seinen Kindern beibringt, warum Muslime kein Schweinfleisch essen. »Das Schwein ist schmutzig, wenn du es isst, wirst du auch schmutzig!« Glauben sie das wirklich selber? Aber welche Ängste kann man damit auslösen!

Wenn ich dann tiefer gehe, zu Ängsten, Schmerzen, Schuldgefühlen komme, reagieren Eltern häufig sehr erschrocken, bestürzt. Manche Mütter fangen an zu weinen. Erst in dem Moment, da es ihnen jemand von außen vor Augen führt, rückt es in ihr Bewusstsein, was sie und der Vater ihrem Kind angetan haben. Solche Eltern, die fühlen können und nicht ideologisch verstellt sind, sind meiner Erfahrung nach gut zu erreichen. Man muss auf sie zugehen, ihnen zuhören, sie dazu bringen zu erzählen. Wichtig ist, ihnen die Angst zu nehmen, mit uns zu diskutieren, auch wenn ihr Deutsch nicht perfekt ist. Wir müssen auch ihnen das Gefühl geben, dass ihre Meinung einen Platz hat. Auch wenn das nicht heißt, dass wir mit ihnen übereinstimmen.

So wie die Mehrheitsgesellschaft nicht nur einseitig auf Muslime blicken sollte, lässt sich solchen Eltern beibringen, nicht einseitig auf die »westliche« Gesellschaft zu blicken. Wenn sie vor allem wahrnehmen, dass es Sex, Drogen, Kriminelle, Vergewaltiger gibt – schrill auf RTL2 inszeniert –, werden sie natürlich Angst um ihre Kinder in der Welt da draußen haben und sich allem, was »aus dem Westen kommt«, verweigern.

Aber diese Eltern können verstehen lernen, dass unsere Gesellschaft eine Chance für ihre Kinder ist, nicht nur eine Gefahr. Dafür braucht es Aufklärung, Integrations- und Sprachkurse, sobald sie nach Deutschland kommen. Und wo es vor Jahren versäumt wurde, da muss es jetzt nachgeholt werden.

Im Grunde müsste man wie die Salafisten von Haus zu Haus gehen, den Eltern Broschüren geben, auf Deutsch, auf Arabisch und auf Türkisch. Mit ihnen sprechen, von Mensch zu Mensch. Wenn man auch nur zehn Prozent dieser Eltern wirksam erreicht, dann haben wir in der nächsten Generation zehn Prozent Jugendliche weniger, die für radikale Tendenzen anfällig sind. Es führt zu nichts, Teile der Gesellschaft einfach aufzugeben, wegzusehen, wenn Menschen sich immer weiter vom demokratischen Miteinander entfernen.

Die demokratische Gesellschaft muss mit entschieden mehr Festigkeit ihre Wertvorstellungen formulieren, etwa mit Blick auf die Kopftuchfrage. Ich rede nicht vom Kopftuch bei erwachsenen Frauen. Ich spreche vom Zwang, dem manche Mädchen unterliegen, bereits im Kindergarten oder im Grundschulalter ihr Haar zu bedecken. Dasselbe gilt für die Fälle, in denen Eltern ihre Kinder schlagen – obwohl das Gesetz es untersagt. In Klarheit und Freundlichkeit, mit Respekt und Entschiedenheit muss vermittelt werden, was zulässig und bekömmlich ist und was nicht.

An die Gesetze einer demokratischen Gesellschaft müssen sich alle Mitglieder dieser Gesellschaft halten. Und das ist nicht nur eine juristische Frage, sondern wiederum eine Frage der Sensibilisierung und des Umdenkens von uns allen. Das gilt genauso für den Mitarbeiter oder die Mitarbeiterin im Jugendamt wie für die Lehrer oder für die Nachbarin, die merkt, dass sich in der Wohnung nebenan etwas zuträgt, was nicht mit den normativen Wertvorstellungen, etwa der Gewaltfreiheit in Familie und Erziehung, vereinbar ist. Nur wenn auch diese Nachbarin verinnerlicht hat, dass da neben ihr nicht irgendwelche Fremden ein weit entferntes Leben führen, wird sie in der Lage sein, darauf zu reagieren.

Es geht bei der Generation Allah nicht nur darum, den nächsten Anschlag zu verhindern. Es geht um die Zukunft des Landes, um einen großen Teil einer ganzen Generation. Nicht nur um ein paar hundert Ausreisende und ein paar wenige Rückkehrer – auch wenn fraglos jeder dieser Menschen eminent gefährlich sein kann. Ebenso wesentlich und auf Dauer gefährlich sind aber die Tausenden von Männern und Frauen, die hier leben, aber das Grundgesetz ablehnen und willentlich oder nicht die Gesellschaft unterwandern.

Wird jetzt nicht interveniert, umgedacht, gehandelt, investiert, dann werden manche Entwicklungen irreversibel sein. Pariser Verhältnissen könnte sich das Land dann gegenübersehen. Oder noch Schlimmerem.

Wo es um dieses massive Problem geht, muss die Politik endlich anfangen zu reagieren. Was sie bisher leistet, ist allenfalls hier und da etwas zu reagieren. Langfristig angelegte Präventionsarbeit wird gebraucht, deren Wirkungen man womöglich erst in zwanzig oder dreißig Jahren sehen wird. Die Früchte, die dann geerntet werden, mögen unspektakulär wirken: sozialer Frieden, Menschen in Arbeit, weniger Fundamentalisten. Aber das sind demokratische Früchte.

Politisch geht es darum, die Logik eines rein symbolischen Handelns zu beenden, die den schnellen, öffentlichkeitswirksamen Projekten zugrunde liegt. Mit Mahnwachen oder Hochglanzbroschüren, in denen als Wählerwerbung die Erfolge der parteieigenen Präventionsarbeit illustriert werden, löst man keine Probleme. Neue, wirksame Strategien sind gefragt. Hier sind wir alle es, die Wählenden, die unsere Stimme erheben können und müssen, indem wir verlangen, dass Politik sich wahrhaftig und couragiert der notwendigen Reformen annimmt. Es darf nicht so bleiben, dass man leichter für Apple-Produkte begeistern kann als für die Demokratie.

Innerislamische Debatte

Allem voran halte ich eine innerislamische Debatte, die sich offen und kritisch mit all jenen bisher genannten Aspekten auseinandersetzt, für unverzichtbar, beginnend beim Buchstabenglauben bis hin zum Geschlechterverständnis. Eine Debatte, die sich mit den Vorstellungen und Traditionen auseinandersetzt genauso wie mit Erscheinungen, die ganz unmittelbar unsere Gegenwart betreffen, wie der Schwimm- und Sportunterricht in Schulen oder der Antisemitismus. Bisher verhallen kritische Stimmen ungehört, nicht nur solche, die von außen kommen, sondern auch kritische Stimmen von Muslimen selber.

An der Universität Münster etwa lehrt ein Theologe und Forscher, Mouhanad Khorchide, seit 2010 als Professor für islamische Religionspädagogik. Er soll künftige Religionslehrer ausbilden, und er vertritt ein Gottesbild der Barmherzigkeit jenseits von Angst und Strafen und hat das unter anderem in einem Buch über die Barmherzigkeit Allahs dargelegt. Es ist eine Freude, darin zu lesen.

Aber was passierte? Aufgebracht fertigte der Koordinationsrat der Muslime in Deutschland ein Gutachten über religiöse Fehler und »Irrlehren« von Khorchide an. Er gelte als »umstritten«, als »schwierig«. Über hundert Seiten umfasst das »Gutachten« der muslimischen Verbände zu Khorchide – wo es aber um den Islamischen Staat geht oder um die Rechte der Frauen, produzieren die Verbände, wenn überhaupt, nur karge Pressemitteilungen von ein, zwei Seiten. Die Mehrheit der muslimischen Verbände bekämpft den toleranten Professor, ein Teil der Studierenden boykottiert seine Vorlesungen und Seminare.

Aus diesen Studenten sollen Islamlehrer werden, und es fragt sich, welche Inhalte sie einmal vermitteln werden. Wer wird sie einmal kontrollieren? Was werden sie in Kinderköpfe hineinbringen? In wessen Namen werden sie überhaupt sprechen? Dass die islamischen Verbände, etwa in Nordrhein-Westfalen, ein Mitspracherecht haben bei der Erteilung einer Lehrerlaubnis, erschwert noch die Suche nach unabhängigen Lehrern, die auf dem

Boden des Grundgesetzes stehen und der Aufgabe gewachsen sind. Denn es wird entscheidend sein, welcher Islam vermittelt wird und auf welche Weise.

Der Weg muss wegführen von der Angstpädagogik, die Tausende traumatisiert. Und auch fort vom Tabuisieren der Sexualität, von der irrationalen Angst vor Schwimmunterricht, Aufklärungsunterricht, Homosexualität. Kinder dürfen nicht in der Abwertung anderer Religionen aufwachsen – und etwa glauben, dass Christen oder Juden nie in den Himmel kommen. Oder dass das Herumlaufen ohne Kopftuch ein Mädchen unrein macht.

Genau an diesen immer noch häufig tabuisierten Punkten muss eine innerislamische Debatte ansetzen. Auch sie ist unerlässlicher Teil eines gesamtgesellschaftlichen Umdenkens, das angesichts einer Generation Allah so dringend gebraucht wird.

Was uns bleibt, wenn alles zu spät ist: Deradikalisierung

Wenn ein Jugendlicher sich erst einmal radikalisiert hat, wenn also alle Maßnahmen zur Prävention ins Leere gelaufen sind oder, was leider häufig auch der Fall ist, im Umfeld des betroffenen Jugendlichen keinerlei Präventionsmaßnahmen stattfinden, dann kann es manchmal schon zu spät sein, um noch einzugreifen - in Extremfällen, weil der Jugendliche womöglich untergetaucht ist oder das Land bereits verlassen hat. Aber Prävention hilft auch da nicht mehr, wo die Radikalisierung schon so weit vorangeschritten ist, dass der oder die Betroffene nicht mehr oder nur noch sehr schwer ansprechbar ist und sich einem deeskalierenden Dialog verweigert.

Der Weg und das erreichbare Ziel der Deradikalisierung sind bei jedem Jugendlichen ganz individuell. Gruppenarbeit ist hier, anders als in der Prävention, nicht möglich. Spricht man bei einem, einer Jugendlichen schon von einer erfolgreichen Deradikalisierung, wenn man es geschafft hat, dass er oder sie den Plan zur Ausreise in den Dschihad aufgibt und in Deutschland bleibt? Eine Änderung der grundsätzlichen Einstellung muss noch nicht einmal das letzte Ziel der Bemühungen sein.

Die meisten Jugendlichen fühlen sich in ihrer Ideologie und in ihren neuen Kreisen so wohl, dass es meist nicht sie selbst sind, die sich an uns wenden und um Hilfe bitten oder gar nach der Möglichkeit eines begleiteten Ausstiegs suchen. In der Regel sind es die Eltern, die sich bei uns melden, so dass wir während einer

Deradikalisierung auch immer nur einen indirekten Kontakt zu dem jeweiligen Jugendlichen haben.

Für Eltern ist es natürlich immer eine schwierige Entscheidung, mit einem so schwerwiegenden, von Ängsten und Sorgen begleiteten Problem an die Öffentlichkeit zu treten, indem sie sich einem Fremden anvertrauen. Aber natürlich fällt es ihnen leichter, sich bei einer Beratungsstelle wie HAYAT zu melden, als bei der Polizei. Sofern es noch möglich ist, müssen wir in Fällen von Radikalisierung den zivilgesellschaftlichen Weg einschlagen.

Auch bei nur minimaler Aussicht auf Erfolg muss jede Chance genutzt werden, die Jugendlichen zu erreichen. Wir müssen alles daransetzen, den Jungen oder das Mädchen zu einem Umdenken zu bewegen. Das ist weder ein einfacher noch ein schneller Prozess. Es handelt sich vielmehr um eine lange und intensive Arbeit, ohne dass eine Garantie auf Erfolg besteht.

Wichtige Voraussetzung für unsere Arbeit sind zweierlei Dinge: Zum einen müssen wir im Gespräch mit den Eltern feststellen, ob es sich tatsächlich um einen Fall von Radikalisierung handelt oder ob ihr Kind einfach einen Glaubenswechsel vollzogen hat. Es ist ganz gewiss nicht unsere Aufgabe, junge Menschen, die sich zum Islam bekennen, wieder zu Christen zu machen.

Zum anderen muss den Eltern klar sein, dass es sich um einen langwierigen, oft schwierigen Prozess handelt. Die Beratung, die sie von uns bekommen, ist intensiv und zeitaufwendig. Sie müssen das wissen, und sie müssen sich entscheiden, diesen Weg zu gehen.

So schwierig der Prozess auch ist: Wir müssen versuchen einen Jugendlichen, der Radikalisierungstendenzen aufweist, zu erreichen, bevor seine radikale Ideologie in Gewalt mündet oder er sich unserem Einfluss vollkommen entzieht, indem er unserer

Gesellschaft oder seiner Familie Schaden zufügt, indem er nach Syrien oder in den Irak ausreist, womöglich auch nach Afghanistan, Somalia oder Libyen, um dort für den Dschihad zu kämpfen und sehr wahrscheinlich zu sterben. Oder um irgendwann, hochgradig traumatisiert, gewaltbereit und kampferprobt, nach Deutschland zurückzukehren. Was diese Rückkehrer genauso wie die Radikalen, die nicht ausreisen, anzurichten in der Lage sind, haben die Anschläge von Paris auf grausamste Weise gezeigt. Doch auch die Rückkehrer, die desillusioniert und auf eine gewisse Weise deradikalisiert zurückkommen, müssen angesprochen werden. Zum einen, um zu verhindern, dass sie sich gegebenenfalls hier erneut radikalsieren, und zum anderen, um sie als Gegennarrative für die Präventions- und Deradikalisierungsarbeit einzusetzen.

Wenn Eltern uns um Hilfe ersuchen, weil sie glauben, dass ihr Kind sich radikalisiert hat, dann sind in der Regel bereits beinahe alle Verbindungen zwischen ihnen und ihrem Kind zerrissen. Selbst wenn das Kind noch bei ihnen lebt, ist Kommunikation oft nicht mehr möglich, viele Konflikte sind zwischen Eltern und Kind getreten, das Kind schottet sich ab, nachdem es gemerkt hat, dass die Eltern seine neuen Überzeugungen ablehnen und auf seine oder ihre Missionierungsversuche nicht eingegangen sind.

Häufig sind viele schlimme Worte gefallen, viele Verletzungen und Zurückweisungen haben Eltern und Kinder einander zugefügt. Der radikalisierte Jugendliche lehnt die Lebensweise der Eltern ab, verweigert sich den familiären Ritualen und Selbstverständlichkeiten. Die Eltern sind entsetzt, weil sie ihr Kind nicht mehr wiedererkennen. Eltern und Kind haben sich vollkommen einander entfremdet. Die Eltern haben Angst vor ihrem Kind und zugleich ängstigen sie sich um die Tochter oder den Sohn.

Wir versuchen, durch unsere Beratung die Eltern emotional zu unterstützen, aber auch, sie zu begleiten und sie darin zu trainieren, wieder Einfluss auf ihre Kinder nehmen zu können, damit sie deradikalisierend auf diese einwirken können. Unsere Aufgabe in so einem Prozess besteht zudem darin, die zerstörte Kommunikationsbasis zwischen Eltern und Kind wiederherzustellen. Schritt für Schritt muss der Jugendliche das Vertrauen zu seinen Eltern zurückgewinnen. Er muss das Gefühl bekommen, dass er mit seinen Eltern über das, was ihn beschäftigt, welches seine Pläne sind, sprechen kann.

Wenn es darum geht, eine verlorengegangene Basis zwischen Eltern und Kind zu erneuern, dann funktioniert das nicht, wenn man über Religion redet, also über jenes Thema, das den Bruch herbeigeführt hat. Stattdessen sollte man sich über nichtbelastete Themen austauschen: über Hobbys, die Ausbildung oder die berufliche Perspektive. Die Eltern müssen versuchen, zusammen mit ihrem Kind etwas zu unternehmen, gemeinsame Erlebnisse schaffen. Vielleicht ist es bereit zu einem gemeinsamen Urlaub.

Nachdem die Bindung zumindest ein Stück weit wiederhergestellt ist, muss ein Prozess einsetzen, den man sich so ähnlich vorstellen kann wie den des »begleiteten Entdeckens«, den ich für die Präventionsarbeit beschrieben habe. Natürlich muss man in diesem Fall noch um einiges vorsichtiger und behutsamer vorgehen. Grundlegend ist bei dieser Form der Gesprächsführung, dass man eben nicht – wie es Eltern natürlich aus Angst und Bestürzung über die Entwicklung ihres Kindes häufig tun – die neuen Ansichten und Lebensgewohnheiten von vornherein verdammt, sondern dass man Interesse an ihnen bekundet. Das wiederum meint nicht, dass man als Eltern den radikalen Ansichten zustimmen muss. Es geht vielmehr um die kleinen Gesten der

Annäherung, die erst einmal eine fragende, liebende Annäherung sein muss. Ziel ist wiederum, durch das Nachfragen, den begleiteten Umgang den Jugendlichen zum Nachdenken und womöglich zum Umdenken anzuregen.

Aufgabe der Eltern ist es also beispielsweise, sich erklären zu lassen, was es mit dem Beten und dem Fasten auf sich hat, welche Regeln es hierbei gibt. Anbieten kann man beispielsweise auch, *halal* zu kochen. Auch dabei lässt man sich von seinem Kind erklären, welche Vorschriften dabei zu beachten sind. Wesentlich ist, dass man Interesse zeigt und dabei zugleich hinterfragt. Das wiederum bedeutet natürlich nicht, dass man alles mit sich machen lassen muss, dass man allem zustimmen muss. Wenn die Kinder etwas sagen, das die Eltern nicht akzeptieren und in seiner Radikalität kaum aushalten können, dann dürfen sie das auch klar und deutlich aussprechen. Eine andere, oft ratsame Möglichkeit wäre in so einem Fall, kurz einmal aus einer Situation herauszutreten, so dass diese nicht eskaliert. Häufig nämlich hat Radikalismus seine Gründe auch in der familiären Situation: Die Kinder sind unzufrieden und suchen Aufmerksamkeit. Oft ist es in diesen Fällen sinnvoll, religiöse Themen zu vermeiden und den Kindern auf andere Weise und mittels anderer Themen zu zeigen, dass man sie als Eltern nach wie vor liebt und zurückgewinnen will.

Die Arbeit einer Beratungsstelle wie unserer beschränkt sich dabei auf den Hintergrund. Die Jugendlichen sollen zunächst einmal nicht wissen, dass ihre Eltern Hilfe von außen eingeschaltet haben. Das käme einem Verrat gleich und würde das Vertrauensverhältnis zwischen Eltern und Kind nur noch weiter zerrütten.

Meine Aufgabe besteht darin, zum einen den Eltern dabei zu helfen, Strategien zu entwickeln, mit deren Hilfe es ihnen gelingen kann, sich ihrem Kind wieder anzunähern. Im Mittelpunkt meiner und der Arbeit all jener, die sich in Beratungsstellen wie HAYAT engagieren, ist dabei die Bildung eines Netzwerks, mit dessen Hilfe möglichst das gesamte Umfeld des Jugendlichen erschlossen wird.

Durch den Aufbau eines solchen Netzwerkes wollen wir herausfinden: Wie radikal ist er oder sie tatsächlich? Zu welcher Gruppe gehört er oder sie? Welche Moscheen werden besucht? Zudem müssen wir feststellen, welche Kontakte es in der Schule gab, am Arbeitsplatz, zur Polizei womöglich. Nur auf diese Weise können wir herausfinden, was den Jugendlichen bewegt, und können nach und nach einschätzen, wie man ihn oder sie erreichen kann.

Alle, die irgendwie helfen können und wollen, müssen an Bord geholt werden. Wir müssen herausfinden: Wo gibt es noch mögliche Bezugspersonen oder Personen, die zu Bezugspersonen und zu positiven Vorbildern werden können, um ein Gegengewicht zu den Vorbildern und Bezugspersonen in der radikalen Szene zu bilden?

Das schulische Umfeld muss ebenso in dieses Netz integriert werden wie die Kontakte aus der Freizeit, nicht zu vergessen der erweiterte Familienkreis. Vielleicht gibt es einen Onkel, zu dem der Jugendliche früher eine enge Bindung hatte oder auch nur eine große Sympathie. Dann muss dieser Onkel versuchen, mit seinem Neffen oder seiner Nichte in Kontakt zu treten, das Gespräch zu suchen und auf diese Weise womöglich nach und nach den Jugendlichen auch aufnahmebereiter zu machen. In manchen Fällen hilft auch, einen Ausbildungsplatz für den Jugendlichen zu finden und ihn auf diese Weise von den radikalen Kreisen, in denen er oder sie sich bewegt, zu entfernen.

Wir müssen bei Jugendlichen, die sich bereits radikalisiert haben, nach jeder Möglichkeit, nach jedem Menschen suchen, der für diesen Jugendlichen die Tür zurück in unsere Gesellschaft öffnen kann, und sei es auch erst einmal nur einen Spalt breit. Auf starre Strategien, feste Konzepte und vorgegebene Ablaufpläne dürfen wir dabei nicht setzen, sondern wir müssen einen Prozess anstreben, in dem wir den Jugendlichen begleiten, sein Verhalten beobachten und dann jeweils individuell darauf reagieren.

Durch eine neu gedachte, auf gesamtgesellschaftlicher Ebene angelegte und neu konzipierte Präventionsarbeit können wir – das ist meine Überzeugung – in der nächsten Generation die meisten derjenigen, die für radikale Tendenzen anfällig sind, erreichen und verhindern, dass sie eine radikale Karriere einschlagen. Wenn wir uns weiterhin darauf beschränken, dort einzugreifen, wo die Radikalisierung schon stattgefunden hat, wenn wir weiterhin nur versuchen, notdürftig zu kitten und Scherben aufzukehren, dann werden wir an der Übermacht des Phänomens der Generation Allah scheitern. Dann wird unsere Gesellschaft mit ihren demokratischen Werten und Vorstellungen daran zerbrechen. Deradikalisierung und Beratung sind sehr wichtig. Aber sie dürfen nicht auf Kosten der Präventionsarbeit erfolgen. Diese ist sehr viel wichtiger, denn sie wirkt langfristig.

4 WIDER DEN BLINDEN FLECK IN DER GESELLSCHAFT – ZEHN KONKRETE VORSCHLÄGE

Seit mehr als einem Jahrzehnt lebe und arbeite ich in Deutschland. Ohne mir anmaßen zu wollen, dass mein Blick viel genauer ist als der von anderen, habe ich doch, hoffe ich, ein relativ gutes Gespür dafür bekommen, wo sich soziale Prozesse schleichend verändern. Denn ich bin ja, ein wenig wie ein Ethnologe, als Beobachter von außen gekommen und war nicht in den politischen und sozialen Routinen verankert. Immer noch staune ich im Alltag über vieles, was ich vor der Ankunft aus dem Nahen Osten nicht kannte. Als begeisterter Demokrat bin ich froh, in diesem Land mit Rechtsstaatlichkeit und Sicherheit zu leben. Aber als begeisterter Demokrat nehme ich zugleich wahr, dass eine schläfrige Mehrheit ignoriert, wie eine wachsende Minderheit sich verändert. Bei dieser Beobachtung bin ich zugleich auch der gelernte Psychologe, der Arabisch sprechende Sozialarbeiter und Sozialwissenschaftler. Davon will ich in diesem Buch etwas weitergeben. Dass ich das kann, verdanke ich unter anderem meinen großartigen Professoren in Tel Aviv und Berlin – und allen Kollegen und Jugendlichen, mit denen und von denen ich täglich lerne.

Hätte man mich vor ein paar Jahren gefragt, ob ich ein Buch über meine Arbeit schreiben möchte, ob ich von den Jugendlichen erzählen will, denen ich in meiner Arbeit Tag für Tag begegne, von deren Problemen und Haltungen, von der Situation an deutschen Schulen, ich hätte das vermutlich abgelehnt. Denn ich war lange der Überzeugung, das Wichtigste sei die akute, konkrete Praxis vor Ort. Theorie könne verglichen damit nur grau sein. Außerdem könnte ich ja Themen, die meiner Ansicht nach in der Öffentlichkeit diskutiert werden sollten, in Zeitungsartikeln oder Interviews zur Sprache bringen.

Heute weiß ich: Das allein reicht nicht aus. Denn Theorie und Praxis gehören bei meinem Arbeitsfeld – der Prävention von Radikalismus, der demokratischen Aufklärung von muslimischen Jugendlichen – eng zusammen. Und es braucht mehr Raum, diese Zusammenhänge darzustellen, als ein Essay in einer Zeitschrift oder ein Interview im Radio bieten.

Meiner Motivation, dieses Buch zu schreiben, liegen zwei zentrale Beobachtungen zugrunde:

Erstens erlebe ich an Schulen, in Jugendzentren, bei Workshops, in Gesprächen mit Jugendlichen, Familien, Lehrern und Sozialarbeitern, wie sich die Situation in Sachen Islamismus verschärft. Eine bedrohliche Radikalisierung zieht immer weitere Kreise, immer mehr Jugendliche sind gefährdet, in Ideologien mit freiheitsfeindlichen Werten abzudriften oder Teil der Generation Allah zu werden.

Zweitens erkenne ich, wie sehr dieses Phänomen von Politik und Gesellschaft bagatellisiert und verdrängt wird. Nicht einmal die erschreckenden Medienberichte über Hunderte jugendlicher Dschihad-Touristen aus Deutschland, über verübte oder vereitelte Anschläge, tragen dazu bei, dass sich die politisch Verantwortlichen und die demokratische Mehrheit im Land realistisch und angemessen der Herausforderung stellen. Daher gedeihen diese sozialen Phänomene ungehindert weiter. Jenseits unserer kleinen Profession spezialisierter, sprachkundiger Sozialwissenschaftler, Sozialarbeiter und Psychologen wird wenig wahrgenommen von dem, was da vor sich geht. Es wird ungenügend geforscht. Es fehlt eine offizielle Datenbasis. Es mangelt an politischem Willen, die Wahrheit zu sehen. Fazit: Es gibt einen blinden Fleck in der Gesellschaft.

Tendenzen einer islamistischen Radikalisierung existieren in nahezu allen Teilen der Europäischen Union. Fundamentalisten haben wachsenden Zulauf, und Deutschland ist von dieser Entwicklung besonders betroffen. Sie wird sich nicht von allein wieder umkehren, weshalb die Debatte hier im Land dringend den Mut zu Wahrheit und Weitsicht braucht. Wer der Generation Allah wirksam und nachhaltig begegnen will, darf nicht nur Fragen der Sicherheit im Sinn haben. Es geht um den Erhalt demokratischer Normen, um den Modus des Zusammenlebens in einer Welt, die Menschenrechte nicht kulturalistisch oder religiös relativiert. Um jene zu erreichen, die derzeit abdriften, braucht man gesamtgesellschaftliche Konzepte und individuelle Rettungsprogramme. Diese nationale Aufgabe muss Teil einer internationalen, europäischen Kooperation sein und verlangt nach dem dazu nötigen politischen Willen – inhaltlich offen, finanziell investitionsbereit, langfristig angelegt. Und gebraucht wird dieser Wille jetzt.

Daher möchte ich mit konkreten Vorschlägen zum Umgang mit der Generation Allah schließen:

Die Bundesrepublik Deutschland richtet das Amt eines/einer Bundesbeauftragten zur Prävention und Bekämpfung ideologischer Radikalisierung ein. Die Dienststelle wird angesiedelt im Bundeskanzleramt. Zu ihrer Aufgabe gehört die Koordination aller mit der Problematik befassten Behörden und Institutionen.

Sie bestellt eine Erhebung zur Praxis – bundesweit sowie im Inneren der Europäischen Union: Welche wirksamen Konzepte und Projekte zur Prävention gibt es von Hamburg bis München, von Skandinavien bis Spanien? Welche bewähren sich am meisten? Anhand einer Best-practice-Skala wird geprüft, was republikweit Erfolg verspricht, welche Praxis innerhalb der übrigen EU-Länder sich auf die Bundesrepublik übertragen lässt. Erstellt wird daneben eine ideologiefreie Datenbasis zu islamischem Radikalismus, Antisemitismus, Fundamentalismus an Schulen und in Gemeinden. Das Amt hat vernetzte Vertreter in jedem Bundesland. Auf einem jährlichen Gipfeltreffen aller Beteiligten (Kanzleramt, Bildungsministerium, Sozialministerium, Innenministerium, BKA, Experten) wird über den Stand der Dinge unterrichtet und aktuelle Planungen werden vorbereitet.

Schwerpunkt der Präventionsarbeit sind die Bildungseinrichtungen, von der Grundschule bis zur Berufs- und Hochschule. Die Kultusministerkonferenz der Länder (KMK) arbeitet eng mit dem/der Bundesbeauftragten zur Prävention und Bekämpfung ideologischer Radikalisierung zusammen. Die KMK sucht die flächendeckende, bundesweite Koordination einer Präventionspolitik. Ethik und politische Bildung sind an sämtlichen Schulen Pflichtfächer. Aktuelles Geschehen wird dabei intensiv und im offenen Dialog mit den Lernenden berücksichtigt. Themen aus den Nachrichten werden mindestens einmal in der Woche in Schulklassen und/oder Schulversammlungen behandelt und diskutiert.

Der Unterricht in Politik, Ethik und Gesellschaftskunde umfasst das systematische Erlernen des Debattierens (nach britischem Modell). Kritik, Argumentieren und Gewichten beför-

dern bei Lernenden die Fähigkeit zum autonomen Denken. Es geht um faktisches sowie um emotionales, soziales Lernen: Schülerinnen und Schüler erhalten auch Aufklärung über die Dynamik psychischer Prozesse von Gruppen und Individuen. Religionsunterricht geschieht nicht mehr nach Konfessionen getrennt, sondern konfessionsübergreifend (Vorbild: Das Hamburger Modell) und hilft somit beim Abbau von Vorurteilen. Auch im Religionsunterricht wird konsequent zu Diskussionen ermutigt.

In Ausbildungsgängen für künftige Pädagogen erhält das Phänomen der ideologischen Verführung und Radikalisierung bei Kindern und Jugendlichen einen klaren, nicht fakultativen Platz. Pädagogen werden befähigt, solche Tendenzen zu erkennen und einordnen zu können sowie auf die Situation mit entsprechenden pädagogischen Konzepten zu reagieren. Die Ausbildung von Lehrern vermittelt gezielt auch interkulturelles Basiswissen und Strategien einer stützenden Anerkennungspädagogik.

In der Präventionsarbeit wird das Internet maximal eingesetzt. Wer Kinder und Jugendliche der Gegenwart bundesweit erreicht, der nutzt das Internet als Kommunikator und Multiplikator. »Coole« Websites klären mit den Mitteln der aktuellen ästhetischen Codes der Zielgruppe über Gefahren von Islamismus, Radikalismus und blindem Gehorsam auf. Muslimische Vorbilder unter Comedians, Kabarettisten, Schauspielern, Musikern und Sportlern arbeiten in diesen Kampagnen mit. Mit Gegennarrativen, Fakten, Verunsicherungspädagogik und Emotionalität gewinnt man die Digitalwelt wieder! Die Werte der Gesellschaft, Demokratie, Grundgesetz und Menschenrechte müssen dadurch wieder für Generation Allah attraktiv wirken.

Jugendämter und Sozialarbeiter schaffen wirksame Konzepte zur Elternarbeit und setzen sie um. Eltern erhalten bundesweit Aufklärung über: Entwicklungsphasen während der Kindheit, innerfamiliäre Kommunikation, gewaltfreie Erziehung, den Sinn von Spracherwerb der Kinder, den Sinn von Sexualkunde, Schwimmunterricht, Klassenreisen usw. Niederschwellige Kampagnen - von der Hebamme bis zur Grundschule - richten sich besonders an Mütter als Multiplikatoren (als Modell dienen etwa die Stadtteilmütter in Berlin-Neukölln).

Sensibilisierungskurse und Fortbildungen für Erzieher, Pädagogen, Sozialarbeiter, Polizei werden während einer Übergangsphase verpflichtend. Lehrer, Sozialarbeiter und Erzieher wollen den Wettlauf mit dem islamischen Fundamentalismus gewinnen. Fundamentalisten sind technisch, sozial, ästhetisch und strategisch auf der Höhe der Zeit. Staatliche Pädagogen und Helfer sind es nicht, sie müssen daher aufholen. **Dazu wird die bestehende Projektstruktur in der Präventions- und Jugendarbeit (kleinteilig, kurzfristig finanziert, inhaltlich willkürlich, ohne bundesweite, übergreifende Konzepte) komplett reformiert.** Projekte werden nach den Leitlinien des/der Bundesbeauftragten zur Prävention und Bekämpfung ideologischer Radikalisierung konzipiert. Eine regelmäßige Effizienzkontrolle geschieht durch unabhängige Gutachter. Träger und Vereine kontrollieren sich nicht länger selber. Konzepte, Strukturen und Finanzierung der regionalen wie überregionalen Präventionsarbeit werden transparent und auf der Website des Bundesbeauftragten öffentlich gemacht. Private Kooperationspartner staatlicher Stellen im Kampf gegen Radikalisierung und für Präventionsarbeit werden nicht mehr nach Parteibuch oder Seilschaft ausgesucht, sondern zielführend und inhaltsorientiert.

In der Präventionsarbeit und Deradikalisierung werden die Partner für den Kampf gegen Islamismus sorgfältig ausgewählt. Es darf nicht mehr sein, dass Lippenbekenntnisse oder Teilnahme an Mahnwachen genügen, um als Partner bei der Bekämpfung von Islamismus von Politik und Behörden akzeptiert zu werden. Partner kann nur sein, wer ohne Einschränkung für Demokratie, Menschenrechte, Frauenrechte, Kinderrechte und Vielfalt steht. Inhalte wie Buchstabenglaube, Angstpädagogik, Tabuisierung von Sexualität, Geschlechtertrennung und die Vermittlung von Schwarzweißbildern, etwa zum Nahostkonflikt, dürfen nicht Teil des eigenen Islamverständnisses sein.

Die deutschen Muslime beginnen miteinander eine innerislamische Debatte zu führen. Europas Muslime finden den Mut, sich den sozialen und mentalen Problemen zu stellen, die eine Verschränkung von überholter Tradition und buchstabengläubiger Religionsauffassung hervorbringt. Bestehende Ansätze zur Reform und zur zeitgemäßen Lesart des Koran müssen in den muslimischen Communities und Gemeinden Widerhall finden. In der Demokratie heranwachsende Generationen von Muslimen entdecken so im Inneren ihrer eigenen Communities Alternativen zum religiösen Fundamentalismus. Reformwilligkeit und Aufgeschlossenheit von Imamen und anderen Verantwortlichen sorgen für eine Neudefinition der Beziehung zu Hierarchie und Autorität und auch des Verhältnisses zwischen Mann und Frau.

Neue, zeitgemäße muslimische Vorbilder, die demokratiekompatibel sind, wirken attraktiv und nachahmenswert.

Politik und Bildungssystem verpflichten sich der aktiven Förderung einer Kultur der Inklusion. Ziel ist es, Heranwachsenden mit familiären Einwanderungsgeschichten die Erfahrung zu vermitteln, dass sie zu Gesellschaft und Staat dazugehören, um sie für demokratische Werte und Normen zu begeistern. In Schulen, Sportvereinen, Behörden, Ämtern unterstützt eine Öffentlichkeitskampagne (Tenor: »Du gehörst dazu!«) diese dezidierte Haltung.

NACHTRAG: HELENAS GESCHICHTE – WARUM ES SICH LOHNT, UM JEDEN EINZELNEN ZU KÄMPFEN

Helenas Mutter wandte sich an mich, als ihre Tochter bereits drei Jahre mit Ilhan verheiratet war. Als ihre Tochter zum Islam übertrat und ihre Hochzeit plante, hatte die Mutter schon einmal alles versucht, um ihre Tochter umzustimmen. Sie hatte gefleht, sie hatte gedroht, sie hatte die Polizei eingeschaltet. Nichts half. Schließlich warf die Mutter ihre Tochter aus der gemeinsamen Wohnung. Sie wusste sich nicht mehr anders zu helfen.

Immer noch weinte sie viel, wenn sie mit ihrer Tochter sprach, immer noch setzte sie alles daran, sie zu überzeugen, dass sie einen Fehler machte. Irgendwann aber gab sie erschöpft auf. Sie war froh über die wenigen Telefonate, die sie mit Helena führen konnte, auch wenn ihre Tochter ihr darin immer fremder wurde. Dass Helena, obwohl sie noch immer in derselben Stadt lebte, einen Besuch ihrer Mutter in der Wohnung, die sie mit Ilhan teilte, ablehnte, verletzte die Mutter. Genauso wie es sie verletzte, dass Besuche ihrer Tochter ausblieben. Helena begründete das damit, dass ihr Mann und sie die Lebensweise ihrer Mutter nicht gutheißen würden. Und durch einen Besuch würden sie indirekt zu verstehen geben, dass sie diese doch akzeptieren würden. Das aber sei nicht so. Außerdem habe ihr Mann Angst, dass die Mutter einen schlechten Einfluss auf Helena ausüben könnte.

Schließlich kam es in dem Telefonat, in dem sie sich über die

Notwendigkeit der Impfung von Helenas Tochter auseinandersetzten, zum endgültigen Bruch zwischen Mutter und Tochter. Helena verweigerte fortan jede Form der Kontaktaufnahme. Anrufe nahm sie nicht mehr an. Als ihre Mutter sie vor ihrer Haustür abzufangen versuchte, ging Helena wortlos und ohne sie eines Blickes zu würdigen an ihr vorbei.

Die Verzweiflung von Helenas Mutter verwandelte sich in Angst. Sie war nicht mehr nur gekränkt über die Zurückweisung, sie hatte das Gefühl, dass ihre Tochter noch nicht am Ende ihres Weges angekommen sei. Die Verachtung, die Helena in den letzten Gesprächen für die deutsche Gesellschaft zeigte, die leisen Andeutungen darüber, wie viel besser das Leben für eine Muslima in Syrien sei, wie gut es für ein Kind sei, nicht den Verführungen des Westens ausgesetzt zu sein, hatten die Mutter alarmiert. Als Helena nun gar nicht mehr mit ihr sprechen wollte, wuchs in Helenas Mutter die Überzeugung, dass ihre Tochter zu einer Gefahr geworden sei - nicht nur für ihre kleine Tochter, sondern für die Gesellschaft, deren Werte sie ablehnte.

Das erste Telefonat, das ich mit Helenas Mutter führe, verläuft stockend. Ich merke der Frau an, dass ihr das Sprechen über die vergangenen Jahre schwerfällt. Scham ist das Gefühl, das diese Frau zu dominieren scheint. Sie schämt sich, einem Fremden wie mir ihre Geschichte anvertrauen zu müssen. Sie schämt sich, weil sie glaubt, als Mutter versagt zu haben - und das gleich mehrfach: Sie gibt sich die Schuld daran, dass sie Helena offenbar nicht die Kindheit geben konnte, die diese sich gewünscht hatte. Sie schämt sich, dass sie nicht verhindern konnte, dass Helena zum Islam übergetreten ist. Vielleicht schämt sie sich auch ein wenig vor mir - ich bin ja selbst Muslim -, dass sie so vehement dagegen war und kein Verständnis gezeigt hatte.

Besonders schwer fällt es ihr, einzugestehen, dass der Kontakt zu ihrer Tochter nun vollends abgebrochen sei, dass sie hilflos sei und nicht wisse, was sie tun solle. Sie befürchtet, dass alles zu spät sein könnte und dass es ihr Verschulden sei, nicht früher reagiert zu haben.

Natürlich interessiert mich, wie sie darauf kam, sich an mich zu wenden. Sie habe, berichtet sie, ein Interview mit mir gehört und musste weinen, weil sie so viele Sachen und Situationen, die sie selbst in den vergangenen Monaten und Jahren erfahren hatte, wiedererkannte. Nach diesem Interview, sagte sie, sei auf einmal die Hoffnung zurückgekommen, dass ihre Tochter für sie doch noch nicht ganz verloren sei. Sie wolle sich nun auch beraten lassen und meint, dann würde alles sehr bald wieder gut werden.

Ich muss Helenas Mutter einen Dämpfer verpassen. Ihre Hoffnung ist zu groß. Wir sind keine Zauberer. Was vor uns liegt, ist eine Reise, die viel Zeit und Motivation braucht.

Zunächst einmal lasse ich mir Helenas Geschichte erzählen, um zu verstehen, wieso sie sich radikalisiert hat und vor allem natürlich, ob es sich überhaupt um eine Radikalisierung handelt. Helenas Mutter erzählt mir sehr ausführlich von Helenas Entwicklung in den vergangenen Monaten, von den Veränderungen in ihrem Verhalten, von ihren gewandelten Einstellungen. Nach diesem Bericht ist eindeutig klar, dass Helenas Mutter nicht lediglich deshalb anruft, weil ihre Tochter einen Muslim geheiratet hat und nun ein Kopftuch trägt, sondern dass Helena unzweifelhaft radikale Tendenzen zeigt.

Ich beginne meine Arbeit nicht damit, Urteile zu fällen über das, was mir Helenas Mutter erzählt. Was ich zunächst einmal tue, ist Fragen zu stellen. Fragen zu Helenas Kindheit, Fragen zu den letzten Jahren, Fragen zu ihren Freunden, Fragen zur Familie.

Ich versuche mir ein Bild zu machen von der jungen Frau. Ich versuche eine Vorstellung davon zu bekommen, was sie dazu bewogen hat, diesen Weg einzuschlagen. Und ich versuche eine Idee davon zu bekommen, welche vielleicht immerhin noch losen Verbindungen zu ihrem alten Leben bestehen könnten. Wen und was sie an der Gesellschaft, in der sie aufgewachsen ist, mag, auch wenn sie sich vielleicht im Moment nicht daran erinnert oder sich bewusst nicht daran erinnern will.

Zunächst rate ich Helenas Mutter, ihrer Tochter einen Brief zu schreiben. Das Thema Religion solle sie in diesem Brief aussparen. Gut wäre es, stattdessen über ihre Gefühle zu schreiben, über die Liebe zu ihrer Tochter. Sie solle zum Ausdruck bringen, dass sie neugierig sei, dass sie grundsätzlich Helenas neues Leben akzeptiere. Auf diese Weise solle sie eine neue Emotionalität schaffen. Vielleicht legt sie dem Brief noch ein Geschenk bei. Dabei wäre es aber sehr wichtig, dass es sich um nichts handelt, was Helena oder ihr Mann ablehnen könnten. Wenn sie diesen Brief abgeschickt habe, solle sie abwarten und sich nicht erneut melden. Sie dürfe nicht aufdringlich sein.

Der Mutter von Helena fällt in der Zwischenzeit noch etwas anderes ein. Sie hat eine Cousine, die noch in Griechenland lebt und die Helena in ihrer Kindheit immer bewundert hatte. Vielleicht gelänge es ihr, die Mauer zu durchbrechen, die Helena um sich gezogen hat?

Die Mutter zögert. Der Kontakt zu ihrer Cousine war in den vergangenen Jahren immer sporadischer geworden. Und jetzt würde sie gleich mit so einem großen Problem und so einer großen Bitte an sie herantreten? Und überhaupt, wie solle das funktionieren, ihre Cousine lebe in Athen? Die könne nicht mal eben zu einem spontanen Besuch vorbeikommen.

Während Helenas Mutter nach immer neuen Begründungen sucht, warum es doch keine so gute Idee sei, die Cousine zu kontaktieren, merke ich, dass sie längst bereut, mir von dieser Verwandten erzählt zu haben. Und natürlich ahne ich auch, woher ihre Vorbehalte rühren: Sie hat dem Teil ihrer Familie, der noch in Griechenland lebt, weitgehend verschwiegen, was mit Helena in den vergangenen Jahren passiert ist. Wenn sie nun mit der Cousine in Kontakt träte, dann müsste sie eingestehen, wie und warum ihre Tochter ihr entglitten sei.

Mittlerweile hat Helena zum ersten Mal seit langer Zeit wieder bei ihrer Mutter angerufen. Sie hat sich für den Brief bedankt. Mutter und Tochter haben sich unterhalten, sich über Alltägliches ausgetauscht, über die Arbeit, die Miete, die Familie. Den Streit hat keine der beiden erwähnt. Bei einem zweiten Telefonat kommt das Gespräch auf Griechenland, und die Mutter erwähnt die Cousine, an der ihre Tochter früher so gehangen hatte. Dann traut sie sich zu fragen, ob sie ihr Enkelkind sehen dürfe. Zu ihrer großen Freude stimmt die Tochter zu, sie im Park zu treffen.

Auf dieses Wiedersehen muss die Mutter gut vorbereitet werden. Das Wichtigste, sage ich ihr, ist, die Bindung zur Tochter wieder aufzubauen, eine emotionale Basis zu schaffen. »Reden Sie mit ihrer Tochter über das Leben, über das Wetter, über Ihre Gefühle, aber nicht über etwas, das einen Streit heraufbeschwören könnte«, gebe ich ihr mit auf den Weg.

Ich verabrede mit Helenas Mutter, dass sie ein paar Tage nachdenken solle, ob wir die Cousine anrufen. Nach zwei Tagen signalisiert sie ihre Zustimmung. Die Cousine, eine Frau um die sechzig, klingt warmherzig am Telefon. Sie ist entsetzt über das, was wir ihr berichten. Und sie ist sofort bereit zu helfen. Allerdings stellt sich ihr die Frage: Wie soll das von Griechenland aus gehen?

Ich schlage vor, dass auch sie Helena einen Brief schreibt. Dass sie darin vor allem von sich erzählt, von Griechenland, wo Helena als Kind so gern Urlaub gemacht hat. Wir verabreden, dass die Cousine ein wenig abwarten solle, ob sie Antwort erhalte, dann solle sie einen zweiten Brief schreiben. Dann einen dritten. Ich rate ihr in diesen Briefen zunächst einmal gar nicht nach Helenas Lebensumständen zu fragen, sondern Bilder aus ihrer Vergangenheit - aus den glücklichen Stunden ihrer Kindheit - in Erinnerung zu rufen. So würde sie ihr den Teil ihres Lebens vor Augen führen, der Helena an dieses Leben binden könnte. Was wir hoffen, ist, dass sich für Helena auf diese Weise wieder ein Fenster öffnet zu dem, was sie für immer hinter sich zurückgelassen zu haben meint.

Und tatsächlich, ein Anfang scheint gemacht. Nach dem dritten Brief, den die Tante an Helena geschrieben hat, findet sie eines Abends eine E-Mail von Helena in ihrem Postfach. Sie ist nicht besonders lang, aber den Zeilen ist anzumerken, dass Helena sich gefreut hat über das, was sie in den Briefen ihrer Großcousine hat lesen können. Von nun an, wo nicht mehr der Postweg eingeschlagen werden muss, geht die Kommunikation leichter und schneller. Helena antwortet nicht auf jede E-Mail aus Griechenland. Aber doch immer häufiger. Manchmal schickt die Cousine einfach nur ein paar Fotos von der Landschaft, die Helena so gut kennt. Irgendwann schickt sie ein altes Foto, das sie eingescannt hat: Es zeigt Helena und ihre Mutter am Strand, wie sie gemeinsam eine Burg mit Muscheln verzieren.

Nach ein paar Wochen werden Helenas E-Mails ausführlicher. Sie beginnt Teile aus ihrem neuen Leben preiszugeben. Zunächst sind es immer nur Bruchstücke. Sie will, so scheint es uns, die Reaktion der griechischen Verwandten abwarten. Sie schickt sogar ein Foto von ihrer Tochter und findet es lustig, dass ihre Großcousine schwört, dass die Kleine exakt dieselbe Nase habe wie Helenas Großvater.

Für uns ist es ein erster Erfolg, dass Helena sich wieder ein Stück weit öffnet. Jetzt wollen wir nichts falsch machen. Das große Glück ist, dass es der Cousine von Helenas Mutter gelingt, ihre E-Mails an Helena so zu schreiben, dass nur Neugier und Interesse, nie Vorwürfe oder Verwunderung oder gar Ablehnung aus ihnen sprechen. Mehr und mehr wagt sie nun auch, Helena Fragen zu stellen. Und, tatsächlich, Helena erzählt. Sie erzählt ausführlich und voller Begeisterung von ihrem neuen Leben, von ihrem Glauben. Und irgendwann deutet sie auch den Plan an, die westliche Gesellschaft ganz hinter sich zu lassen.

Auch diesen Plan kommentiert die Cousine nicht. Stattdessen fragt sie nach dem Leben in dem syrischen Ort, den Helena ihr nennt, weil Ilhan diesen schon ein paar Mal besucht hat. Sie fragt nach den Märkten, die es dort gibt, nach dem Gemüse, das man dort kaufen kann. Gemeinsam überlegen die Frauen, welche Gerichte man daraus zubereiten kann.

Beinahe ein halbes Jahr ist vergangenen, da kündigt die Verwandte ihren Besuch in Deutschland an. Helena willigt ein, sich mit ihr in einem Café zu treffen. Viel Zeit, das schreibt sie aber gleich dazu, habe sie nicht. Und sie könne auch nur am Nachmittag.

Das Treffen von Helena und ihrer Großcousine steht noch aus. Es ist, so scheint es, unsere letzte Chance, die junge Frau dazu zu bewegen, sich die Ausreise noch einmal zu überlegen. Ob es gelingt, wissen wir nicht. Aber wir hoffen es.